学习型社会建设中的终身德育研究

Xuexixing Shehui Jianshezhong De Zhongshen Deyu Yanjiu

刘爱玲　著

中国社会科学出版社

图书在版编目(CIP)数据

学习型社会建设中的终身德育研究/刘爱玲著.—北京：中国社会科学出版社，2018.4（2020.7重印）

ISBN 978-7-5203-2486-1

Ⅰ.①学… Ⅱ.①刘… Ⅲ.①社会教育—德育—研究—中国 Ⅳ.①G77②G41

中国版本图书馆CIP数据核字(2018)第083208号

出 版 人	赵剑英	
责任编辑	田　文	
责任校对	张爱华	
责任印制	王　超	

出　　版	中国社会科学出版社	
社　　址	北京鼓楼西大街甲158号	
邮　　编	100720	
网　　址	http://www.csspw.cn	
发 行 部	010-84083685	
门 市 部	010-84029450	
经　　销	新华书店及其他书店	
印　　刷	北京君升印刷有限公司	
装　　订	廊坊市广阳区广增装订厂	
版　　次	2018年4月第1版	
印　　次	2020年7月第2次印刷	
开　　本	710×1000　1/16	
印　　张	15.25	
插　　页	2	
字　　数	226千字	
定　　价	68.00元	

凡购买中国社会科学出版社图书，如有质量问题请与本社营销中心联系调换
电话：010-84083683
版权所有　侵权必究

目　　录

第一章　引言 …………………………………………… （1）
　第一节　问题的提出和研究的意义 ………………………… （1）
　　一　问题的提出 …………………………………………… （1）
　　二　研究意义 ……………………………………………… （6）
　第二节　研究现状 …………………………………………… （8）
　　一　国内关于终身德育研究的述评 ……………………… （9）
　　二　国际上关于终身德育研究的述评 …………………… （14）
　第三节　研究框架 …………………………………………… （19）
　第四节　研究方法、创新与不足 …………………………… （21）
　　一　研究方法 ……………………………………………… （21）
　　二　创新与不足 …………………………………………… （23）

第二章　学习型社会和终身德育概述 …………………… （26）
　第一节　学习型社会的内涵和特征 ………………………… （26）
　　一　学习型社会的内涵 …………………………………… （26）
　　二　学习型社会的特征 …………………………………… （30）
　　三　学习型社会的提出与发展 …………………………… （33）
　第二节　终身德育的内涵和特征 …………………………… （40）
　　一　终身德育的内涵 ……………………………………… （40）
　　二　终身德育的特征 ……………………………………… （44）
　　三　终身德育的产生和发展 ……………………………… （46）
　　四　终身德育的理论基础 ………………………………… （53）

第三节 学习型社会和终身德育的关系 …………………… (57)
  一 学习型社会中的终身教育和终身德育 …………………… (57)
  二 终身德育是学习型社会建设的基础 ……………………… (61)

第三章 学习型社会的道德要求与终身德育的理论价值 …… (65)
第一节 "学会生存"——终身德育的基本价值追求 …… (66)
  一 人类存在的道德特征和生存状态的变迁 ……………… (66)
  二 学习型社会中人类生存的现实困境 …………………… (70)
  三 学会生存需要正视人的自然生存，遵从自然
    道德 ………………………………………………………… (72)
  四 学会生存需要重视人的社会生存，发展社会
    道德 ………………………………………………………… (74)

第二节 "学会生活"——终身德育的现实价值追求 …… (76)
  一 学习型社会建设中的生活与道德 ……………………… (77)
  二 学习型社会中人类生活的现实困境 …………………… (80)
  三 遵从组织伦理，过有道德的组织生活 ………………… (82)
  四 遵从社会道德，实现人与人的和谐生活 ……………… (85)
  五 遵从个体道德，体验身心幸福的生活 ………………… (88)

第三节 "学会发展"——终身德育的理想价值追求 …… (93)
  一 学习型社会中人类发展的现实困境 …………………… (93)
  二 学会认知，发展人类理性道德 ………………………… (95)
  三 超越物质，完善自身精神生活 ………………………… (97)
  四 学会调适，实现自身内心和谐 ………………………… (99)

第四章 现代西方终身德育有关理论分析 ………………… (102)
第一节 保罗·朗格朗具有社会学习倾向的终身德育
    理论 ………………………………………………………… (102)
  一 社会学习道德教育理论的内涵和特征 ………………… (103)
  二 保罗·朗格朗的社会学习终身德育思想分析 ……… (104)

第二节 彼得·贾维斯具有实用主义倾向的终身德育
理论 …………………………………………………（107）
　　一　实用主义德育观的内涵和特征 ………………（108）
　　二　彼得·贾维斯的实用主义终身德育思想分析 ………（110）
第三节 莫尔·莱斯特具有人本主义倾向的终身德育
理论 …………………………………………………（112）
　　一　人本主义德育思想的内涵及特征 ………………（113）
　　二　莫尔·莱斯特的人本主义德育思想分析 …………（115）
第四节 三种理论模式实施过程中的方法体系 …………（118）
　　一　三种理论模式对道德教育方法的要求 …………（118）
　　二　终身道德教育方法创新 …………………………（123）
　　三　终身德育对传统道德教育方法的选择 …………（128）

第五章　国外几种终身德育的实践模式探索 …………（132）
第一节 法国终身德育的社会化模式 ……………………（132）
　　一　法国终身德育社会化的沿革和发展 ……………（133）
　　二　法国终身德育社会化的内涵和精髓 ……………（135）
　　三　法国终身德育社会化模式特征分析 ……………（138）
第二节 日本终身德育的法制化模式 ……………………（144）
　　一　日本终身德育法制化的沿革和发展 ……………（144）
　　二　日本终身德育法制化的内涵和精髓 ……………（147）
　　三　日本终身德育法制化模式特征分析 ……………（150）
第三节 美国终身德育的学习化模式 ……………………（153）
　　一　美国终身德育学习化的沿革和发展 ……………（154）
　　二　美国终身德育学习化的内涵和精髓 ……………（157）
　　三　美国终身德育学习化模式特征分析 ……………（161）

第六章　我国学习型社会建设中的终身德育理论 ……（165）
第一节 学习型社会建设中我国终身德育的目标追求 ……（165）
　　一　终身德育目标确立的依据 ………………………（166）

二　终身德育目标确立的原则 …………………………（168）
　　三　终身德育的目标结构 ……………………………（171）
　　四　终身德育的目标关系 ……………………………（178）
第二节　学习型社会建设中终身德育的有关内容 …………（179）
　　一　终身德育阶段划分的理论依据和原则 …………（179）
　　二　终身德育的阶段划分及其教育重点 ……………（184）

第七章　我国学习型社会建设中的终身德育实践探索 ………（194）
第一节　科学发展观指导下的终身德育实践 ………………（195）
　　一　终身德育是以人为本的德育 ……………………（195）
　　二　终身德育是全面发展的德育 ……………………（196）
　　三　终身德育是协调发展的德育 ……………………（196）
第二节　学习型政党建设与终身德育实践 …………………（198）
　　一　学习型政党建设的时代背景及道德要求 ………（198）
　　二　学习型政党的本质和道德建设实践 ……………（201）
　　三　学习型政党建设的道德修养方式 ………………（209）
第三节　学习型政府与终身德育实践 ………………………（214）
　　一　学习型政府道德建设的现实要求 ………………（215）
　　二　学习型政府的本质和道德建设实践 ……………（217）
　　三　学习型政府道德建设的主要途径 ………………（224）

结　语 ……………………………………………………………（226）

参考文献 …………………………………………………………（229）

第一章 引言

第一节 问题的提出和研究的意义

一 问题的提出

党的十八大报告提出了"完善终身教育体系,建设学习型社会"的教育方针,明确了社会主义道德建设的基本任务,即"全面提高公民道德素质"。在学习型社会构建过程中建立起系统的终身德育体系,是提升公民道德素质的重要路径。

终身德育这一概念到目前为止尚未有一个公认的界定,但是,终身德育实践自古代就已经存在。"文、行、忠、信"是孔子就求知、践行、待人和处事四个方面对学生提出的具体要求,这四个字构成一个全面而系统的德育教育体系。"子曰:吾十有五而志于学,三十而立,四十而不惑,五十而知天命,六十而耳顺,七十而从心所欲,不逾矩。"孔子指出了人在不同阶段应该承担的责任和应该具备的综合素质,这正是孔子终身德育思想的一个很好诠释。

西方终身德育思想的发展同样经历了漫长的演进历史,有学者认为西方终身德育思想可以追溯到柏拉图关于学习的论述。柏拉图承接苏格拉底的"智力即知识、知识即美德"的训导以及有了智慧才能成为"事理通达的人"[①]的理念。柏拉图指出了国家和公民道德的四项美德,即:智慧、勇敢、节制和正义,并详细规定了道德

---

① [古希腊]柏拉图:《理想国》,郭斌和、张竹明译,商务印书馆1986年版,第138页。

教育的几个阶段和内容：第一阶段，从幼年到18岁左右，主要接受音乐和体育教育。第二阶段，从18岁到20岁，要进行军事训练和体育训练，主要锻炼勇敢品德和吃苦精神。第三阶段，从20岁到30岁期间，学习算数、几何、天文学、声学（音乐的数学理论）等，这些是在学习辩证法之前必须先行学习的"预备性科目"。第四阶段，从30岁到35岁，坚持不断、专心致志地学习辩证法。这种辩证法是有关"善"的科学，是探索任何真理的前提，"善"的科学正是整个真理的科学学。第五阶段，从35岁到50岁，派他们执行公务，包括负责指挥战争，进行实践锻炼、积累经验并接受考验。最后阶段，就是真正的"哲学王"诞生的阶段。[①] 柏拉图把人一生的德育过程分成六个阶段，每个阶段又赋予不同的教育内容并明晰了教育目标，此为西方终身德育的雏形。

现代终身德育思想的主要来源之一是国际教育发展委员会提交给联合国教科文组织的报告《学会生存》，"唯有全面的终身教育才能够培养完善的人，而这种需要正随着使个人分裂的日益严重的紧张状态而逐渐增加。我们再也不能刻苦地一劳永逸地获取知识了，而需要终身学习如何去建立一个不断演进的知识体系"[②]，全面的终身教育就包含着德育的内容。"人类发展的目的在于使人日臻完善；使他的人格丰富多彩，表达方式复杂多样；使他作为一个人，作为一个家庭和社会的成员，作为一个公民和生产者、技术发明者和有创造性的理想家，来承担各种不同的责任。"[③] 由此可见，时间纬度的发展是人产生、生长、壮大到死亡的变化过程；内涵纬度的发展是人从认识自我到发展自我，进而建立个体同周边的多维关系，实现人的全面发展，直至最终消亡的过程。终身德育就是要通过贯穿于人一生的、分阶段的道德教育来保障人的完善发展，保持人同他人关系的和谐。从这个意义上讲，终身德育首先是人内心的旅程，

[①] 段元秀：《柏拉图公民教育思想论析》，《教育评论》2012年第2期。
[②] 联合国教科文组织教育发展委员会：《学会生存——教育世界的今天和明天》，教育科学出版社1996年版，第2页。
[③] 同上。

◇ 第一章 引言 ◇

它同人心理的不断成熟和发展相一致。

终身德育的提出是政治、经济、社会、文化发展的必然要求。人是社会的人，人的意识和道德观念只能由社会存在来说明。社会存在特别是物质生活决定了人的精神生活的状态和水平。终身德育是伴随着人类经济、社会的发展而发展的，是人的物质生活发展到一定程度，需要人的精神生活和道德生活与之相统一、相适应的产物，是物质生活对精神生活直接影响的产物。正如泰勒·理查德（Taylor Richard）所言，经济总量的增加使得人们的欲望达到了一个更高的水平。人类自原始社会产生以来，不同的社会形态间、统一社会形态的不同阶段间从未有过一个统一的德育观，因为不同的经济基础就会产生不同的道德。"人们按照自己的物质生产率建立相应的社会关系，正是这些人又按照自己的社会关系创造了相应的原理、观念和范畴。所以，这些观念、范畴也同它们所表现的关系一样，不是永恒的。它们是历史的、暂时的产物"。[1]道德反作用于人的物质生活，促进或影响着人的物质生活的发展。终身德育发展的是人的精神生活，人的精神状态影响着人类劳动的能动性和创造性，进而影响着人类物质财富的创造，所以说终身德育的水平将关系到社会经济进一步发展的质量。

当今世界正处在发展、变革、调整的关键期，国际政治、经济、文化和社会环境正在发生重大变化，世界经济孕育着深层次的转型，传统的经济发展方式需要转变，全球经济将进入一个结构性调整的历史时期。经济、社会和政治格局的变化以及科学技术的迅猛发展，需要人们不断调整自身角色、发展自身潜能以适应社会发展和变化的需要，这就使得终身教育和终身德育成为了必然。在经济全球化的浪潮中，人的角色呈现出多元化的特征，即：民族的人向国际的人转变，专一的岗位性和职业性被多岗位、多职业所取代，现实生活中的伦理价值和单一经济模式下的伦理价值相悖，人们已经适应的原有社会的人生价值和生活态度需要进行再调整和平

---

[1] 《马克思恩格斯文集》第 1 卷，人民出版社 2009 年版，第 603 页。

衡，而这种调整的基础就是终身德育对人的思想直接的、恒久的疏导和重构。

科学技术的迅猛发展影响着世界各国，其理念也充斥着每个人的神经。这不仅要求人们以同样快的速度来接受这些技术并在工作和生活中予以运用，而且还要求人们将接受迅速变化的世界变为自己的习惯和一种日常生活状态。如何让人的情感、欲望和理性在瞬息万变的世界中实现平衡，是终身德育面临的一个重要问题。终身德育就是要追踪人的思想、情感在快速发展的社会中所处的状态，洞悉处于不同发展阶段的人在面临社会变化时所具有的思想状态，通过阶段性的道德教育帮助人解决其中的困境和问题，缓解人自身的压力，实现人的自我和谐。

终身德育的发展是实现人的自由、全面、完善发展的现实需要。马克思曾经把人的本质归结为自由自觉的活动，而把实现这一本质所需要的人的能力表述为"全面发展自己的能力"，这其中就包括接受教育的能力和学习的能力。提升终身学习能力是二十一世纪人类社会发展的现实需要。在经济高速发展、政治深刻调整、文化多元的当代社会，人要紧随社会发展步伐，不被时代所遗忘就得不断加强自身学习，提升终身学习的能力。人若要能够自由参加竞争，实现自我和自我意识的平等就得有终身学习的能力和素质。马克思理解的自我意识指的是，"人在纯粹思维中同他自身的平等。平等是人在实践领域中对他自身的意识，也就是说，人意识到别人是同自己平等的人，人把别人当做同自己平等的人来对待"[①]，自由的发展是实现平等的基础，而平等是实现自由的客观要求。

人的一生由不同阶段组成，每个阶段都有一定的生活方式和心理状态，后一个阶段由前一个阶段发展而来，只要人的生命存在，人的阶段性就会继续。同样，只要阶段性存在，人的心理和情感就不会固定，人的躯体的发展和思想的发展也就会继续。终身德育就是在承认和接受人的阶段性基础上，对人的各个阶段的思想进行的

[①] 《马克思恩格斯文集》第 1 卷，人民出版社 2009 年版，第 264 页。

研究，帮助人们过一种和谐的与各个阶段人生真谛相一致的充实生活。柏拉图说过，教育的任务不在于发现个人的特长，而在于训练他尽量发展自己的特长，因为这种发展最能和谐地满足社会的需要。人的情感和心理是一种变化的过程，他需要外力的作用去激励和挖掘新的感情的产生和发展。终身德育就是要通过某一阶段的教育引导人们进入一个更高阶段的道德区间，以达到发展和挖掘人的潜能的作用。当物质文明足够丰富时，劳动便不再是生存的需要，而成为生活的需要。当今社会，人民的物质生活较之以前日渐丰盈，同时人们的闲暇时光也有所增加，如何利用自己的闲暇时光，提升自身的生活质量成为了现代人思考的问题。终身德育手段的丰富可以让人们在快乐享受闲暇生活的同时，提升自身的道德素养，进而提升生活的质量。

终身德育是解决中国现实道德困境，构筑社会主义道德文明的重要路径。当前既是经济社会的快速发展期，也是国内社会矛盾的凸显期，在社会思想道德领域出现了一些难以解决的问题，例如，市场经济建设过程中，盲目追求经济利益所导致的生态危机诱发了人的生存危机和对自然道德的觊觎；生活交往的异化和社会制度的非制度化运行激发了人们对组织伦理和社会道德的希冀；现实生活中人的发展的局限、片面和失衡触发了人的发展危机，危机导致了人对自身精神的关注和理性道德的追逐。要解决这些困境、实现人对良好道德的追求不是一朝一夕、依靠单个道德实施主体所能实现的。终身德育是一个多维的道德实践形式，终身德育的实施主体可以是个人、组织、社会或者政党和政府，也可以是多个行为主体同时发挥作用，不同的道德实施主体对应地就会产生个体道德、组织伦理、社会公德、行政道德等。终身德育就是要构筑起个人自我发展、自我完善、以"幸福生活"为根本目的的个体道德，构建起个体道德和社会道德相统一的道德体系，发展"以人为本"的政治道德，塑造良好的"官德"和行政道德，努力实现人与自然、人与自身、人与社会、人与国家的和谐，致力于社会主义道德文明建设的发展。

二 研究意义

(一) 理论意义

事物的绝对运动性和人的绝对发展性决定了人道德的绝对变化和发展，人的道德性的发展和变化需要终身德育的调试和疏导。一方面，研究终身德育的重要性在于终身德育本身的重要性。终身德育是一种客观的存在，无论是否展开对终身德育的理论研究，它都存在并影响着人类意识形态的养成和发展。开展对终身德育的研究，能够以更有效的方式发挥其作用，促进正确的、科学的意识形态的形成。另一方面，对终身德育研究的重要性还在于关于终身德育的理论研究尚处在起始阶段，有许多理论与实践问题有待去研究、去深化、去解决。

第一，对终身德育理论的研究有利于补充和丰富道德教育理论。终身德育是道德教育的一个重要方面，对终身德育的研究是在超越传统道德理论的基础上对新的道德理论的再构建。将终身德育作为一个独立的体系进行研究，并借以新的视角和方法，加以全面、深入的研究，形成比较完整、系统的终身德育基本理论，有助于加强人们对终身德育问题的认识，有助于提升人们对道德的认识，进而有助于促进终身德育理论的丰富和发展。从有意识的社会交往诞生之日起，道德就发挥着对人的行为的引导、规范和监督的作用。知识经济时代的到来和学习型社会的建设为道德教育的发展提出了新的要求，人的道德发展必须同政治、经济、社会、文化的发展相适应。研究从终身德育的基础价值、现实价值和理想价值三个维度归纳总结了终身德育对个体道德、社会公德、组织伦理的引导作用。从社会公德、政党官德和政府行政道德三个视角对科学发展观指导下的我国终身德育实践进行了梳理，从一定程度上实现了我国道德教育内涵和外延的发展，也是对道德教育基本理论的补充和丰富。

第二，对终身德育理论的研究有利于科学把握人的道德发展规律和发展脉络。道德教育研究的对象是人，人的发展和完善有着其自身的规律性。终身德育理论梳理了不同年龄阶段人的生理、心理和道德发展的主要特征，并根据人所呈现出的阶段性道德特征，提出了各阶段的道德教育重点，旨在有的放矢地实施对人的道德教育。此外，道德教育本身有其自身发展的规律和特点。道德教育作为一种客观存在，其教育目标、教育手段、教育内容和教育方式有着自身的规律性，终身德育在剖析道德发展所依存的政治、经济、社会、文化发展规律的基础上，整合传统道德教育的基本理论，提出了终身德育的发展目标，确立了符合终身德育发展规律的终身德育内容架构和科学有效的终身德育方法体系，这是准确把握终身德育自身发展规律基础上对传统道德教育理论的发展。将人的发展的规律性同终身德育自身发展的规律性相结合，是对道德教育规律内在联系的科学把握，有利于对人的发展规律的把握和运用。

第三，本书开启了终身德育系统研究的序幕。国内外关于终身德育研究的成果仅限为数不多的几篇学术论文和硕士毕业论文，研究的范畴也仅限于对终身德育概念、意义、运行机制等基本问题的分析，关于终身德育内涵和外延的研究还有待深入。本书旨在抛砖引玉，引发学术界对终身德育的关注和思考。

(二) 现实意义

第一，终身德育是对学习型社会建设实践的进一步探索。党的十八大以来，我国学习型社会建设已经进入一个全新的发展阶段，要充分考虑到我国公民道德建设的整体状况。终身德育提出了人的道德教育的应然状态，将进一步引导学习型社会建设实践。终身德育的目的在于有计划、分阶段地对人实施道德教育，帮助人实现由道德的"实然状态"向"应然状态"的转换，在阶段交替的终身德育实践中促进学习型社会建设中个体道德、组织伦理和社会道德的共同发展，为学习型社会建设提供动力支持和动力源泉，保障学习型社会建设的政治方向，推动学习型社会的进一步探索和发展。

第二，终身德育是解决学习型社会建设中的道德难题，实现人的全面发展、构筑和谐社会的有效途径。学习型社会建设的过程中，存在着人们的思想道德水平与经济社会发展水平不相适应的成分,例如,学习型社会建设过程中自然生态、社会生态的恶化和社会管理的弱化,使得人们的道德观念特别是传统的道德观念受到了冲击,个体的价值观念也趋向逐利化和物质化;学习型社会建设中,人的生活的多样性和人的社会角色的多重性对人的道德素质的全面性要求,同人们现有的道德水平不相适应等。这些问题都是学习型社会建设中不可逾越的道德困境和难题。终身德育通过教育、督导、规范等道德教育功能的发挥,引导人们追求自身至善的发展,教育人们树立良好的个体道德、社会公德,调节个体和自然、和他人、和社会、和自身的关系,帮助人们建立起科学的幸福观、全面的发展观、生态的和谐观与世界的和平观。

第三,终身德育是对社会主义道德建设实践的进一步探索。党的十八大报告将"全面提高公民道德素质"作为推进社会主义文化强国建设的一项重要任务重点加以论述。在已往的社会主义道德建设中,我们以《公民道德建设实施纲要》为指导,以统一的公民道德要求为标准,以群众性的公民道德实践活动为载体,广泛开展公民道德教育,取得了良好效果,提升了公民的道德水平。但是,由于社会分工的不断细化,人们的生活环境日益多元和复杂,统一的、一以贯之的道德教育内容和道德教育方法已经不能满足人发展的需要,因此终身德育作为适应时代发展要求的道德教育模式,开始越来越多地发挥作用。本书试图构建起人本主义的终身德育体系,将人的全面发展作为道德发展的理想价值,培养出能生存、会生活、全面发展的有道德的社会人,实现个体道德的社会化;本书试图构建起社会主义核心价值体系指导下的中国终身德育体系,将终身德育同执政党的政治性和政府的道德性相结合,这是对已往德育实践的深化和再发展,对于培养和践行社会主义核心价值体系,实现社会主义道德建设的进一步发展具有重要的现实意义。

第二节 研究现状

作为一种道德教育实践形式,终身德育在道德教育发展的历史长河中积累了较为丰富的实践经验。但是作为基本理论，国内外关于终身德育的研究才刚刚起步，研究成果相对匮乏，研究领域和视角也较为单一。

一 国内关于终身德育研究的述评

国内关于终身道德教育基本概念的阐述，有三种提法，"终身德育"、"终身德育学习"和"道德教育终身化"。其中，以终身德育研究为主。利用知网数据库对以上三个概念进行检索，从结果来看，国内关于终身德育的研究还很薄弱。以"终身德育"为主题进行学术成果检索，共查得9篇论文，代表作品为高德胜的《终身德育引论》、唐爱民的《终身德育：一种教育哲学的思考》、焦爱民的《终身德育的现代哲学意蕴》等；以"终身道德学习"为主题进行学术成果检索，共有12篇论文，代表作为班华的《略论终身道德学习》、郑富兴的《论终身道德学习》、杨芳的硕士学位论文《论终身道德学习理念在学校道德教育中的实践》等；以"道德教育终身化"为主题研究的论文共有3篇，分别是罗家英的《道德教育终身化的时代思考》、姚贵宾的《知识经济与道德教育终身化》、唐汉卫的《浅析终身化道德教育理念》。24篇论文中，三篇为硕士学位论文，其余21篇为学术论文。此外，目前国内还没有关于终身德育的专著出版。本书力求对已经形成的终身德育的相关问题进行系统梳理，以全面把握终身德育发展的动态，旨在实现在前人研究基础上的进一步创新。

（一）学者对终身德育基本问题的研究和界定

一是对终身德育相关概念的界定和比较。"终身德育"、"终身德育学习"和"道德教育终身化"三个基本概念的内涵和实质相同，即通过学校之外的道德教育的自律和他律手段，实现人的道德完善和人格发展，培养善良的、具有社会性的人。但是，由于概念所强调的道德实施主体不同，所以其内涵也有一定的差异。高德胜认为，"终身德育还是教育者与受教育者的整合，二者的界限走向消融，每一个道德主体都既是育人者，也是受育者。"① "终身德育"是一个实施主体多元化的概念，它的实施者可以是教师、家庭、社会等传统的道德教育实施主体，也可以是教育者自身。班华认为，道德"学习论"强调学习者的内部作用即强调学习者"自己运动"，自主地发展个性。……道德"学习论"突显学习者在德育中的主体地位和能动作用。② "道德教育终身化"的概念是由"教育终身化"的概念发展而来，"道德教育终身化是终身教育思想在道德教育领域的运用，它体现了终身教育的基本精神和内在要求，其基本观点是：道德教育过程不再是人生某一个阶段（如青少年）、某一领域（如学校）就能完成的，未来社会的道德教育是面向人的终身的一个过程"③。"终身德育"、"终身德育学习"和"道德教育终身化"三个概念同根同源，它们有着相同的内涵和外延。学者对三种概念的倾向性选择，反映了其对终身德育实施方式所持的不同观点。终身道德学习更多的是强调道德教育者的自律，终身德育则倾向于自律和他律方式的结合，道德教育终身化更注重的是他律教育方式作用的发挥。本书以"终身德育"作为研究的对象。终身德育的实施不能单独强调自律，也不能一味地依靠他律，而应该发挥两种方式的协同作用，实现自律和他律的结合。

二是围绕终身德育和终身教育关系开展的研究工作。关于终身德育和终身教育的关系问题，学者中存在着三种不同观点。第一种观点认为，"终身德育是终身教育的一个重要组成部分，是研究终身教育一个不可缺少的视域"④。高德胜认为，终身教育和终身德育是包含和被包含的关系，终身教育在时间、空间上，从教育内容和教育过程中整合了终身德育的成分。郑富兴也持相同的观点，他认为，"成人的终身道德学习应该是终身学习的重要组成部分，而

---

① 高德胜：《终身德育引论》，《教育研究与实验》2003年第4期。
② 班华：《略论终身道德学习》，《当代教育科学》2004年第4期。
③ 中国精神文明建设年鉴编辑委员会编：《中国精神文明建设年鉴2004》，学习出版社2006年版，第1013页。
④ 高德胜：《终身德育引论》，《教育研究与实验》2003年第4期。

不是一般认为的空泛无用的东西"①。第二种观点认为应该从道德教育的视角,而不是从教育学的视角来阐述终身德育。"终身道德学习作为终身教育思潮在道德领域的新发展,是道德的一种新思维。"②徐文妹也认为,终身德育是道德范畴的研究,是道德教育领域内的创新成果。"目前,众多的教育者从不同的角度对道德教育问题进行了研究,提出了一系列与传统道德不同的新理念,如生活道德、活动道德、生命道德、制度道德、主体道德等众多人文道德概念,他们分别从各自不同的侧面在对当前道德教育现状深刻剖析基础上,构建了自己的现代道德教育的理论框架,……本文所提及的'终身道德学习'理念,就是在目前的研究中独树一帜的一种现代道德教育的新思维。"③第三种观点认为,终身德育和终身教育之间是相互影响、相互融合的关系。唐爱民持这一观点,他认为,终身教育虽然寓含着道德教育的要求,但这种寓含不是简单的包括,而是将道德教育作为终身教育的内在目标要素与基本目标予以中和,使其与终身教育目标的其他成分有机融合,彼此促动。

(二)国内关于终身德育不同研究视角的分析

第一,关于终身德育生活视角的研究。高德胜继承了杜威的"生活即德育"思想,指出:"终身德育不是远离生活世界'悬挂'在空中的德育,也不是'无土栽培'上仍没有生长土壤的德育,而是'脚踏实地'扎根生活、融通生活的德育。"④他认为,儿童需要在日常生活中,从已经成熟的社会成员那里获得指导,进而形成自己的"生活"。徐文妹认为,道德实践与生活的阻隔造成了当前道德教育,特别是学校道德教育效果的低下,因此道德教育必须回归生活。

---

① 郑富兴:《论终身道德学习》,《河北师范大学学报》(教育科学版)2003年第2期。
② 刘海娟:《终身道德学习:道德人的培养路径初探》,硕士学位论文,华中师范大学,2009年。
③ 徐文妹:《终身道德学习理念及其教育启示》,硕士学位论文,山东师范大学,2011年。
④ 高德胜:《终身德育引论》,《教育研究与实验》2003年第4期。

第二，关于终身德育哲学视角的研究。从哲学视角切入对终身德育进行研究的文章，涉及两个方面：一是终身德育的哲学分析；二是对终身德育基本理论、内涵的哲学角度理解。《终身德育：一种教育哲学的思考》从哲学的视角分析了终身德育的内涵，人性完善的非时段性决定了终身教育的必要性，强调了人的德性完善的阶段性特征和其对终身德育实施的客观要求。"德性发展是永远不会完结的，而且是永远不断更新的。"[1] 人作为一种道德的存在物，其一生就是一段趋赴至善的旅行，"在精神的圆融、道德的丰盈、境界的提升过程中，人始终是一个未竟之人"[2]。成人道德的发展具有无限潜力，其未完成性决定了终身德育的必要性，"生命的有限与精神追索的无限，正贴切地体现了终身德育之必要性"[3]。焦爱民在《终身德育的现代哲学意蕴》一文中，运用哲学理论分析了终身德育的体制保障、目标保障和方法保障问题，并从终身教育的"学会认知、学会发展、学会做事、学会共同生活、学会生存"四个向度分析了终身德育的现代哲学意蕴。

第三，关于终身德育机制、体制视角的研究。学者吴家桂首次提出了终身德育的运行机制的概念，确定了终身德育的动力机制、目标机制和保障机制的内容，分析了机制构建在终身德育中的重要性。吴家桂指出社会发展和个体成长是终身德育得以运行的动力机制，"道德作为一种社会意识形态，其依托便是其所处的社会环境"[4]。当今综合化和整体化的社会变革对人的价值观念、态度情感、生存方式都产生了重要影响，因此适应社会化发展的需要成为终身德育的一个根本动力。作为个体的人来讲，"道德是人类特有的一种精神现象，但是这种精神现象不是与生俱来的，它是在后天的生活和学习中逐渐生成的"[5]，道德是一种实践精神把握世界的

---

[1] 唐爱民：《终身德育：一种教育哲学的思考》，《成人教育》2005年第1期。
[2] 同上。
[3] 同上。
[4] 吴家桂：《终身德育的运行机制分析》，《教育学研究》2007年第12期。
[5] 同上。

方式，因此道德意识必然随着人们物质关系的变化而变化。吴家桂认为，社会变化影响了个人的情感，而个人道德意识也随着物质生活的变化而变化。

吴家桂认为，个体至善与社会至善的结合是终身德育运行的目标机制。他认为个体的道德活动既是达到个人完善的必要途径，又是达到社会完善的基本环节。社会至善是个体至善的前提，将个人和社会的关系问题引入到终身德育的目标框架中，强调了终身德育的个体价值和社会价值，这同高德胜的内生德性有异曲同工之意。个体良心和社会舆论的互动是吴家桂提出的终身德育的保证机制。"良心作为一种个体的心理机制受个体的认知水平、理性判断能力、个体对道德规范内化的程度和性质等主观因素的影响，因此，在一些时候按照良心所做的事情未必符合社会道德规范，因此个体良心还要受'社会良心'即社会道德评价的监督。"[①]

第四，以国外终身德育理论为视角的研究。国外终身德育研究动态是国内终身德育研究关注的重要组成部分。但是国内关于这方面的研究成果，仅限于学者郑富兴的《论终身道德学习》。文章整理和分析了国外学者关于终身德育的一系列论述，如佩特森（Paterson）的"道德的善"的成人道德实践思想，美国圣托马斯大学教授斯蒂芬·布鲁克菲尔德（Stephen Brookfield）的批判性反思终身德育理论和美国心理学家罗尔斯（Knowles）的 Erikson - Knowles 终身道德发展模式等。

第五，以终身德育某一阶段的教育为视角的研究。杨芳的《论终身道德学习理念在学校道德教育中的实践》就终身德育体系下的学校阶段的道德教育理念和实施路径进行了研究。她指出："终身德育学习的提出，决不意味着根本否定和排斥学校道德教育。学校是学习者专门从事学习活动的组织实体，是终身道德学习体系的主体和核心。"[②] 王裕民在文章《论终身道德体系中的共产党员道德

---

① 吴家桂：《终身德育的运行机制分析》，《教育学研究》2007年第12期。
② 杨芳：《论终身道德学习理念在学校道德教育中的实践》，硕士学位论文，南京师范大学，2006年。

人格构建》中，分析了终身德育体系下全力推进共产党员道德人格建构的三个基本路径，即"共产党员必须强化道德人格的自主构建；整合社会资源，发挥终身德育的综合效应；加强终身德育的制度环境建设，完善长效机制"①。无论是终身德育体系下的学校道德建设还是党员道德建设，都是在某一领域内进行终身德育实践的有益尝试，对完善和发展终身德育实践具有重要意义。

国内关于终身德育的已有研究成果，多是基于终身教育和德育理论结合的研究。终身教育理论普遍吸收和借鉴了朗格朗（又译为朗格让）《终身教育导论》的相关概念和研究成果，而德育部分大都吸收了杜威的道德教育理论。当前研究者取得的进展有以下三点：其一，终身德育的概念在发展中逐步完善，已经由原来的机械分析加入了人性和人的发展的成分，这就使得终身德育研究的目标性更加明确，为进一步发展终身德育内涵奠定了基础。其二，通过理论研究，终身德育和终身教育的关系越来越透彻，为在终身教育理论基础上发展终身德育提供了理论基点。其三，终身德育研究的范围出现了新的拓展，从概念到内容，从哲学基础到机制建设，从教育的阶段性拓展到人的发展的必要性，终身德育的研究日益丰盈。但是，我国关于终身德育的研究刚刚起步，研究中可借鉴的理论成果也非常有限，所以研究的深度还需要进一步加强。

二　国际上关于终身德育研究的述评

国际上关于终身德育思想的研究和传播主要有两个主体阵地，一是联合国教科文组织对终身德育思想的推广；二是以《道德教育期刊》（*Journal of Moral Education*）为阵地的终身德育理论研究。前者主要倾向于对终身德育实践价值的探索和实施策略的研究，后者则是注重对终身德育前瞻理论的思考和教育模式、方式的探索。

（一）联合国教科文组织所推动的终身德育思想

朗格朗在《终身教育：概念的发展》一文中指出："在思考与

---

①　王裕民：《论终身德育体系中的共产党员道德人格构建》，《高校党建》2006年第7期。

第一章 引言

实践的现阶段，终身教育是一个还不能给出明确定义的复杂概念，或许应该作出努力，使它的各种要素系统化，并说明它们之间的相互关系。"① 终身德育也面临着和终身教育一样的困境。终身德育在国际社会上还未获得一个准确的定义。但是，国际上关于终身德育理念和终身德育内涵的讨论从未停止。

联合国教科文组织在促进终身德育的发展上起到了巨大的推动作用。联合国教科文组织发表的系列丛书《学会生存——教育世界的今天和明天》《教育——财富蕴藏其中》《从现在到2000年教育内容发展的全球展望》记录了世界教育演进的历史。系列丛书中有一个一以贯之的联系——终身教育，其中涵盖了终身德育的内容。《学会生存——教育世界的今天和明天》指出，未来教育的目的是要培养完人，"人要排除令人苦恼的矛盾；他不能容忍过度的紧张；他努力追求理智上的融贯性；他所寻求的快乐不是机械地满足欲望，而是具体地实现他的潜能和认为他自己和他的命运是协调一致的想法——总之，把自己视为一个完善的人"②。培养"完善的人"正是终身德育的核心思想和终身德育的终极目标。《教育——财富蕴藏其中》提出了一个现代终身德育的核心观点，即终身教育要建立在四个支柱的基础上，这四个支柱分别是：学会认知、学会做事、学会共同生活、学会生存，这四个方面也恰恰是终身德育的学理价值所在，是终身德育所要调节的关系的主要方面。《从现在到2000年教育内容发展的全球展望》明确给出了未来教育的培养目标，"未来的教育不应该仅限于给学习者坚实的知识和培养他们对继续学习的兴趣。它还应该培养人的行为和能力并深入精神生活之中，包括明智、责任感、宽容或敏锐、自立精神在内的行为与包括洞察实质、确切概括、区分目的与手段和确定原因与结果等的智能

---

① 赵祥麟：《外国教育家评传》，上海教育出版社2002年版，第355页。
② 联合国教科文组织国际教育发展委员会：《学会生存——教育世界的今天和明天》，教育科学出版社1996年版，第193页。

同样重要。"① 简而言之，未来教育要以人的理性、宽容、敏锐、道德作为道德教育的主要内容

联合国教科文组织并未将终身德育作为一个独立的教育体系进行研究，而是在终身教育体系中包含了终身德育的大量内容。联合国教科文组织的终身德育思想都是在大量实证数据的基础上建立的，因此它所反映的终身德育问题就是当今社会的核心问题，具有实证的价值。

(二) 以《道德教育期刊》(Journal of Moral Education) 为阵地的终身德育理论研究

莫尔·莱斯特是英国《道德教育期刊》主编，1998年，他在《道德教育期刊》发表《社论：终身学习作为一种道德教育》，就为什么要开展终身德育进行了论述，并深入分析了终身德育的外在推动力和内涵，他认为终身教育理念的蓬勃发展推动了终身德育的发展。莫尔·莱斯特认为学习型社会理论下的终身学习已经在世界范围内成为一个炙热的话题，英国已经在1996年签署了终身教育绿皮书，欧盟也发布了关于学习型社会建设的白皮书，日本颁布了终身学习法。这一系列事件使得英国的终身教育研究迫在眉睫。他指出，就当时英国国内道德研究的实际而言，关于学校后道德教育的研究很少，大多文章都局限在学校教育层面，所以他发表社论希望学者和有识之士能够发表终身德育理论和实践的文章。② 应该说是终身教育的蓬勃发展诱发了对终身德育的思考。另外，莱斯特别强调父母教育、家庭教育对孩子道德发展的重要性。由于莱斯特对劳伦斯·科尔伯格（后简称科尔伯格）的道德认知理论青睐有加，所以他希望学者们进行终身认知道德学习的研究。在莱斯特的呼吁之下，学者们纷纷开展了对终身德育的相关研究，1998《道德教育期刊》第27卷开辟了终身德育专栏，斯蒂芬·布鲁克菲尔德

---

① ［伊朗］S. 拉塞克、G. 维迪努：《从现在到2000年教育内容发展的全球展望》，教育科学出版社1996年版，第144页。

② Mal Leicester, "Editorial: Lifelong Learning as Moral Education", Journal of Moral Educaion, Vol. 27, No. 3, Sep 1998.

（Stephen Brookfield）、理查德·泰勒（Richard Taylor）、理查德·克·巴格诺尔（Richard G. Bagnall）等道德教育学家和心理学家都发表了相关文章。

理查德·泰勒关心的是终身学习议程中的道德基础和它的两个诱发因素。泰勒认为，经济总量的增加使得具备技术和受过教育的工人的需求增加，同时在大范围内使得人们的欲望达到一个更高的水平。泰勒以一个探索者的角度检验了在新的环境下自由传统和成人教育的关联度。[1] 他和斯蒂芬·布鲁克菲尔德一样，推崇批判性思考。

理查德·克·巴格诺尔就终身德育的职业道德阶段教育进行了研究，他对后现代文化背景中道德教育的本质进行了审视，他的研究核心是职业道德教育的终身化。基于对现代主义道德和道德教育的批判，理查德·克·巴格诺尔对五种私有化的回应进行了假设和评价：基础主义，法典编纂，自我主义，新部落主义，情境主义。[2] 这五种回应中，只有最后一种情景主义被认为是对后现代主义的道德责任的接受，其他四类是在最后一类基础上的退化。为了给继续专业教育制定一个合适的课程表，他将这些观点在情境意识范畴内进行了修改。继续专业道德教育被认为是对现代主义道德的解构，是对现代主义道德的能力、理解力以及对人性情重塑的呼吁。

斯蒂芬·布鲁克菲尔德认为道德学习的理念在成人教育领域还是一个空白，他想要打开这一领域，因此他在人类道德教育的研究过程中努力寻找道德学习的定义和其核心程序，这其中涉及对道德问题的批判性反思。在阐述道德学习的定义时，布鲁克菲尔德认为：首先，道德学习是使人变得更道德的一个过程；其次，道德学习是让成人在做任何决定时，要考虑到道德的纬度。在分析道德教

---

[1] Taylor Richard, "Lifelong Learning in the 'Liberal Tradition'", *Journal of Moral Educaion*, Vol. 27, No. 3, Sep. 1998.

[2] Bagnail, Richard G., "Moral Education in a Postmodern World: Continuing Professional Educaion", *Journal of Moral Educaion*, Vol. 27, No. 3, Sep. 1998.

育的目的时，斯蒂芬·布鲁克菲尔德指出，成人教育的目的就是要发展人性，即"让人成为更加完善的人"，在人类品质中构成善的道德品质是人之所以能够成为人的主要品质，也是一个人的内在品质的核心，因此终身德育必须要向人们展示其值得被采纳的价值。[①] 布鲁克菲尔德的批判性反思为人们提供了两个警示：一是实证，二是哲学。他的这种思想与泰勒的后现代主义的批判和理查德·克·巴格诺尔的假设相呼应。

彼得·贾维斯（Peter Jarvis）是国外现代终身教育理论的代表人物，他在研究过程中形成了自己的理论模式，在本书第四章会进行详细论述。在贾维斯看来，教育本身就是一种道德活动，"因为教育被看作是一个人道主义的过程，教育中我们就必须看到道德活动，教和学也被看成一个道德相互的过程"[②]。其中教育的两个主体：教师、学生，其道德会互相影响，促进成长，其思想蕴含着教学相长的意味。在提到终身教育的概念时，他指出终身教育是使每一个人形成惯例的学习机会，其中包含人性的基础，直接的指向是参与者的发展，而这种发展可能出现在人一生的任何阶段。在提到人的发展范畴时，贾维斯指的是知识、技能、人生态度、价值观、情感、信仰和整个人的意识。

综合分析国外学者关于终身德育思想的研究，他们首先提出了终身德育这一新的道德研究视域，开拓了德育研究的新领域，他们对科尔伯格道德认知理论的吸收和借鉴为终身德育研究的方法介入找到了途径。国外关于终身德育的研究文章在教育阶段划分上大都采用了科尔伯格的阶段划分法，在教育内容方面多是基于认知发展理论设计相关内容。国外的终身德育研究有其局限性，其一，学者们主张通过社会运动引发社会变革来实现教育的变革，这一思想是资本主义社会条件下的产物，对现在的教育实践不具有指导意义和

---

① Brookfield Stephen, "Understanding and Facilitating Moral Learning in Adults", *Journal of Moral Educaion*, Vol. 27, No. 3, Sep 1998.

② Jarvis Peter, *Adult Education and Lifelong Learning: Theory and Practice*, 3rd ed, London: Routledge, 2004, p. 43.

价值。其二，他们虽然提出了终身德育的思想，并对问题进行了研究，但从斯蒂芬·布鲁克菲尔德的文章看，其研究只是在自身原有研究领域内扩展了终身德育的内容，并未对终身德育思想进行更深层次的研究。其三，他们提出了终身德育的概念，并希望从认知发展的角度进行研究，但后期的著作中并未对这一问题进行进一步深入研究。另外，把终身德育研究的方向单一地界定在道德认知的范畴难免有失其全面性。其四，作者一再强调批判性反思在终身德育中的重要性，即强调了内省的重要意义，但道德教育的他律功能在研究中未有所涉及。终身德育内省是一个重要的方面，但是他律也不可缺少。

第三节　研究框架

本书将1965年以后至今的终身德育思想和理论作为研究范畴。终身德育实践在中国古代就有，但是并未归纳出终身德育这一概念，1997年莱斯特提出了终身德育的概念，标志着一个独立的道德教育理论范畴的诞生，国内高德胜最早提出了终身德育，《终身德育导论》是国内能够查阅到的关于终身德育的最早研究成果。从两位学者终身德育研究的渊源看都受到了终身教育思潮的影响，从其阐述的终身德育思想的概念、内涵来看，都受到了杜威、赫钦斯、朗格朗等学者的终身教育思想的影响，并吸收了其中关于终身德育的有益部分。从时间范畴来讲，本书研究的是现代终身教育概念提出后，近50年以来的终身德育理论和实践。现代意义的终身德育思想产生于1965年。1965年，联合国教科文组织第三届成人教育促进会在巴黎召开，会议通过了由联合国教科文组织成人教育计划处处长保罗·朗格朗提交的关于终身教育的提案，由此，终身教育理念开始在全世界得以传播和推广。

本书共分为七章，研究坚持以终身德育的内涵价值贯穿始终。对终身德育价值的追求实际上就是对人本身发展的自我追求。人的自然价值、社会价值和理想价值都是通过终身德育来实现的，因此无论是对国外终身德育理论的研究还是对国内终身德育实践的梳理都坚持了终身德育固有价值的指导。

第一章"引言",介绍问题提出的背景、研究意义、研究现状、研究框架、研究方法及研究的创新与不足,对本书的基本框架和主要内容进行概括性说明,理清了研究的基本思路。

第二章主要对终身德育和学习型社会的基本理论问题做出说明和分析。从历史的视角深入分析学习型社会的产生和发展,剖析学习型社会的内涵,并在其历史发展的轨迹中探求终身德育的产生。在对国内外终身德育内涵分析的基础上,给出终身德育的概念,分析终身德育的特征,梳理出终身德育的基本理论构成。就终身教育和终身德育、学习型社会和终身德育的关系进行研究,分析学习型社会和终身德育在教育目标、实施路径上的一致性,探究学习型社会中终身教育和终身德育的整体性关系。

第三章从人的自然存在、社会存在和伦理存在三种有机存在方式入手,分析人类在现实社会中所要面对的生存危机、生活危机和发展危机,提出以学会生存、学会生活、学会发展为核心内容的终身德育理论体系来帮助人们走出困境。教育人正视人的自然存在,遵从自然道德;重视人的社会生存,发展社会道德;引导人遵从组织伦理,过有道德的组织生活;遵从社会道德,实现人的和谐生活;遵从个体道德,体验身心幸福的生活。教会人认知,发展人类理性道德;教育人超越物质,完善自身精神生活;帮助人自我调适,实现人内心的和谐,进而实现人的全面而自由的发展。

第四章分析当代西方社会三种主要的终身德育理论模式,并根据三种理论模式的特征,剖析其方法论的要求。保罗·朗格朗塑造现实人的人本主义终身德育目标、追求幸福生活的终极终身德育追求和实现人的适应性的现实目标都吸收了社会学习道德理论的思想内涵和精髓,形成了终身德育的社会学习模式。彼得·贾维斯借鉴了实用主义德育思想的经验主义学说,认为终身德育就是经验的转变;他发展了实用主义学派的人本主义思想,强调全人性和人的自我实现;吸收了教育即德育的实用主义终身德育观,主张所有的教育都是对人心灵的教育。莫尔·莱斯特发展了人本主义终身德育思想，注重人的自我认知和自我发展在终身德育中的作用，强调终身德育的阶段性。三种理论模式也对应着相应的教育手段和教育方法，本书就终身德育的方法创新进行了尝试性探索。

第五章对国外终身德育实践进行了分析。本章选取具有代表性的日本、法国、美国为样本，分析了日本具有法制化特征的终身德育实践模式、论述了法国的社会化终身德育实践模式和美国的学习化终身德育实践模式。法国终身德育无论是教育目标、教育手段还是教育方式都具有社会性的特征；日本的终身德育从教育法律颁布，到教育内容的法制化、再到教育管理的法制体系建设都体现了日本终身德育法制化的特性；美国终身德育强调人的道德习得，从家庭起步、到学校教育、再到社会教育和宗教教育，道德的形成方式十分重视个人的自主学习，形成了美国独具特色的终身德育学习化模式。

第六章围绕中国学习型社会建设中的终身德育理论展开论述。首先，论述了中国终身德育目标确定的根本依据、客观依据和动力依据；其次，确定了中国终身德育目标确立的发展性、现实性、一致性和整体性原则；最后，完成了中国终身德育的目标构建，即构建和谐关系、和谐社会的终身德育总体目标，促进个体道德全面发展的终身德育终极目标，实现道德个体幸福生活的现实目标，营造良好社会风尚的终身德育伦理目标，并就各个层次目标间的关系进行了深入分析。

第七章，中国拥有悠久的终身德育实践的历史和传承。中国共产党人在中国革命、建设和改革的历史进程中，发展了传统的中国终身德育实践，形成了科学发展观指导下的终身德育实践模式，即学习型政党和学习型政府。

第四节 研究方法、创新与不足

一 研究方法

本书综合运用哲学、教育学、心理学、社会学等多学科知识对终身德育理论和实践进行分析，特别是从哲学的角度对终身德育进行多向度的审视，以期对终身德育理论有一个更全面、更深入、更科学和更透彻的分析。具体采用了以下几种研究方法：

第一，历史与逻辑相统一的方法。研究终身德育理论，就要对历史上已有的终身德育思想进行梳理，对已经形成的终身德育实践模式进行整理，使研究建立在坚实的历史基础上，以期为终身德育理论研究的进一步丰富提供思路，这需要运用历史的方法。终身道德教育是一个纷繁复杂的体系，涉及终身德育的目标、内容、阶段划分、价值体系等诸多内容与要素，这些要素交互发生作用，构成多种关系，形成多对矛盾，甚至在某些问题上存在着内部的交错性，因此关于终身德育基本理论的论述显得有些杂乱和无序。要全面、科学认识终身德育的内涵、价值、特点和目标，就要将其上升为具有内在逻辑结构的抽象结论，需要运用逻辑的方法。终身德育采用历史和逻辑相结合的方法进行研究较为适切。

第二，多学科整合的方法。终身德育是一个十分复杂的领域，它涉及教育学、心理学、社会学等多学科内容，要全面、深入进行终身德育研究，揭示其规律和本质，就需要运用多学科整合方法。本书从教育学和道德哲学的视角分析道德教育的概念和内容，运用心理学、人类学和社会学的方法对终身德育的阶段进行了划分，并确定了各阶段的主要教育内容。运用多学科整合的方法研究终身德育可以开阔终身德育的研究视野，开拓终身德育的研究思路，克服单一视角所造成的研究盲点，有助于科学的、系统的终身德育理论的产生。

第三，比较研究法。本书关于终身德育理论和实践的研究采取了纵向比较和横向比较相结合的方法。对各国的终身德育实践进行梳理时采用了横向比较的方法，对各国终身德育的历史和现状进行了比较。本书在对国内外的终身德育理论、实践进行研究时采用了纵向比较的方法。将国内和国外的终身德育理论和实践进行比较，吸收和借鉴国外终身德育的合理成分，以拓展终身德育的思路。比较研究法有利于全面、系统深入地认识终身德育的本质、规律，拓展终身德育的宽广视野。

本书还综合运用了文献分析法、实证研究法、经验总结法、系统科学等方法。

二 创新与不足

（一）创新

第一，本书试图厘清"终身德育"的内涵。一方面从已经形成特点的终身德育实践入手，另一方面就终身德育的基本理论进行了深入的分析，特别就终身德育内涵进行了深入的研究。目前，终身德育概念主要是从教育学的角度进行的，并通过同成人教育、学校教育比较而得出终身教育的概念，在终身教育的概念基础上捕捉终身德育的影子。本书吸收了从教育学视角发展而来的终身德育思想的精髓，并以终身德育的人本价值、生态价值和社会价值为切入点，对终身德育内涵进行了界定和论述，这是对终身德育问题进行的较为深入的研究，也是终身德育理论研究的一个亮点。

第二，研究梳理了国外终身德育研究的相关理论和代表性国家的终身德育实践。"他山之石可以攻玉"，西方关于终身德育的研究相对成熟，对国外终身德育思想的研究可为国内终身德育研究提供可借鉴的经验和相对成熟的研究成果。另外，对国外终身德育思想梳理的过程也是对终身德育的发展脉络和历史继承进行研究的过程，这对于厘清终身德育的内涵、实质，发展终身德育理论和探寻终身德育进一步的发展目标和教育目的具有重要价值。

第三，研究提出了科学发展观指导下的中国终身德育建设理论。一直以来终身德育都被作为一种理念、一种思想来教育和传播，但是具体到终身德育目标、任务的研究还较少。从中国社会现实入手，以终身德育指导政治、经济、社会、文化、生态建设的研究更鲜有涉及。研究以"和谐"为核心，提出了我国终身德育建设的总体目标、终极目标、现实目标和伦理目标。目标的提出对国内终身德育实践的研究将会起到积极的指导作用，也进一步丰富了道德教育理论的内涵和外延。

第四，研究对学习型社会中的终身德育实践进行了提炼和探究。研究立足实际，在对中国的终身德育实践清晰把握的基础上，对中国终身德育实践的现代模式进行提炼。学习型政党、学习型政府是中国本土对学习型组织的发展和创新。笔者尝试运用终身德育的理论对学习型政党和学习型政府的道德实践进行研究，这既是对学习型组织理论的发展也是对终身德育实践模式的创新。

第五，研究的切入视角具有独特性。关于终身德育的研究一直以来都是从教育视角入手，本研究则由"终身德育的理论价值"切入，从人的自然存在、社会存在和道德存在三个纬度对人与自然、人与社会、人与人、人与自身四层关系进行研究，提出了终身德育的人本目标，即学会生存、学会生活、学会发展。

（二）不足

第一，要从国内外关于终身德育的只言片语的研究材料中，系统归纳出终身德育的内涵，勾勒出终身德育发展的历史轨迹，并作出前瞻性的研究，对于笔者现在的理论功底和把握材料的能力而言是一个巨大的挑战，也非个人能力和本书内容所能担当。在本书中，笔者就国内外可以查阅到的关于终身德育的所有资料进行了整理和研究，试图从分散、割裂的材料中，探析终身德育自身的价值和内涵；从国外已经存在的终身德育实践中提炼普遍性的理论模式，但是关于终身德育变迁与发展历史的梳理还不够系统，对终身德育发展模式的成因未作深入分析。

第二，本书将终身德育作为一个独立完整的体系进行研究。研究对终身德育的理论价值、国内外终身德育理论和实践模式进行了研究，揭示了终身德育研究的现状。但本书所涉及的内容太过庞大，终身德育所涉及的知识面又太过广泛，在具体的问题研究中难免会出现疏漏、某些方面的内容分析不一定恰当和准确，需要在以后的研究中逐步完善。

第三，研究关于终身德育阶段的划分和各个阶段道德教育内容的确定尚有许多值得商榷的地方。由于客观上缺少开展广泛而深入调查研究的时间、精力和条件，本书对终身德育阶段的划分更多的是基于对文献资料和现有理论成果的分析和梳理。但是，终身德育的阶段划分，并非是道德教育一个单一的学科所能解决和回答的问题，而是一个涉及心理学、社会学和人类发展学的综合性问题。尽管在阶段划分的研究中，综合运用了心理学关于人类认知发展的相关理论，但是阶段划分的合理性和阶段道德教育内容的确定是否符合人类生理、心理和教育学的发展规律还需要在进一步的研究中通过实践来证实。

第二章　学习型社会和终身德育概述

　　学习型社会概念首先由美国著名教育家罗伯特·赫钦斯提出。之后，联合国教科文组织国际教育委员会于1972年发表了著名的"福尔报告"，即《学会生存——教育世界的今天和明天》，报告再次强调了学习型社会的理念。随着知识经济的爆炸性发展，经济社会的深度改革和人们生活环境的极大变化，学习型社会由一个社会学的概念逐渐转变成了推动各国建设经济、科技、文化强国的实践，学习型社会建设在世界范围内全面展开。终身德育作为终身教育一个重要的组成部分，它与学习型社会建设相依相存，是学习型社会建设的道德之维和动力之基。

第一节　学习型社会的内涵和特征

一　学习型社会的内涵

　　罗伯特·赫钦斯认为，学习型社会不仅仅是为处于人生任何阶段的每一个成年男女提供闲暇的成人教育，而且还成功地实现了社会的价值转换。学习型社会的目的是学习，是自我实现，使其成为人，而学习型社会的所有机构或制度都以这一目的为指向。在赫钦斯看来，教育既不是为了传授知识而教育，也不是为了单纯的生存而教育，而是为了培养全面的人，心智健全的人而教育，"被视为一种有计划、有组织地帮助人们发展其心智的活动"[①]。他主张教

---

　　① ［美］罗伯特·赫钦斯：《学习型社会》，林曾、李德雄、蒋亚丽等译，社会科学文献出版社2017年版，第1页。

◈ 第二章 学习型社会和终身德育概述 ◈

育关注的是"生命的真正价值",它(教育)帮助人们"过上睿智、愉快、美好的生活",超越阶级限制,实现全民平等的教育。

彼得·贾维斯是英国著名的成人教育学家。他认为学习型社会是一个复杂的令人费解的概念,需要人们对它进行一些具体的解释,但有一点是肯定的,他认为变化(change)是学习型社会建设的基础,社会变化越是深刻、越是广泛,越是容易促进学习型社会的发展。[①] 贾维斯分析了推进学习型社会建设的十种不同途径,分别是增加技能、个人发展、社会学习、学习市场、地方性的学习社会、社会控制、自我价值、学习型组织、教育体制的改革和结构性调整。贾维斯的学习型社会概念是抽象的,但其关于学习型社会建设途径的分析为之后学习型社会建设实践的开展奠定了理论基础。

国内学者给出的学习型社会的概念,涵盖教育学、社会学、管理学和政治学等不同学科领域。叶忠海从教育学的视角分析学习型社会的内涵指出:"学习型社会,指的是以知识经济和知识社会为生存背景和发展空间,以学习和教育为最本质职能,以形成社会终身学习文化、社会化的终身学习和教育体系为基础,能保障和满足社会成员基本权利和终生学习需求,从而有效地促进人的全面发展和社会的可持续发展,这样一种开放、创新和发展的和谐社会。概言之,学习型社会,是以学习和教育为其最本质职能,人人愿学而又时时处处可学,这样一种开放、创新、发展的和谐社会。"[②] 叶忠海关于学习型社会的概念,从基础到保障,从建设本质到建设目的,都是围绕着个人的终身学习和终身教育展开的,把学习和教育看成了学习型社会建设的目的,也看成了建成学习型社会的手段。

许正中和江森源从社会学的角度,提出了学习型社会的概念。首先,他们把学习型社会定义为一种社会形态,也就是说学习型社会是人类发展过程中,社会发展到一定程度所必然产生的状态。其

[①] Jarvis Peter, *Adult Education and Lifelong Learning: Theory and Practice*, 3rd ed, London: Routledge, 2004, p. 15

[②] 叶忠海:《学习型社会建设研究与探索》,同济大学出版社2013年版,第4页。

◇ 学习型社会建设中的终身德育研究 ◇

次，学习型社会也是一种社会组织形式和管理方式，这种组织形式和管理方式是人类进入生产力高度发达、知识和学习技能成为基本生产要素的知识经济时代所对应的必然状态。最后，他们把学习型社会的构成延伸和拓展到了学习型个人、学习型家庭、学习型政府、学习型军队、学习型社区、学习型城市等学习型组织，将学习型社会看成了各个组织组成的综合体。

张声雄从行政管理学角度对学习型社会的内涵进行了阐述。他指出，"学习型社会是从终身教育的角度提出的一种新的社会管理的基本概念。"[①]《学习型社会建设的理论与实践——学习型社会建设研究课题总报告》则从学习型社会与知识社会关系的维度、从社会资本的新视角和学习型社会本体维度阐述了学习型社会的内涵。报告指出，无论是知识社会、信息化社会、网络化社会还是创新型社会，均离不开社会学习和社会化学习。知识社会的形成，需要以学习型社会建设作为基础；学习型社会的建设，又需要以知识社会发展作为背景和动力。另外，报告从社会资本的视角指出，学习型社会不仅是一种社会资本的投资，还是社会资本的培育工程；学习型社会建设的过程，就是社会资本的培育发展过程。从本体论视角，报告将学习型社会概括为："学习型社会，指的是以社会学习者为中心，以终身教育体系、终身学习服务体系、学习型组织为基础，以形成终身学习文化为基本特征，能保障和满足社会成员学习基本权利和终身学习需要，从而有效地促进社会成员全面发展和社会价值得以充分实现，以及社会可持续发展的一种开放、创新、富有活力的新型社会。概言之，学习型社会的本质，即为以学习求科学发展的社会；或者说以学习求社会及成员科学发展的过程。"[②]

《建设学习型社会》一书综合教育学、管理学和社会学关于学习型社会的观点，以学习型社会构成机理为着眼点对概念进行了系

---

① 张声雄、徐韵发：《创建中国特色的学习型社会》，江西人民出版社2003年版，第28页。

② 学习型社会建设研究课题组：《学习型社会建设的理论与实践——学习型社会建设研究课题总报告》，高等教育出版社2010年版，第23页。

◇ 第二章 学习型社会和终身德育概述 ◇

统表述,同时又对学习型社会建设的具体构成要件进行了整合,提出了学习型社会的基本定义:学习型社会,就是以学习为核心,以全民为主体,以终身教育体系为基石,以学习型组织为基础,以运行机制为保障,以学习工作化和工作学习化为标志,以促进人的全面发展为目的,以营造学习氛围为环境,以实现与时俱进、开拓创新、促进社会发展为结果的全民学习、终身教育的社会。①

综合以上的观点,学习型社会是以终身学习为基础,以人的全面发展、人的价值观完善为目标,以学习型组织为基本方式,以社会和教育的协调发展为机理,以创新和发展为内在驱动力的一种开放的、和谐的、和平的、富有活力的新型社会形态。这一概念首先强调了学习型社会的全民性和实践性,并不是进入课堂和教育体系的人才是学习型社会的成员,社会中的每个个体都是学习型社会的参与主体,因为生活实践本身就是一种实施教育的方式。其次,概念重在强调学习型社会的道德构成,学习型社会建设的终极目标是全民道德素质的全面提高;学习型社会的本质,是通过教育来维护和发展人类现有的环境;学习型社会的价值也在于人在教育过程中对自我的调整和再塑造,在于人对生活真谛的正确理解和普遍接受,并在此基础上形成普遍的价值观念,学习型社会旨在实现每个人的价值回归和价值自省。再次,概念强调社会和教育发展的协调性,社会的发展水平需要与其相适应的教育体系的完善,教育作为社会发展的有机组成部分,其水平直接影响着社会发展的水平。教育的社会化和社会化教育是推进学习型社会建设的有效途径和必由之路。最后,强调创新和发展对学习型社会建设的驱动作用。创新是对现有社会创造性的改造,是推进现有社会发展的动力,而发展是在对现有社会发展经验和成果总结、借鉴基础上的再升华。无论是对社会的改造还是对现有经验的升华都将对社会的发展提出新的诉求和期望,学习型社会建设恰恰是通过不断的学习以协调人们日

---

① 科学发展观丛书编委会:《建设学习型社会》,党建读物出版社2012年版,第15页。

益增加的诉求和期望，实现人的全面自由的发展，实现社会和谐。

二　学习型社会的特征

学习终身化。科学技术的日新月异和知识经济的迅猛发展，为人们的知识结构更新和综合素养提升提出了更高要求，人们需要通过自身的学习具备适应变化的生活环境的能力。科学技术所引发的市场分工的细化和工作岗位的多变，又要求人们具备承担不同工作的业务能力和职业素养，传统学校教育一成不变的教育体系已经无法满足岗位的变化，所以人们要不断学习以适应周边的生存环境。美国成人教育哲学家林德曼认为："许多岗位发出一种对新教育的呼唤，它强调教育就是生命——而不仅仅是为一个未知的未来生活做准备。因此，所有那些把学习归入青年时期的静态的教育概念应该统统废除掉。整个生命就是不断学习，教育没有止境。"[1] 人的发展是一个系统的、过程性的活动，同时又具备阶段性和差异性的特点，同一个人在他人生的每一个阶段都会面临不同的问题，这就需要人在原有能力的基础上，通过学习不断发展和提升自己的能力为现阶段和即将到来的阶段发展奠定基础。

学习全面化。学习型社会培养的人才不是为了获取某一片面、零碎的知识或技能，而是为了全面提升人的综合素质，实现人的全面发展。[2] 学习型社会中的全面学习不仅仅是对某一领域或某一行业内的专业知识的学习，而是要学习人类文明的所有优秀成果，自然科学的要懂，社会科学的要涉猎，自身的业务知识更要精深。全面学习的目的是通过学习拓展人的思维、净化人的心灵、提升人的思想境界，进而促进人的世界观、人生观和价值观的养成。全面学习要求学习方式的多样化，要坚持向书本学习的传统，更要将书本理论同实践相结合，从生活和工作的实践中学习，实现理论和实践

---

[1] Lindeman Eduard C., *The Meaning of Adult Education. A Classic North American Statement on Adult Education*, Reprint of the 1961 Harvest House edition, 1989, p. 7.

[2] 科学发展观丛书编委会：《建设学习型社会》，党建读物出版社 2012 年版，第 19—20 页。

第二章 学习型社会和终身德育概述

的融会贯通，把理论知识转化为指导工作的具体方法。另外，要善于借助网络、媒体、广播等现代化学习手段，利用开放共享资源进行自我学习、全方位学习和全面学习，实现全面学习方式的转变。

学习全民化。全民学习就是要人人成为学习的主体、处处成为学习的教室、时时成为学习的课堂，达到学习全民化和全民化学习。全民学习，首先是全民享受平等的教育。教育资源和教育机会的均等是实施全民教育的基础，党的十八大报告指出要大力促进教育公平，合理配置教育资源，重点向农村、边远、贫困、民族地区倾斜，支持特殊教育，提高家庭经济困难学生资助水平，积极推动农民工子女平等接受教育，目的是让每个孩子平等享有受教育的机会，同时努力实现教育资源的合理、公平配置，让每个孩子都能成为有用之才。全民享有平等教育，强调国家机构、民间团体和工作单位要给每一位工作者提供平等接受培训、进修和提升的机会，让社会中的每一个人都享有接受再教育的机会，为人的发展提供更多机会。其次，全民学习强调学习的自主性。全民学习使得学习成为生活的需要，而不再是生存的需要，"我要学"代替过去的"要我学"，主动学习代替被动学习，自主学习代替强迫学习。学习全民化，还强调全民学习的自主性。以学校为主体的教育模式，是按照人才培养方案既定目标、任务的要求，而对学生实施的教育，因此教学内容固定、教学模式单一。在全民学习社会中，学习的个人可以自主选择学习的内容，自主决定学习的手段，自主控制学习的时间，形成人人都是学生、人人可以学习、人人乐意学习的学习型社会。

学习社会化。学习社会化要求我们的学习要走出学校、走出课堂、走向机关、走向整个社会，建立全民学习和终身学习的教育体系，使整个社会都成为一个大学校。[1] 首先，学习社会化要注重发挥社会组织的教育作用。学习型家庭、学习型企业、学习型社区、学习型城市等学习型组织作为学习型社会的个体分子，他们承担着

---

[1] 安蓉泉：《全民学习终身学习——建设学习型城市综合研讨活动侧记之一》，《咸阳日报》2010年10月30日。

不同的教育内容和教育任务。学习型组织以共同的愿景把组织内成员团结起来,为着共同的目标而努力,为学习的开展提供有效的团队保障。另外,学习型组织以较小的或以某一特定的性质而组合起来,也便于学习的管理和学习活动的开展。以某一特定性质而组合起来的组织具有稳定性,能够保证学习活动的持续性。组织的特性同时使参与主体具有相同的生活、工作经历,在一定程度上保证了组织成员学习内容的一致性和学习兴趣的共同性,进而易于激发组织成员学习的积极性和主动性。学习的社会化强调社会的"导师"作用。人作为个体既是社会单独的个体,又是社会群体中的一员,任何个体都会受到所处环境或他人的影响,个体所接触的人的教育水平的高低和素质的优劣必然会影响到个体接受教育的态度。正如朗格朗所指出的那样,人在社会中生活的同时也在社会中工作。一个人可能会和工会、合作社、大众文化协会、妇女俱乐部等不同类型的社会组织有联系,或者为其工作,那么他就对这些组织有责任和义务,而这些组织的发展和整体水平以及团体中其他个体的状况必然会对个人产生重要影响。可以说社会是人的导师,社会环境的整体状况直接影响着人的社会学习的开展状况。

学习生活化。学习不再是生活的附属品而成为了生活的必需品,成为了一个完整的人生活的一部分。首先,学习的生活化强调学习的普遍性和频繁发生性,人们在生活中的一言一行、一举一动都存在学习和被学习的关系。其次,学习生活化强调学习内容的应用性。以往我们所讲的学习晦涩而又单调,通常是专业性较强的理论学习,随着社会发展和人们对生活质量提升的要求,人们的学习内容更加贴近生活、贴近需要、贴近实际,像养生知识、健康讲座、生活常识类的学习内容等日益受到更多关注。此外,学习生活化强调学习回归生活。在杜威看来,"生活和经验是教育的灵魂,离开生活和经验就没有生长,也就没有教育"[1]。学习的目的在于

---

① [美]约翰·杜威:《民主主义与教育》,王承绪译,人民出版社2001年第2版,第14页。

更好地改造生活,学习的动因来源于对生活中还未认知世界的好奇,学习的成果是人们在生活中实现的对自我的改造和完善,所以说学习来源于生活,又回归生活,具有生活化的特征。

三 学习型社会的提出与发展

学习型社会的产生有着深刻的历史渊源。1965年,保罗·朗格朗终身教育提案在联合国教科文组织通过,开启了现代终身教育的时代,同时也为现代学习型社会建设奠定了基础。

罗伯特·赫钦斯是美国杰出的教育家,永恒主义教育流派的代表人物。1968年,他完成了其经典著作《学习型社会》的撰写工作,书中赫钦斯重点就为什么建设学习型社会、什么是学习型社会和如何建设学习型社会三个问题进行了论述。赫钦斯指出,现代人所面临的时代挑战,如变革加速、人口增长、科技发展、政治挑战、意识形态危机、生活模式和相互联系危机等时代性问题是学习型社会建设的动因。在建设学习型社会的方式上,赫钦斯提出要超越阶级限制,实现全民平等的教育,使人人享有平等的教育;要改革教育制度,促进教育公平;要改进教育技术,实现人人教育;要超越职业局限,推进个人的通识教育;要超越时间限制,享受终身学习型社会。《学习型社会》一书的出版推动了学习型社会研究和实践工作在世界范围内的蓬勃发展,赫钦斯是学习型社会思想的主要奠基人之一。

1969年美国卡内基高等教育委员会发表题为《迈向学习社会》的报告书。报告主张学习者应具有主动性与主体性,并同时提倡通过社区学院、空中大学,实施社区教育、回归教育等方式来建设学习社会。由此,学习社会的理念正式形成[1]。

1972年,联合国教科文组织发布报告《学会生存——教育世界的今天和明天》,运用大篇幅对"向学习化社会前进"的未来教

---

[1] 吴遵民、末本诚、小林文人:《现代终身学习论》,上海教育出版社2008年版,第16页。

育之路进行了系统论述,报告对学习型社会建设理论进行了全面而深入的论述,是推进学习型社会建设的重要研究成果。报告指出,学习型社会的建设目标包括"反映某种人生观的,具有精神、哲学与文化性质的一般的目标:符合于国家主要抉择的政治目标……"[1],学习型社会建设目标包含了鲜明的道德教育内容。为了完成教育目标,报告还制定了从政策阶段进入策略阶段的方向,提出了完成策略的方法。

报告将学习型社会建设这一抽象的理念发展成为了建构框架完备的理论体系,将学习型社会建设的实践性和可操作性提升到了一个新的层面,形成了制度层面、教育方法、实施途径、构成要素、教育前景和发展之路一整套由理论到实践的实施框架。另外,报告把终身教育作为建设学习型社会的重要渠道和方式。"教育必须按照每一个人的需要和方便在他的一生中进行"[2],报告把人一生的教育分为学前教育、基础教育、普通教育、职业教育、工商业教育、高等教育、成人教育、技术教育几部分,并就每种教育在其阶段应该发挥的作用和如何达到教育效果进行了具体论述,分析了教育者、受教育者、国家政策、制度管理等在完成各阶段教育中应该发挥的作用。同之前学习型社会建设理论相比,报告开始注重学习者自身的发展和教育的生活回归。"每一个人应该能够在一个比较灵活的范围内,比较自由地选择他的道路。如果他离开这个教育体系,他也不至于被迫终身放弃利用各种教育设施的权利。"[3] 报告认为每一个人都有自由选择接受教育或者放弃教育的权利,每一个人也有选择接受某种教育形式的权利,更有自由使用公共教育设施的权利。学校内的教育只是人的教育的开始,人的全部教育应该在实践中、生活中,在非正规的教育形式中以非固定的形式取得。如果把校内的教育当作基础教育的话,报告提出了后基础教育的目

---

[1] 联合国教科文组织国际教育发展委员会:《学会生存——教育世界的今天和明天》,教育科学出版社1996年版,第210页。
[2] 同上书,第224页。
[3] 同上书,第228页。

的，即"准备帮助他们投入积极的生活"。教育的目的和归宿，第一次被提到了生活的层面，教育即生活。报告旨在引导人们一种理念，即在每一个人的一生中都将花费一定的时间在教育上，当人们所掌握的知识不能满足现实的需要时，人可以离开工作，重新回到学习上来。教育和自我学习相结合并以自我学习为主将成为学习型社会建设的重要表现形式。

联合国教科文组织对学习型社会建设的推进和各国经济社会的发展共同带动了学习型社会的发展。学习型社会作为世界上最主要的社会存在形态之一开始在国际上广泛传播。

1979年罗马俱乐部发表了学习报告——《学无止境——跨越人类的差距》。报告指出，人学习的不足和滞后使人类的学习理解能力跟不上日益增加的世界性问题的复杂性，导致"人类的差距"日益扩大，威胁着人类的生存。[①] 报告旨在建设一种具有预见性、参与性与创新性的学习型社会。1984年，美国发表了《国家处于危险之中：教育改革势在必行》的报告，"在一个前所未有的加速竞争和变化的世界里，在一个从未有过的巨大的危险世界里，在一个对于那些有准备的人具有大量机会的世界里，教育改革应该聚焦到创建一个学习型社会的目标上来"[②]。1994年，第三届经济合作与发展组织国际讨论会在东京召开，会议就日本文部省提出的三项终身学习议题进行了广泛讨论。同年，"首届世界终身学习会议"在意大利罗马举行，会议强调了终身学习对教育、政府和社会的影响。欧盟于1995年发表了名为《教学：迈向学习社会》的白皮书，作为政策推动学习型社会建设的引导。1996年联合国教科文组织出版《从现在到2000年教育内容的全球展望》一书，指出："从此以后教育不只应满足个人和社会的需要，而且还要回答当今世界

---

① 博特金：《回答未来的挑战：罗马俱乐部的研究报告——学无止境》，林均译，上海人民出版社1984年版，第49页。
② Stewart Ranson, *Inside the Learning Society*, London and New York: Cassell, 1989, p. 289.

性问题的挑战。"① 因为"唯有教育，可以按其合目的性和品质来引导人类走向健康的合作与和平的生活，走向繁荣和文化"②。

英国著名的学习型社会理论家兰森（Stewart Ranson）等人从应对社会变化和转型、解放人类生存危机的角度，探讨学习型社会思想，认为学习应该成为社会的基本组织原则，社会和政治共同体都应成为学习共同体。他积极倡导学习型民主和公民的双重身份，强调重建社会道德和政治秩序。③

美国麻省理工学院教授、管理学家彼德·圣吉（Peter Senge）的著作《第五项修炼》提出了建设学习型社会的新模式，即通过组织建设和组织学习来带动学习型社会建设。20世纪80年代，新加坡政府也提出了"学习型政府"的议案，法国里昂、英国伯明翰、美国纽约、日本大阪等地方政府也相继推出了学习型城市构建方案。澳大利亚政府于1998年提出："知识是21世纪最重要的财富。如果澳大利亚想在这种新的环境中继续保持繁荣，成为一个充满活力的、开放的和共同富裕的国家，就必须成为一个学习型社会。"

从学习型社会建设的广度来说，欧美主要国家都全面启动了学习型社会建设计划，从美国到英国再到欧洲共同体，他们都在自己的区域内开展了系统的学习型社会的建设。

从学习型社会建设的力度来说，西方各主要国家一般通过国家法、议案、宣言从制度层面和法律层面加强对学习型社会建设的引导和推进。学习型社会建设纳入国家法律或者政府议案充分体现了各个国家对学习型社会建设紧迫性的充分认识和对学习型社会建设重要性的充分认可。联合国教科文组织在会议中多次把学习型社会建设列入重要的会议议程，这是在对世界政治、经济、文化、社会、生态发展充分考量的基础上做出的教育领域的重大决策。在联

---

① ［伊朗］S. 拉塞克、G. 维迪努：《从现在起到2000年教育内容的全球展望》，教育科学出版社1996年版，第10页。
② 同上书，第281页。
③ Stewart Ranson, *Inside the Learning Society*, London and New York: Cassell, 1989, p. 1 – 24.

第二章 学习型社会和终身德育概述

合国教科文组织的宏观指导和大力推动下,学习型社会建设发展成为了一个重要的国际教育改革行动。各个国家结合自身实际全面推进学习型社会建设。学习型社会的全面发展不仅是教育领域的行为,同时也对各国的其他事物和国家文明发展水平起到了积极的推动作用。

从学习型社会建设的广度来说,学习型社会的建设由单纯的学习层面和知识层面的概念逐渐发展到人的全面发展、城市建设和社会发展的层面。20世纪80年代,研究领域主要是围绕着学校和学习型社会关系、学习和学习型社会建设等主题开展学习型社会建设的讨论和研究。20世纪90年代后,学习型社会的主体性和人文性因素日益增多,研究的层次也由单纯的学习转变到对人的全面发展和社会繁荣发展的层面,"引导人类走向健康的合作与和平的生活,走向繁荣和文明"成为了学习型社会建设的时代走向。

从学习型社会建设的深度来说,学习型社会概念逐渐由理论走向实践,最初关于学习型社会建设的讨论主要是围绕学习型社会建设的重要性、迫切性开展,例如,《学无止境——跨越人类的差距》和《国家处于危险之中:教育改革势在必行》等。到20世纪90年代,开始着手对学习型社会实施模式的研究,如,美国的"四大战略"、欧洲的学习年活动和《教与学:迈向学习社会》的政策白皮书。美国和欧洲七国关于学习型社会建设的有益尝试对学习型社会实践开展提供了理论的支撑和指导。著作《第五项修炼》的提出开启了学习型社会操作层面的新篇章,他提出的学习型组织建设理论是对学习型社会建设的新探索,更是对学习型社会建设实践推进提供的有效途径。之后,学习型国家、学习型城市、学习型家庭等学习型组织的建设也日益发展,成为促进学习型社会建设有效性开展的重要路径。

在世界学习化浪潮的推动下,我国的学习型社会建设也全面推进。"学习化中国"的概念于1989年由我国职工学习科学研究会课题组提出,与此同时《第五项修炼》《学习的革命》等在国际上有重大影响的著作开始出现中译本。2001年,在亚太经合组织人力资源能力建设高峰会议的开幕式上,江泽民同志正式提出了"学习型社会"的概念,发出了"构筑终身教育体系,创建学习型社会"的号召。2001年上海APEC会议上,江泽民同志再次提出了党员的教育问题。他多次提出要加强党员学习工作,并明确提出了"要树立终身学习的观念",进一步强调了学习的重点和要求,向广大领导干部发出了"学习、学习、再学习,实践、实践、再实践"的号召。2002年11月,党的十六大报告,再次强调"形成全民学习、终身学习的学习型社会,促进人的全面发展"的战略决策。

胡锦涛同志为《学习时报》撰写发刊词,题目就是《重视学习、善于学习》。2006年,全国干部培训教材编审指导委员会组织编写出版了第二批全国干部学习培训教材,胡锦涛同志为这批教材撰写了序言,指出"这对推动广大干部加强学习,提高理论素养、知识水平、业务本领、工作能力具有重要意义"。党的十八大报告明确提出了"完善终身教育体系,建设学习型社会"的教育方略,并把其作为改善民生、创新社会管理、加强社会建设的重要途径。

2008年,习近平同志在中央党校2008年春季学期第二批进修班即师资班开学典礼上发表题为《领导干部要认认真真学习》的重要讲话。他鼓励党政干部要结合工作实际学、结合解决重大实际问题学,学习党的理论,学习中国特色的社会主义理论体系。他指出,高度重视学习、善于进行学习,是我们党的优良传统和政治优势,是我们党保持和发展先进性、始终走在时代前列的重要保证,也是领导干部健康成长、提高素质、增强本领、不断进步的重要途径。2009年12月25日《今日中国论坛》刊发习近平署名文章《关于建设马克思主义学习型政党的几点学习体会和认识——在中央党校2009年秋季学期第二批进修班开学典礼上的讲话》。习近平同志指出,在建设马克思主义学习型政党这一宏大的系统工程中,要把学习科学理论和先进知识作为有效提升党的执政能力的重要途径,形成党员的学习制度和学习风气。习近平同志在不同的场合、不同的时间、面对不同的人,多次提到过要加强学习,建设学习型政党、建设学习型社会的执政思路,强调加强党员领导干部的学习，把学习作为提升党的领导水平、执政能力的重要方法。

与此同时，各主要媒体围绕学习型社会建设问题发表了一系列有影响的文章，倡导学习的新理念，主张构建学习型社会。《人民日报》于2000年12月发表题为《做学习型公民》的理论文章，文章指出，要运用当代最新知识丰富自己，才能为我们国家、民族的进步，为人类文明作出贡献，也才能使自身价值得到充分实现。2001年1月《解放军报》刊发题为《建设知识型军队》的文章，《光明日报》先后刊发《创建学习型组织推动竞争力提升》《重视学习善于学习》等理论文章。

和媒体的广泛宣传遥相呼应的是各地纷纷开展的学习型社会的建设实践活动。2001年，上海市政府宣布要把上海建设成为学习型城市。北京提出了"把北京建设成为以较多数量学习型组织为依托、以人力资源能力开发和提升城市文明程度为核心、以全面提升个人和组织的创造精神和创新能力为着力点、在全国有鲜明特色、在国际上有重要影响的学习型城市"[1]。江苏省政府也提出了构建现代终身教育体系的构想。大连、青岛、杭州等多个城市先后开始学习型社会和学习型城市创建工作。

中国的学习型社会建设和世界上其他国家的学习型社会建设的动因相同。21世纪，中国特色社会主义进入了全面建成小康社会的新的历史机遇期，政治稳定、经济发展、社会进步、文化繁荣、生态和谐是社会建设目标。社会的建设必须有与其水平相一致的大量人才的存在，必须有与之适应的民众综合素质为基础，这就要求全体社会成员不断加强自身学习、提升自身素质；从国家角度来说就必须要创建学习型社会，培养适应时代发展的合格公民。我国学习型社会建设的发展正是在这样的历史条件下推进的。

中国的学习型社会建设同世界上其他国家的学习型社会建设倡导者有所不同。西方学习型社会的理念由学者提出并逐渐引起政府的重视，而中国的学习型社会建设，最初是由政府提出、由国家元

---

[1] 李家杰：《把北京建成学习型城市》，《光明日报》2002年11月25日。

首高度重视而兴起，之后不断传导到学术领域。

中国的学习型社会建设的两个重要组成部分是学习型政府和学习型政党。在学习型社会建设的实践阶段，各个国家都是从学习型组织建设开始着手的，中国的学习型社会建设重点强调学习型政党和学习型政府的建设。中国共产党是中国的执政党，其执政水平的高低，直接影响中国特色社会主义事业的成败，强调学习型政党建设，就是从抓党员学习入手，提升党的执政水平和领导能力，由此可见党和政府把学习型社会建设提高到了执政兴国的高度。

第二节　终身德育的内涵和特征

一　终身德育的内涵

"什么是终身德育？""终身德育的内涵和外延是什么？"概念和内涵是研究的基础性问题，国内关于终身德育的研究起步较晚，目前关于终身德育基本概念的提法主要有三个，即"终身德育"、"终身德育学习"、"道德教育终身化"，其中终身德育更为普及。

2003年，《终身德育引论》一文提出了"终身德育"概念，也是国内涉及这一问题的较早论述。文章指出："终身德育是包含学校德育在内的体系，但终身德育所倡导的德育不是传统学校德育所践行的'他律'式德育，不是用外在于人的德性来'拥有人'，而是'人拥有德性'。"[1] "终身德育是从'生活中的人'出发并在'人的生活中'展开的，目的不是其他，而是生活本身，即美好的生活、善的生活。"[2] 高德胜认为现代学校的教育都是为了适应现代化生产而进行的，是为社会服务的而不是为了人本身服务，所以"人的德性发展问题不可能在学校教育期间一劳永逸地解决"[3]。学校教育的特点要求我们必须进行学校之外的道德教育，即终身教育。另外，人本身的需要也是实施终身德育的重要原因。修身养性

---

[1] 高德胜：《终身德育引论》，《教育研究与实验》2003年第4期。
[2] 同上。
[3] 同上。

是人一生的追求,因为"人的德行发展是须用一生时间、永无止境的求索过程"①。

门里牟从教育学的视角分析道德教育,他指出:"道德教育终身化即道德终身教育它是指从胚胎形成时期到死亡为止期间,整个一生以道德人格和道德品质为主的教育。"② 在终身教育和终身德育的关系分析中,他认为终身德育是终身教育的一个部分,终身教育是大概念,终身德育是小概念。终身教育包括德智体美劳等教育内容,而终身德育包括道德人格和道德品质等非智力因素。终身道德学习、终身道德教育和终身道德创新是门里牟论述道德教育终身化的三个纬度。他认为,"道德终身教育、道德终身学习都是人的终生存在手段",而"道德终身创新是人的终生存在目的","道德创新终身化即道德终身创新,它是人从生到死一生中道德不断更新以适应政治、经济、文化的社会实践活动的发展方式"。③

杜威是终身德育即为终身教育这一思想的代表,他认为所有的教育归结到一点都是道德的教育,教育的目的也是培养道德的人,所以终身德育即为终身教育。现代主义终身德育理论的领军人物彼得·贾维斯也持这种观点。

保罗·朗格朗是终身教育思想的奠基人和当代终身德育思想的主要代表之一,他认为终身德育泛指某种思想或原则,终身教育是统一性和整体性的教育过程。在阐述终身教育和成人教育的差异时,朗格朗指出,"我们所说的终身教育是一系列很具体的思想、实验和成就,换言之,是完全意义上的教育,它包括了教育的各个方面,各项内容。从一个人出生的那一刻一直到生命终结为止的不间断的发展,包括了教育各发展阶段各个关头之间的有机联系"④。朗格朗的这一理解扩展了传统教育的内涵,即"突破教育时间的阶

---

① 高德胜:《终身德育引论》,《教育研究与实验》2003 年第 4 期。
② 门里牟:《当代中国道德教育研究》,内蒙古人民出版社 2005 年版,第 338 页。
③ 同上书,第 341 页。
④ [法]保罗·朗格让:《终身教育导论》,滕星等译,华夏出版社 1988 年版,第 15—16 页。

段性、教育空间的封闭性、教育对象的局限性"[1]。在教育时间上，终身教育要跨越传统的教育限时性，涵盖学前教育、基础教育、高等教育、成人教育在内的整个教育范畴，也即"必须把教育看作是贯穿于人的整个一生与人的发展各个阶段的持续不断的过程"。在教育空间上，终身教育超越了传统的校内教育，将其延伸至企业、单位、家庭、朋友及整个社会，强调将职业教育和一般教育、正规教育同非正规教育、学校教育同校外教育等各种教育活动有机联系和统一起来。在教育对象上，终身教育将不受年龄、职业等的限制，儿童、青少年、成人、老年人都将是终身教育的参与者和获益者。在谈及"对于个人来说，什么是终身教育"时，朗格朗指出，"是个人的觉醒，就是说通过觉醒获得自由和独立"[2]。朗格朗强调教育要重视培养个人的主观能动性和创造性，重视"自我教育"和"自我发展"，从而使教育成为个人应对生活中各种挑战的自觉选择，达到一种"我选择，我快乐"的自由境界。

联合国教科文组织的 R. H. 戴维、E. 捷尔比从终身德育和传统教育的差异性入手，对终身德育的概念进行了概括。R. H. 戴维指出，终身德育应该是个人或诸集团为了自身生活水平的提高，通过每个个人的一生所经历的一种人性的、社会的、职业的过程。这是在人生的各种阶段及生活领域，以带来启发及向上为目的，并包括全部的正规的（formal）、非正规的（non-formal）及不正规的（in-formal）学习在内的，一种综合和统一的理念。戴维用"人性、社会性和职业性"来确定终身德育的研究范畴和内容，教育的形式也更加具体，这就使得终身德育具体化且具备可操作性。

E. 捷尔比认为，终身教育应该是学校教育和学校毕业以后教育及训练的统和；它不仅是正规教育和非正规教育之间关系的发展，而且也是个人（包括儿童、青年、成人）通过社区生活实现其最大限度文化及教育方面素质的渠道，以教育政策为中心的要素的

---

[1] 杨德广：《教育新世界新理念》，上海教育出版社2007年版，第259—260页。
[2] ［法］保罗·朗格让：《终身教育导论》，滕星等译，华夏出版社1988年版，第138页。

第二章 学习型社会和终身德育概述

集合。E. 捷尔比的终身教育概念增加了实践的成分，把训练归入了教育的形式，实施教育的主体也更加丰富，体现了社区生活对实现教育的重要性。另外，在 E. 捷尔比看来，学习权不仅是发展经济的手段，更是一个人的基本权利，学习者是历史的创造者。学习者接受教育并不是为了适应社会的变化，而是为了争取人类自身的解放，因此学习应该是主动而非被动的。

联合国教科文组织在终身德育的发展过程中，起到了非常积极的推动作用。联合国教科文组织的报告《学会生存——教育世界的今天和明天》于1979年翻译成中文译本在中国发行。此书的核心思想是要发展终身教育，其中涵盖了"终身德育"的内容。"教育应扩展到一个人的整个一生，教育不仅是大家都可以得到的，而且是每个人生活的一部分，教育应把社会的发展和人的潜力的实现作为它的目的，这一点我是多么高兴……"[①]，这份报告把教育的作用提升到完善人的高度，提出了贯穿个人一生的全程育人、全面育人思想，"教育已经跨越了固定内容，被视为一种人类的进程，在这一进程中人通过各种经验学会如何表现他自己，如何和别人进行交流，如何探索世界，而且学会如何继续不断地——自始至终地——完善自己"。在这份报告中，教育呈现出了其真实的本性。

国内、外学者对终身德育的定义阐述重点各有不同，却包含了一个共同的理念，即：终身德育是贯穿于人一生各个阶段的，通过正规教育和非正规教育手段在全社会范围内实施的，以人的全面发展、幸福生活和社会生态和谐为教育目标的道德教育的理论和实践。终身德育的对象是人生态度、价值观、情感、信仰和整个人一生的心灵感受；终身德育的主要实现方式是人的"自律"和"自我反思"。本书对终身德育概念的界定，借鉴、吸收了前人关于终身德育概念的总括与思考，同时更加注重终身德育本体所蕴含的价值意蕴。

---

① 联合国教科文组织国际教育发展委员会：《学会生存——教育世界的今天和明天》，教育科学出版社1996年版，第5页。

二 终身德育的特征

终身德育的概念,从时间角度分析,体现了终身德育的阶段性;从空间上来看,突显了生活性和社会性;从本身的价值内核而言,体现了终身德育的人本性和自律性。

终身德育具有鲜明的阶段性特征。"道德是人类特有的一种精神现象,但是这种精神现象不是与生俱来的,它是在后天的生活和学习中逐渐生成的……""作为一种实践精神把握世界的方式,道德意识必然随着人们物质关系的变化而变化。"[①] 人是社会的产物,是在社会中成长和发展的个体,社会的发展必然会对人的发展产生或多或少的影响。当今世界风云变化,科技的广泛应用和知识经济的发展,为人们丰盈的物质生活提供了生产力保障,与此同时,社会的变化日新月异,生活在社会中的个体必然受到环境的影响,为适应社会环境发展变化,人们不得不加强学习,提高认知能力,以适应国际社会的急剧变化和调整。全球化、工业化、城市化的进程不断加快,由此而引发了国际经济结构、社会关系和文化科技的发展和变化,对于个人而言,就需要不断发展自身以适应社会变化发展的需要。人作为一个独立的个体,是不断发展和变化的,童年时期、青年时期、壮年时期和老年时期的诉求和欲望各不相同。在人生的每个阶段,人们看待问题的角度和方式不尽相同,终身德育就是要根据人生阶段的不同实施有的放矢的道德教育,以实现人各个阶段的发展,最终达到全面发展。

终身德育具有鲜明的生活特征。终身德育就是处处有德育、时时有德育、事事有德育,生活即德育。正如杜威所说:"'生活'包括习惯、制度、信仰、胜利和失败、休闲和工作。"[②] 终身德育就是对生活中的习惯、制度、信仰、价值观、情感等进行的教育、疏导和发展。终身德育是在人的社会交往和实践中形成的理论,并

---

① 吴家桂:《终身德育的运行机制分析》,《南京社会科学》2007年第12期。
② [美]约翰·杜威:《民主主义与教育》,王承绪译,人民出版社2001年第2版,第7页。

且对人的交往和实践起积极推动作用。终身德育发展的动力源泉是生活中的交往和社会实践，社会中存在的让人不愉快、不幸福、不喜欢、不接受的问题，是思想政治教育工作要着手进行疏导和化解的，这些问题的产生不是一蹴而就的，是长时间的社会交往和社会实践的产物，所以终身德育的生活化也要求我们德育手段生活化和大众化，能够被大多数人所理解、所接受。终身德育的出发点是生活，落脚点也是生活。以"幸福生活和社会生态和谐"为教育目标的道德教育，要求我们的终身德育既要来源于生活，解决生活中的问题，最终实现人的幸福生活，终身德育具有鲜明的生活特征。

终身德育具有鲜明的人本特征。以人为本，就是要从人的需要出发、一切为了人、为了人的一切；以人为本，就是要实现人的全面发展，充分调动人的一切能动性、积极性和主动性；以人为本是任何事情的解决都要把有没有实现人的发展、有没有促进人的完善作为衡量标准。终身德育的首要目标就是要实现人的全面发展。人的全面而自由的发展，是马克思主义政党建设的人本依据，同时也是终身德育思想确立的理论基础。终身德育的主要实现方式是"自律"和"自省"，这就是要充分调动人的积极性和主动性。终身德育的人本特征体现在对个体的关怀。"人生态度、价值观、情感、信仰和整个人一生的心灵感受"，强调的是人最真实和最内心的感受，作为终身德育的对象，它们既有稳定的一面，同时也有可变的一面。对人的心灵的教育，正是体现了对人个体的关心、关怀和关注，着眼点是人的全面、自由的发展。

终身德育具有鲜明的社会性。社会性是终身德育与其他教育相区别的显著特征。首先，受教育者具有社会性。终身教育的受教育者是社会生活和工作中的独立个体，他们具有鲜明的社会性。他们在社会中生活，受到社会环境的影响，同时又对社会环境产生影响作用，社会环境通过社会生活实现对未成熟人的教育，这种环境的无意识的教育在我们生活中无处不在。其次，终身德育实施主体具有社会性。传统的道德教育主体的狭隘性无法保证终身德育的全面性和现实性，除教师以外，整个社会、社会中的团体和社会中的个人都应是终身德育的实施主体，他们本身就具有社会的特性。社会中的个体成员的习惯、信仰、理想和对待事物的总体看法和观点是不稳定的且不是唯一的。但由社会个体所组成的社会的价值观念和社会信仰是固定的，且在一定阶段内是不会变化的，是经得住时间考验和实践检验的。在杜威看来，是社会把未成熟成员培养成它自己的社会模式，即通过统一的社会环境塑造出符合社会需要的、保持社会延续的人。再次，终身德育实践本身具有社会性。终身德育其中一个重要的任务是教会人生活，在社会生活中，如何与社会中的其他组织或个人和谐相处，如何实现个人和自然的融合发展是终身德育实践的重要内容，而这种实践本身就具有社会性。社会实践通过日常生活实现对未成熟人的教育。参与和个人有关的群体活动是社会实践的重要内容，对参与者来说，社会实践无意识地、不设任何目的地发挥着教育和塑造的功能，而这种无意识的教育在我们生活中无处不在。例如，社会交往的形成、一个人仪表的养成、个体对美的审视和判断等。生活中我们一直强调的模范作用和榜样力量等都是个体在群体活动中因受到群体实践的渲染、熏陶而形成的自己的习惯、信仰和价值观念。

三 终身德育的产生和发展

马克思认为，一切以往的主导理论和思想，归根到底都是当时社会经济和政治状况的产物。终身德育思想的产生、形成和发展，是与现代社会发展相适应的，它是现代社会经济发展的产物，并受现代社会政治以及文化因素的影响。西方的道德教育最早可以追溯到柏拉图时代，中国的德育思想最早可以追溯到孔子的教育思想。终身教育思想尽管在柏拉图和孔子的教育思想中已有体现，但是直到"终身教育"这一概念的明确提出，才引起了学界的关注。诚然，终身德育思想也是伴随着终身教育思想的产生和发展而逐渐被人们关注。在谈及终身德育思想时，往往以1965年保罗·朗格朗"终身教育"概念的提出为发生点，将其视为现代终身德育思想产生的时间点。

第二章 学习型社会和终身德育概述

1965年保罗·朗格朗在联合国教科文组织"第三届促进成人教育国际委员会"上作了题为"终身教育"的学术报告，报告首次讨论了"终身教育"问题，标志着国际终身教育思想的确立。"终身教育"概念从此成为一个学术概念被人们所广泛接受，同时也标志着现代终身德育思想的产生。

现代终身德育的发展可以分为形成期、发展期、深入发展期三个阶段。[①] 1965年以前为第一阶段，是终身德育思想的形成期，这个阶段以终身德育实践为主要形态，理论还未形成。此处不再赘述。1965年到1997年是终身德育的发展期，这个阶段在终身德育实践基础上开始从事理论研究和实践推进工作。这个阶段的终身德育思想依托终身教育思想的发展而发展，形成的主要动力是国际组织的倡导和推动，1997年后，世界各国的终身德育理论研究和实践工作进一步深入，并受到广泛关注，在社会建设、文化发展和世界文明中发挥越来越大的作用。

继1965年朗格朗终身德育思想提出后，1968年赫钦斯的学习型社会理论伴随着其著作《学习型社会》（Learning Society）一书的出版而盛行。书中阐述了马克思和恩格斯理论指导下的俄国和杜威理论指导下的美国的遭遇和失败，他认为："教育的目的不是培养人力（manpower），而是发展人本身（manhood）。"[②] 美国的失败在于不是通过职业教育人，而是通过人来形成职业；俄国的失败在于培养出来的只是受到片面训练的专家，而不是完善发展的人。赫钦斯、杜威和马克思想要的教育是一致的，"他们想要的都是一种适合于现代的，自由与解放的教育"[③]。赫钦斯认为，未来的学习

[①] 关于终身德育发展阶段的划分，目前学术界还没有统一的意见。如果将终身德育作为独立的学科分析，它的发展还处于起步阶段，如果将终身德育作为终身教育的一个部分进行研究，那么终身德育的产生必然伴随着终身教育的产生而产生，而终身德育的发展却是从终身德育作为一个独立的学术概念被提炼和发展开始的，本书采取了第二种分法，将终身教育的兴起也视为终身德育的开始。

[②] ［美］罗伯特·赫钦斯：《学习型社会》，林曾、李德雄、蒋亚丽等译，社会科学文献出版社2017年版，第1页。

[③] 同上书，第53页。

◇　学习型社会建设中的终身德育研究　◇

社会是一个人人可以受到全面教育、平等教育和自由教育的社会，而这种教育包涵着"人性、道德"的内容，道德教育的目的是为了人们能够适应某个阶段的生活而接受自己自由选择的教育。一言蔽之，赫钦斯的学习型社会理论蕴含了丰富的终身德育的内容，他认为人一生都应该自由地接受自己认为有益于自身道德和人性发展的教育。

1972年联合国教科文组织的报告《学会生存——教育世界的今天和明天》公开发表，报告强调了终身教育的重要性和必要性。"人永远不会变成一个成人，他的生存是一个无止境的完善过程和学习过程"[1]，人带着潜能来到世界上，在生存的过程中通过教育把这些潜能挖掘出来，所以直至人的生命结束人也不可能成为一个成人，而只是一个不断发展和不断完善的人，这也是要实施终身教育的意义所在。报告提出了终身德育的目的是要培养人承担社会义务的态度，"成人教育有助于唤醒公民精神和对社会的责任感，有利于培养关心别人并帮助别人摆脱孤立状态（无论这种孤立状态是自己选择的还是被人强加于他的）"[2]。培养完人是该报告阐释的终身德育思想的核心，报告提出要通过教育培养人情感方面的品质，特别是培养人与人的关系中的情感品质，实现人的文化价值和体格健康的和谐，即"把一个人在体力、智力、情绪、伦理各方面的因素综合起来，使他成为一个完善的人，这就是对教育基本目的的一个广义的界说"[3]。《学会生存——教育世界的今天和明天》强调了终身德育的社会道德引导功能和对人的发展的促进功能，是对终身德育思想的发展。

1988年出版的《从现在到2000年教育内容发展的全球展望》在论及终身教育时，S.拉塞克、G.维迪努认为人的不完善性发展是终身教育的条件，"人们经历各个阶段、取得的所有经验、犯的

---

[1] 联合国教科文组织国际教育发展委员会编著：《学会生存——教育世界的今天和明天》，华东师范大学比较教育研究所译，教育科学出版社1996年版，第196页。
[2] 同上书，第189页。
[3] 同上书，第195页。

第二章 学习型社会和终身德育概述

种种错误和发现的各种局限促使终身教育的概念大为明确和丰富了"①。作者同时明确了终身德育的目标和教育内容,即"(未来的教育)包括明智、责任感、宽容或敏锐、自立精神在内的行为与包括洞察实质、确切概括、区分目的与手段和确定原因与结果等的智能同样重要"②。

1993年,《教育——财富蕴藏其中》就教育的四大支柱,即学会认知、学会做事、学会共同生活、学会生存四个问题进行了研究,这也成为指导21世纪道德教育的重要原则,其中也包含了终身德育的思想。

联合国教科文组织关于教育的重要报告和政策都包含终身德育的内容。联合国教科文组织对终身教育的关注促进了终身德育的发展,终身德育这个阶段的发展同联合国教科文组织的支持和推动密切相关。其研究内容主要是围绕终身德育的内涵、意义、重要性和教育模式、实施机制展开。1977年莫尔·莱斯特发表了论文《认知发展——自我认知和道德教育》,论文中首次出现了终身德育的概念,此为终身德育作为一个独立于终身教育之外的独立概念被提炼出来,也标志着终身德育理论发展的开始。之后,莫尔·莱斯特作为英国《道德教育期刊》的主编,又专门做了一期"终身学习作为道德教育"的专题,并邀请著名的终身德育专家对终身德育的相关理论进行了更进一步的研究。

之后,国外学者彼得·贾维斯发表了其著作《成人教育和终身学习》,贾维斯把成人教育视为终身教育的模式,书中提出了实用主义的终身德育理论,认为道德是学习转化的过程,终身教育即终身德育实施的过程。贾维斯的终身德育思想注重对人的心灵的引导和教育,这对终身德育的人本化发展奠定了基础。

国外终身德育的发展带动了国内关于终身德育的研究。《终身德育引论》作为国内终身德育的开笔之作,有着深远的意义和价

---

① [伊朗] S. 拉塞克、G. 维迪努:《从现在到2000年教育内容发展的全球展望》,马胜利、高毅、丛莉、刘玉俐译,教育科学出版社1996年版,第142页。

② 同上书,第144页。

值。首先它明确提出了终身德育这一概念,丰富了道德教育理论。其次文章分析了终身德育不同的实施主体——个人、父母、老师、学校和社会在终身德育中发挥的重要作用。文章为国内学者从事终身德育研究提供了理论指导和实践借鉴。

门里牟在其著作《当代中国道德教育研究》一书中把终身德育视为未来德育的一种新模式予以研究,并提出了道德教育终身化、道德学习终身化、道德创新终身化三种终身德育的未来发展模式。吴家桂、唐爱民分别就终身德育的运行机制和终身德育的哲学视角分析进行了研究,国内关于终身德育的研究才初露端倪,相关研究仍然有很多未尽之处,终身德育实践也需要学者和教育者去探索和挖掘。

终身德育研究首先在西方国家兴起,有着重要的历史原因和现实需要。20世纪,尤其是二战结束以后,人类社会进入了一个新的发展时期。帝国主义、军国主义、极权主义、扩张主义相继被推翻。民主、自由、基本人权等观念逐渐形成,以电视、网络、出版物为媒介,各种思想和思潮在国际间广泛传播,并逐渐主导人们的价值观念和思想观念。全球化压缩了时间和空间的距离,世界成为一个扁平化的地球村,国家间的联系日益增多且关系日益密切,在国际社会中再也没有一个脱离于世界体系之外的独立王国,任何国家都不得不进入一个错综复杂,联系密切的世界体中。政治、经济和社会的变化也引发了思想领域和道德领域的急剧变化。20世纪西方的道德教育充满了困惑、不安、挣扎和焦虑。随着现代性的开启与深入,人类的生存尺度、生存心态、价值追求和精神取向的深刻改变宣告了一种崭新的生活方式的开启。[①] 这种生活方式也是学习的方式,学习将不再被单一地认为是就某一领域内专业问题开展的系统教育,而是为了人类的福祉和尊严,即为了人的幸福生活和全面发展,这也是终身德育产生的最终推动力。

西方道德教育的复兴,是推动终身德育思想产生的主要因素。

[①] 唐爱民:《20世纪西方社会思潮与道德教育》,山东人民出版社2010年版,第1页。

◇ 第二章　学习型社会和终身德育概述 ◇

20世纪50、60年代西方社会的繁荣给曾经在战争中受到创伤的人们带来了心灵慰藉，但是由于50年代对道德教育的忽视、弱化和层出不穷的经济问题的挤压，西方社会传统的道德自信和道德信念遭受到了强烈的冲击，于是美国和英国的学生运动层出不穷，"愤怒的青年"使得人们不得不重新审视和重拾已经被弱化的道德教育，在20世纪50、60年代兴起了西方道德教育复兴运动。

战争对精神世界的摧毁，使得原先的社会价值观念、行为准则受到普遍的质疑，民主和平等成为虚言，自由变为极端的个人主义，人们陷入了价值迷失的困惑。[①] 西方社会一直以来，特别是20世纪的40、50年代，主要倡导的是国家主义的教育，强调国家要在社会和个人生活中发挥积极作用。美国教育学家罗伯特·梅逊（Robert Mason）曾对第二次世界大战后美国教育重心的这一转移做过清晰的表述："1950年以后，人们越来越根据教育对于国家的需要和国家的政策所做的贡献来评价学校教育。原先着重关心个人，现在则代之以关心国家。一定的教育活动对于政治和军事作出直接或潜在的贡献，决定了这个教育活动是否值得进行，同时也提供了判断这个教育活动是否有效的标准。"[②] 战争带来的不仅是国家经济的衰退、旧有民主制度和管理模式的破坏，更多的是对个人生活的巨大影响。在战争中失去亲人，家庭流离失所，极度的贫困和生活的艰辛让人们不得不重新审视自己的价值观和人生观。以往，在国际竞争的舞台上为了实现国家的强大和胜利，无数人无怨无悔地为国家做着巨大的努力和牺牲，可他们的牺牲换来的不是和平和安定的生活，而是战争和贫困，因此他们转而更加注重财富的拥有和自我的安定和发展。

20世纪60、70年代西方社会掀起了对20世纪40、50年代的国家主义教育的强烈反叛，标榜个人自由、个性的独立发展，反对

---

① 周洲：《20世纪英国学校道德教育发展》，山东人民出版社2010年版，第79页。
② 曹雁、罗朝猛：《20世纪美国教育的国家主义倾向考察》，《江苏教育学院学报》（社会科学版）2006年第3期。

任何形式的道德说教和权威主义的道德复兴。"60 年代，一种世界范围内的个人主义兴起，这种个人主义强调人的价值、自律和主动性，强调个人权利和自由而不是责任。"① 在新的社会框架中，他们试图寻求一种新的生活方式来解放自我、实现自我，以自己独特的方式对现实社会所传递的价值观念、道德观念提出挑战，而物质的诱惑、家庭的不稳定、特殊的社会环境又是社会及思想道德问题的诱因。于是，人们开始在物质领域之外来寻求人类发展的更美好因素，"虽然他们承认在政治态度和政治交易中起作用的各种力量的决定意义，但他们却不得不在他们关于建设一个更美好的世界的展望中考虑另一些因素。这个视点在当前就是教育，更确切地说就是成人教育"②。人们开始从教育中，特别是终身德育中来寻求建设美好世界的要素，因为教育能够"教导每个人果敢地承受危机、变革和不安全，以及把他们自己同时间这一所有事物的毁灭者联系起来"③。

第三次科技革命的发展，是助推终身德育思想产生的社会因素。伴随着高速发展的经济、繁荣的社会以及资本主义文明的发展，资本主义精神、道德、文化、价值观念、社会准则和社会规范等并没有跟上经济发展的脚步，他们之间的差距在不断加大。"当飞速发展的经济极大地扩大了市场，刺激了人们的需求，膨胀了人们欲望时，旧的社会规范、旧的社会权威和官僚体制、科层制度、教育体制还在束缚着人们，禁锢着人们。人们一边享受着经济发展的成果，一边感受着无所不在的压抑和束缚，在这种情况下，这种压抑和束缚就变得特别的突出，特别的不能忍受，特别需要调整和变化。当压抑和不满积累到一定程度，必然以极端的形式爆发。"④

---

① 鲁杰、王逢贤：《道德教育新论》，江苏教育出版社 2000 年版，第 600 页。
② ［法］保罗·朗格让：《终身教育导论》，滕星等译，华夏出版社 1988 年版，第 2 页。
③ 同上书，第 95 页。
④ 许平：《"60 年代"解读——60 年代西方学生运动的历史定位》，《历史教学》2003 年第 2 期。

第三次科技革命带来的竞争和均等机会的要求，加速了终身德育思想的产生。科学技术发展了生产力，提升了生产效率，但与此同时，它也给人们带来了巨大的生活压力。大机器和大工业的发展，使得部分工人不得不失业在家，出现了机器吃人的现象。同一个工作岗位，较之以前有了更高的要求，要想获得和过去一样的岗位，人们不得不提高自身的知识储备和综合能力。"正是这种分析促使我们在此报告所涉及的领域重提并更新终身教育的概念，以便把具有刺激作用的竞争、具有促进作用的合作和具有联合作用的团结这三个方面协调起来。"[1] 20世纪60年代出现的终身德育，正是解决这些社会现实问题所引发的道德问题的有效手段。

四 终身德育的理论基础

马克思关于人的全面发展的德育观是唯物史观的一个基本观点，是指导道德教育和实践的理论基础。"自由确实是人的本质，因此就连自由的反对者在反对自由的现实的同时也实现着自由"。[2] 马克思认为自由是人的本质追求，也是人全面发展的基础。马克思人的全面发展理论基本内容包括：人的全面发展体现在人的社会关系的丰富和发展上；人的全面发展体现在人的需要的不断满足和不断发展上；人的全面发展表现在人的能力的全面发展上；人的全面发展表现在人的个性和精神得到自由发展上。[3] 终身德育就是要通过人的终身道德实践来实现人的全面发展。首先，终身德育拓展了人的活动半径和活动空间。教育使得教育主体间的交往增多，使得人的社会关系和社会网络不断实现长久的联系和发展，而且能保持其不断地扩展和发展。其次，当劳动成为生活的需要，而不是生存的必须时，当人的物质生活日益增加时就需要有与之相配套的精神

---

[1] 联合国教科文组织总部中文科译：《教育——财富蕴藏其中》，教育科学出版社1996年版，第5页。
[2] 《马克思恩格斯全集》第1卷，人民出版社1995年版，第167页。
[3] 马驰：《马克思主义人的全面发展观视野下的格雷厄姆·默多克》，《黑龙江社会科学》2006年第2期。

生活的存在和发展。现代社会人们的闲暇日益增加、物质财富日益丰富，人们新的需要就会不断地出现和发展，为了平衡人的需要和社会现实之间的矛盾，调节人的欲望和社会供给的平衡以实现人的全面发展，终身德育的作用不可小觑。人的全面发展核心是精神的满足和个性的充分发展，终身德育就是要挖掘人的潜质，实现人的全面而快乐的发展。

"人的本质不是单个人所固有的抽象物，在其实现性上，它是一切社会关系的总和。"[①] 马克思强调人的本质是人的自然关系、社会关系和精神属性的统一，强调人的完整本质的全面发展就是要强调人的自由全面的发展，就是人的体力、智力和道德全面的发展。德育是一切教育的基础和终结点，教育活动本身就是一种德育活动，体力、智力的提升也包含着德育的成分。一切教育的目标都是培养阶级的人，人的阶级性就要通过其道德的价值取向来判断。

康德的《道德形而上学原理》为终身德育内容的确立提供了哲学层面的参考和辩证的思维。首先，康德提出了德性的重要性，一个人只有获得了德性，他才是自由的、健康的、富足的，是个王。康德认为的形而上学的道德和品质如果没有"善"作为基础可能会变成极恶。聪慧、机智、判断力及心灵其他才能，不管你如何称谓他们，或者作为气质上的特质胆汁、果断以及坚韧，毫无疑问，在许多方面都是善的并且令人想望。权利、财富、荣誉，甚至健康以及通常的福利和舒适满足，这些通常称之为幸福的东西，如若没有一个善良的意志去匡正人们对心灵及其行为诸原则的影响，以使其与善良意志之目的普遍相合，那么他们就会引发自负甚至是骄横。在康德看来，善良意志是构成幸福价值必不可少的条件。

另外，康德德性的内容为终身德育内容和教育方案的制定提供了参考。康德认为责任是德性一个重要的方面。康德的责任概念包括了人坚强的品格，人理性的自我主宰、自我制约、自我克服，人

[①] 《马克思恩格斯文集》第1卷，人民出版社2009年版，第505页。

的理性，人的无情①和人具有德行的幸福生活几个方面。

一个有德性的人还应该得到幸福，最理想的情况是所得的幸福和他所有的德性在程度上相一致。无功之赏，不劳而获，不应得的幸福是无价值的，得不到报偿的德性本身虽然可贵，而伴随着应得幸福的德性却最为理想。德性是幸福的条件，其本身须是无条件的善。康德的德性论并不否认幸福为完满的道德生活所必需。但他所看重的不是幸福，而是去研究怎样才值得幸福，才配得上去享受幸福，研究幸福的条件是什么，以及这种条件是从哪里来的。

康德认为对人来说责任具有一种必要性，也可叫作自我强制性或约束性，所以在伦理学上，责任和义务两者并没有什么本质不同，都是一个人必须去做的事情。德性的力量在于排除来自爱好和欲望的障碍，以便担负起自己的责任，恪尽自己的职守。言而有信是维系人与人之间关系的一种普遍原则，发展个人的才能是对自己的不完全责任。因为人固然有责任去发展自己的才能，但若是坐享其成，而让自己的才能在那里白白生锈，当然是违反责任原则的。这也正是终身德育帮助人们挖掘其潜能的哲学论据所在。

亚里士多德的《尼各马可伦理学》作为伦理学的经典引导着人们做善良的人，过快乐的生活，这对终身德育理论的发展有重要指导作用。

首先，亚里士多德把善表示为万物所追求的目标，把幸福作为通过行为能够实现的最高善。人的善和幸福生活是一致的，善的目的是幸福的生活，而幸福生活的基础是善的人性。针对究竟什么是幸福，亚里士多德认为不同阶层、不同人群对这一问题的认识不同，即便是同一个人在不同境遇下得出的结论也不同。这种幸福的可变性和可调整性恰恰是指导我们终身德育的理论基础。终身德育

---

① 康德把这种不为外物所动的精神状态称之为"无情"。在通常，"无情"不是个美名，在道德上，哥尼斯贝格哲人却认为，它是"德性的真正力量"。心灵宁静，泰山崩于前而不动，经过深思熟虑以坚定的决心将规律付诸实施。在道德生活里，这是一种健康状况。与之相反，冲动即使是因求善之心而引起的冲动，仍不过是电光石火，转瞬即逝，所留下的是空虚和黑暗。

就是要通过系统性的、分阶段的、终身的教育来实现不同阶层、不同人心理上的幸福认同感。亚里士多德关于幸福的定义,他认为幸福不是从已知的生活形式中获得的,我们只能在最终目标或目的意义上使用它,不能在别的意义上使用它,因为它是自足的,是因其自身之故而被欲求的。①

其次,"德性"是终身德育的核心。亚里士多德的《尼各马可伦理学》最核心的概念是"德性"。亚里士多德的德性可分为理智德性与道德德性两个部分。道德德性指的是人们通过习惯而获得的品性、品质。理智德性指灵魂切中真理的五种能力:科学、技艺、明智(灵智)、努斯和智慧。有人认为从严格意义上来讲,理智德性只有明智,而这个理智德性是实践的智慧而非单纯理论的智慧。明智作为理智德性具有"善谋"、"善解"和"善于体谅"三个层级形式,善于权谋的人,懂得如何通过权谋而令行为能达到的最大的善;善解就是能够明辨善断,规定什么可行,什么不可行,而且是懂得最恰当和得体的行;而体谅在此正是对"得体"的一种正确判断。亚里士多德认为能够达到这种意义上的明智德性就成为了"完全的德性",也就是说"一个人只有具有了一种明智德性,同时将具有所有的德性"。

亚里士多德的"德性"论,圈定了道德伦理研究范畴的核心即德性,这对我们确定终身德育的目标有重要意义。对于终身德育的实践来说,当人类文明面临传统道德性丧失的悲哀时,德性的光辉和需要再次被唤醒,借德性之光来唤醒人们内心本身的善。当人人都以外界成功的标准来衡量自身幸福的时候,亚里士多德的德性引导人们关注自己内心的幸福,关注自身灵魂的善,使得人们在竞争激烈而繁忙的现实社会中寻求心灵的气息和安静,使得人们"找回德性力量的确信,以公正之首德,以友爱之公德,投身于公民社会的制度建设,成就高贵和最严的'第二自我',实现有'神灵'保

---

① [古希腊]亚里士多德:《尼各马可伦理学》,邓安庆译,人民出版社2010年版,第46页。

佑的真正幸福"①。

第三节 学习型社会和终身德育的关系

一 学习型社会中的终身教育和终身德育

学习型社会作为新型的社会形态,终身学习是其鲜明特征。终身德育从内容上来讲是终身学习的一个重要方面,它和终身学习共同构筑了学习型社会学习的两个主体建构;从实现的路径来说,终身教育又是终身德育的媒介和传导体;但是无论内容、构建和实施路径关系如何,终身德育和终身学习的目的是绝对统一的,它们共同致力于人的全面发展和实现人的幸福生活,而这一目标恰恰是学习型社会建设的终极目标。一言蔽之,在学习型社会建设中,终身教育和终身德育是包含促进关系、是媒介和媒体的关系、是并存发展的关系、是统一一致的关系。

(一)学习型社会中终身教育和终身德育目标具有一致性

第一,终身教育和终身德育的目标都是让人们追求幸福的生活。"教育的目的是使人幸福吗?""如果我们把幸福想象成一种生存的方式,那么它就是。"② 幸福作为一种生存形式和度过人生的方式,教育赋予了其真正的意义,幸福的追求是同教育的目标结合在一起的,通向幸福生活的道路就是那些在教育过程的不同阶段中所要走过的道路,"通过教育来建立幸福生活的工作,既不是有限的也没有终点。这是一个长期的修习过程"③。

终身德育作为贯穿人的一生的道德实践活动,其最终目的就是帮助人们过上内心幸福的生活。如果说教育通向幸福的路是显性的,是以学习所获得的知识的增加,学习所创造的生产力的提高为

---

① [古希腊]亚里士多德:《尼各马可伦理学》,邓安庆译,人民出版社2010年版,第36页。
② [法]保罗·朗格让:《终身教育导论》,滕星等译,华夏出版社1988年版,第93页。
③ 同上书,第94页。

幸福的评价标准的话，终身德育所追求的幸福则是人的内心和外在物质相平衡的心灵幸福，是心灵深处的需求得到满足后的自身整体感受，这是一种隐性的通向幸福的道路。显性的幸福之路的通畅是要借助隐性之路的顺利到达来实现，只有内心感受到的幸福才是真正的幸福。

终身德育和终身教育不仅致力于幸福的教育目标的统一，而且在实现幸福的方式上也是高度统一的。终身德育提出要通过人的自律和自省来实现人的幸福。终身教育提出人要获得幸福就要做到，清醒必须战胜错觉，知识必须战胜愚昧，希望必须战胜绝望和沮丧，信任必须战胜不信任和怀疑，热爱和理解必须战胜憎恨和愤世嫉俗，以及求实和坦率必须战胜务虚和暧昧，每个人都能够努力去控制自己，简言之，就是通过人的自制、信任和自我的提升来实现终身教育的幸福。终身德育和终身教育在实现幸福目标的方式中都强调自我的作用，认为自身自主性的发挥能够达到教育的较好效果，重视培养个人的主观能动性和创造性，重视"自我教育"和"自我发展"，从而使教育成为个人应对生活中各种挑战的自觉选择，达到一种"我选择，我快乐"的自由境界。

第二，终身教育和终身德育的目的都是实现人的全面发展。教育的目的是为了适合作为肉体的、智力的、情感的、性别的、社会的以及精神存在的人的各个方面和各种范围的需要。肉体的需要和智力的需要是情感及精神需要的基础。当人们的生存需要得到满足、生命安全得到维护，一种新的对美好生活的诉求就会应运而生，即对心灵和自我感知的认可和满足，对情感和精神需求的认同和满足。终身教育的内容不仅涉及智力的、社会的和作为生物体的个人，而且涉及智力、情感以及精神存在等道德要素，这充分体现出终身教育和终身德育在促进人的发展方面的全面性。

第三，终身德育和终身教育的目的是实现人的全面发展，不仅体现在教育内容的全面性，更体现在受教育者发展的全面性。"教育应扩展到一个人的整个一生，教育不仅是大家可以看到的，而且是每个人生活的一部分，教育应把社会的发展和人的潜力实现作为它的目的……"① 教育已经跨越传统的固定教育内容、固定教育模式、固定教育环境的阶段，进入一种引领人类全面发展的阶段。在这个阶段中，人们通过社会交往和社会环境来发展自我，积累经验，并且在日益竞争的社会环境中学会如何表达自己、如何展现自我，如何实现和他人的有效沟通，如何探索未知世界。人们探索、求知、交往和实现自我的过程，就是连续不断地发展和完善自己的过程。

（二）学习型社会中终身教育和终身德育实施路径的一致性

终身教育和终身德育实施路径的一致性，首先体现在教育时间和空间的一致性。终身教育和终身德育都要求"突破教育时间的阶段性、教育空间的封闭性、教育对象的局限性"②，在教育时间上，它们要跨越传统的教育限时性，涵盖学前教育、基础教育、高等教育、成人教育在内的整个教育范畴，也即必须把终身教育和终身德育看作是贯穿于人的整个一生与人的发展各个阶段的持续不断的过程。在教育空间上，终身教育和终身德育都超越了传统的校内教育，将其延伸至企业、单位、家庭、朋友及整个社会，强调将职业教育和一般教育、正规教育同非正规教育、学校教育同校外教育等各种教育活动有机联系和统一起来。

其次，终身教育和终身德育实施路径的一致性体现在实施主体和受众的一致性上。终身教育和终身德育的受教育对象是包含义务教育阶段学生在内的一切受教育者，成人成为终身教育和终身德育的重要受众。也就是说，我们的教育将不受年龄、职业等的限制，儿童、青少年、成人、老年人都将是终身教育的参与者和受教育对象。终身德育和终身教育实施的主体也由学校扩展到社会组织、团体等。社会个体成员的习惯、信仰、理想和对待事物的总体看法和观点是不稳定且不是唯一的。但由社会个体所组成的社会价值观念和社会信仰是固定的，且在一定阶段内是不会变化的，是经得住时

---

① 联合国教科文组织国际教育发展委员会编著：《学会生存——教育世界的今天和明天》，华东师范大学比较教育研究所译，教育科学出版社1996年版，第5页。
② 杨德广：《教育新视野新理念》，上海教育出版社2007年版，第259—260页。

间考验和实践检验的。因此很多企业和单位借助于企业文化这一传承性的精神来对员工进行教育。

（三）学习型社会中终身教育和终身德育的整体性关系

第一，终身德育和终身教育是一个有机整体。一切能发展有效地参与社会生活能力的教育都是道德的教育，终身教育和终身德育是一个不可分割的整体。终身德育之中有终身教育，终身教育实践也寓意着终身德育的实施。"终身教育提倡的学习内容应不以个人的职业或专业为限，广泛的教养教育、德育、体育以及一切现代学问等都应该包括在必须学习之列"[①]，终身德育的内容涵盖知识、技能、人生态度、价值观、情感、信仰和人整个一生的感觉等。教养、德育作为终身教育的重要内容，在德育体系中通过知识、人生态度、价值观、情感、信仰教育得以实施，而终身德育中的技能教育，在终身教育体系中以职业教育的形式呈现。因此可见，终身德育是包含在终身教育之中的，是其应有之义。

第二，"终身德育不仅仅是终身教育的应有之义，更是终身教育的完善和升华"。这样就把原有的终身教育和终身德育的包涵和被包涵的关系发展到了相互影响、相互促进的层面上来。终身德育并不是完全依附于终身教育才能存在，而是一个独立体，他们的整体性体现在教育内容的一致性方面。终身德育并未框定教育的内容，而将对成人自我认知和自我发展有贡献的教育都称之为道德教育，这是对终身教育的发展和提升。终身德育将自我的完善和发展作为教育目标，它比终身教育更具人本特色，更注重个性的关注和关怀。以"人的全面发展、幸福生活和社会生态和谐"为教育目标的终身德育，是对建设学习型社会，提升全民综合素质目标的升华。建设学习型社会，提升全民综合素质是社会发展的需要，是国家对社会发展规划目标的表述，而终身德育将人的发展、幸福和社会和谐作为终身德育的目标是从个体人的视角对教育所做的终极目标阐述，它更贴近生活、贴近需要、更能激发全民学习的主动性和

[①] 吴遵民：《现代国际终身教育论》，中国人民大学出版社1999年版，第23页。

能动性。

第三，终身教育和终身德育构成人的生活整体。作为社会个体的人生来是未成熟的，没有一个既定的习惯和生而具有的信仰，也没有对失败和成功的完整的认识。作为社会个体的人，他们是怎样变成熟的？怎样生活的呢？"要交给他们成年成员的兴趣、目的、知识、技能和实践"即在日常生活中从已经成熟的社会成员那里获得成熟的指导和养成的影响进而形成自己的"生活"。这里的生活强调了教育的实践性作用，当然这里的教育也是广泛的教育，是融终身教育和终身德育为一体的教育，即终身教育和终身德育实践对人的生活的整体性影响。人是一个综合体，人的具体行为是融人的体力和心理为一体的活动。

二　终身德育是学习型社会建设的基础

终身德育是公民道德建设的基础。终身德育立足于个体道德建设，有助于提高每个社会成员的道德水平，形成良好的道德风尚。个体的道德建设是社会公德建设的重要组成部分，同时也是其基础。重视个体的道德建设，提高个体的道德素质是构筑社会公德的基础。终身德育通过人人教育、全面教育和终身教育来实现对人良好修养、健康心理、政治观念、高尚情操和遵纪守法意识的培养，帮助人们形成稳定、理性的内在品格。终身德育通过生活实践，帮助人们构建起不同生活阶段的道德教育内容，调节人在发展过程中遇到阶段性问题时的心理状态，使人们能够保持平和、健康的心态，追求自我的发展和内心的平静；教会个人在生活中践行社会公德，实现人与自然、人与社会和人与自身的和谐，实现人的幸福生活。每个人的健康心理共同作用就会形成社会的健康心态；每个人形成健康向上的生活态度，就会构成社会的正能量；每个人拥有幸福生活，就会构成整个社会的幸福和良性发展。所以说，终身德育强调的是个体的道德建设，是每个人道德水平的提高，而个体道德建设是社会公德建设的基础。

终身德育着眼于生活道德教育，有助于提高社会群体的日常道

◇ 学习型社会建设中的终身德育研究 ◇

德水平，形成良好的社会公德。终身德育是来源于生活、实践于生活又回归于生活的教育。家庭美德、职业道德、社会公德三大道德建设是对家庭、职业和公共生活三个主要生活领域道德要求的基本标准，他们共同构成了公民道德建设的基本要素，是我们社会公德建设的基石。这些德育的具体内容，以生活的需要为依托开展，人们要生存、生活和工作就会遇到这样、那样的问题，就要遭遇和体验社会生活中非道德性的际遇，终身德育是我们在发现问题和解决问题的生活实践中逐渐发展和完善起来的。生活和德育是血与肉的关系，两者紧密联系，互相影响，不可割裂。生活是德育存在和发展的土壤，德育是生活中浇灌出来的花朵。人的一言一行、一举一动都是内心的反应，人的行为折射和反映着道德水平和道德倾向。同样，生活是检验道德水平的测试机，再远大的理想、再崇高的境界、再深远的梦想，都要落实到生活当中去，在实践当中培养全面发展的人，培养更加完善的人，创造更加幸福的生活。生活中的点滴构成了终身德育的要素，对生活问题的解决和对人的思想问题的引导，是日常道德教育的一个重要方面，它对形成良好的社会道德具有重要意义。

终身德育落脚于社会公德建设，有助于提高全民的整体道德素质，构筑和谐的社会道德。社会公德调节的是个人与他人、个人与社会、个人与自然、个人与自己的关系。人际和谐是社会和谐的基础，人生活在社会中，他具有社会的特性。人与人之间的互相尊重、互相帮助和互相信任，可以从一定程度上消解经济、社会建设中人们遇到的发展和心理的问题。终身德育教育人们尊重个体的尊严和自由权利，引导人们成为善的（goodness）人，因为"人所具备的善的主要道德品质是使人成为人的一个内在的元素和基础"[1]，使人们成为与人为善的人，营造良好的社会氛围与和谐融洽的人际关系，为社会公德建设创造良好的环境。终身德育，强调组织在道

---

[1] Brookfield Stephen, "Understanding and Facilitating Moral Learning in Adults", Journal of Moral Educaion, Vol. 27, No. 3, Sep 1998.

第二章 学习型社会和终身德育概述

德建设中的作用，用共同的组织梦想凝聚力量、用共同的组织文化教育成员、用共同的组织教育凝结共识。不同的组织又构成更大的组织体，多个更大的组织体交融、合作共同构成群体社会，群体社会的发展和壮大逐渐溶于社会之中。最后，每个组织体都溶解于社会之中，成为和谐社会的一部分。和谐社会中每个成员的行为都受到社会公德的规范和引导。社会公德对个体行为具有指导性、教育性、强迫性和导向性作用。

社会是一个大的统一体，社会中生活的每个人都有自己的特性和行为方式。社会公德作为一种行为准则对全体公民的行为具有指导性作用。社会在充分满足和发展人的个性基础上，对生活在其中的个体发挥指导性作用，这一作用的发挥正是通过社会公德对人们行为的指导来实现的。社会公德的指导作用主要是以法律和规范的形式，明确告知人们，什么可以做，什么不可以做，哪些行为是提倡的，哪些行为是被反对的。同时，社会公德通过人们对事件的情感性反应来指导人们认识社会中的是与非、善与恶、美与丑。

在中国特色社会主义现代化建设进程中，必须建立起符合社会主义制度需要的社会公德体系，"文明礼貌、助人为乐"是中国几千年来建立起来的道德体系，它对指导人们的日常交往和生活、稳定社会秩序起到了积极的作用。社会主义先进文化是建设社会主义和谐社会的重要方面，因而我们必须吸收传统道德体系中有益的部分，为我所用并不断完善和发展。与此同时，拓展以终身德育为核心的现代道德教育方式，使道德教育内容能够符合人发展的需要，"以人为本"，维护公众利益和公共秩序，保持社会各方面的稳定。人民是社会得以存在和发展的基础，社会发展的原动力来源于人民、发展的过程依靠的是人民，发展成果所享的是人民，对发展进行评判的是人民，所以说发展依靠人民、为了人民。人民是中国特色社会主义建设的"根"和"本"，无论何时这一根本都不能变，因此，我国公民的道德建设要坚持人本性。

理论上提出的社会公德建设的理想状态，给人们指出了什么是至善和理想意义上的高尚。社会公德对人们的道德要求是抽象的、虚无的，但良好社会公德的呈现形式却是具体的、现实的，需要构建起适合民众日常生活的道德体系，告诉公民最起码的道德准则。"爱护公物、保护环境、遵纪守法"是社会公德体系中的主要内容，它贴近大众、贴近生活、贴近实际，易于被大众所接收和践行，而空洞的、不切实际的、只能为少数人所实行的道德，则因缺乏现实的群众性而变为无用的说教。社会公德的具体内容是全体公民的日常行为准则，是公民践行社会主义道德的基本纲领，它对学习型社会建设中全体公民的行为起指导作用。

社会公德是学习型社会建设中处理社会关系的基本准则。社会公德作为人们在社会公共生活中应共同遵守的行为准则，是一种基础性的、普遍性的、全民性的行为规范，它既反映了社会生活特定领域中人与人之间的道德关系，又反映了社会公共生活中人与人之间的最一般的道德关系，它涉及社会生活的各个层面，具有广泛性和普遍性。伴随着现代化进程的加速，新的时代相应地赋予了人与人之间新型关系的内容，伴随着交往范围的日趋扩大，社会公德问题也就成了我们关注的焦点，同时也是社会文明程度的重要体现。

良好的社会公德是健康文明的社会所必不可少的，社会公德的优劣、公民公德意识的强弱，已经成为衡量一个社会是否文明、是否进步和是否进入现代化阶段的重要标志。中华民族素有"文明古国"之称，自古以来就有遵守社会公德的优良传统。当然，在社会发展进程中，社会公德的内容会随社会的发展不断更新和充实，每个时代都有与自己的文明相适应的社会公德，但其主要内容则为人类所不断继承和发扬。中华人民共和国成立70年来，我国公民道德建设实现了长足发展，公民素质不断提升，爱国主义、集体主义、社会主义思想根深蒂固，文明礼貌、助人为乐、遵纪守法的社会公德进一步巩固。

第三章　学习型社会的道德要求与终身德育的理论价值

学习型社会对人们学习的要求很高，这不仅表现在对科学、技术、经济和文化领域学习的要求，因为这些方面的显著成就，只能把人培养成有学位和技术能力的文化人、经济人、知识人，却不一定能够使人成就为有道德的、有灵魂、有信仰的人。人要成为全面发展的人、有完整生活的人和幸福生活的人就要学会在道德规范下生存、在社会伦理下生活、在自我发展中完善。科学、技术、知识、经济和文化只是获得道德生活的途径和方式，却不是道德生活本身，学习型社会建设首先要教育人坚持终身的道德追寻，帮助人实现自然道德、社会伦理和自身的全面发展。

"自为存在"是人之所以为人的存在方式，也是人实然存在的体现。学会生存是在人的自然本性的基础上发展人的应然状态，使人的自然存在符合伦理的存在要求。自然存在、社会存在和伦理存在是人的存在方式不可分割的三个有机组成体，同时也是人的存在状态发展完善的过程，是人的存在方式由初级走向高级的进化路径。"教育（终身教育，当然包括终身德育）成为一种由生活的贡献来维持的生存工具，以及成为武装人们，使他们去正视生存的任务和责任的工具。"[①] 建设学习型社会是人类在全球化、信息化、市场化时代的必然选择，学会生存、学会生活、学会发展是学习型

---

① ［法］保罗·朗格让：《终身教育导论》，滕星等译，华夏出版社1988年版，第66页。

社会的根本要求，也是终身德育理论的价值追求。

第一节 "学会生存"——终身德育的基本价值追求

一 人类存在的道德特征和生存状态的变迁

人的存在首先是自然的存在，人作为生命的自然存在体，人和自然有着天然的联系。在自然存在的模式中，人和自然浑然一体，无法割裂，但人的存在又是"自为的存在"，人可以认识自然并且改造自然。如何处理人和自然的关系，实现人在自然中和谐、自由地发展是终身德育的基本价值追求。人之所以为人的根本不在于人的自然存在和自然属性，而在于人的社会存在和社会属性，人与人的关系、人与社会的关系构成了人的社会生活。终身德育的根本目的就是帮助人们追求幸福生活，也就是帮助人们在道德领域内处理好人与人、人与社会的关系，这是终身德育的现实价值所在。人作为肉体自然、社会本质和自觉意识的系统，在自然和外部世界的相互作用中，在认识世界和改造世界的实践中，在不断实现其本质与潜能的社会活动中实现人的发展。人的全面发展是实现经济、社会再发展的基础，也是社会经济发展的最终目的，因此建设学习型社会要始终坚持终身德育的理想价值追求。

人的存在是一种历史的存在。我们的每一次自我认识，都对我们的生存施加了历史性的力量，这种自觉的历史意识会反过来推动现实的历史。[①] 人生存在一个日益丰富的展开的历史画卷中，在这个画卷中人类永远无法准确预知未来，向着未来迈进的每一步都是人自身的成长和发展。由于人的生存时间纬度的变化使得人对世界的认识、对自我的认知也必然经历一个从不认识到片面认识再到全面认识的过程，进而走向关于人的存在的全面的、完整的历史过程。社会的发展是历史的，人对社会的认识是历史的，人的发展是

---

① 袁洪亮：《近代人学思想史》，人民出版社2006年版，第7页。

第三章 学习型社会的道德要求与终身德育的理论价值

历史的,人就需要拥有同变化的世界、发展的自我和完善的认识体系相匹配的道德认同和道德素养。人的时间纬度的存在决定了道德教育的终身性,人的道德和认知的发展会推动人类对历史的认识和对客观事物的理性分析,把人推向一个更高的社会存在之中,人类的道德发展推动人的社会发展,推动历史的实现,同样社会的发展和历史的推进又会再作用于人的道德认知的再提升、再发展。周而复始,实现人类历史和人的道德交错作用、交替上升的发展。

人的存在是空间的存在。空间的纬度决定了人类道德教育的广度,道德教育不是脱离实际、脱离人、脱离社会的虚无的抽象概念。它是具体的,体现在人的日常生活和日常行为中的具体的养成和习惯。人生活在不同的空间中,在家庭中,空间角色是为人母、为人父、为人子、为人女等家庭成员角色;在工作中,人又是同事、下属、领导、合作者等由工作关系而串联起来的角色。在社会中,人又作为一个独立存在的个体扮演着公民、社会成员和公众的角色。人在生活中所扮演的每一个角色都要求有一个与之相适应的道德规范存在,道德规范了人类生活的各个方面和各个领域。

人类存在的历史性和空间性决定了人类道德教育的深度。人们"可以任意地扩展他们的生活世界的视野,但是他们不能摆脱他们的生活世界的视野"[1]。人类道德教育的历史性决定了人们只能在原有生活视野的基础上改造和完善现有的道德生活,而不能完全抛弃原有的道德基础和基本价值取向,颠覆原有的道德视野,重新选择道德取向。例如,在全球化的浪潮中,中国的主流价值观念受到西方价值观念的冲击和碰撞,人们在不同的观念交叉和碰撞中发展和完善自己的观念和信仰。社会主义制度下成长起来的中国公民,需要在社会主义核心价值观这一视野的基础上来发展和完善自我价值体系而不是完全抛弃我国传统教育所传承的价值观念转而选择西方社会价值观。人类自我发展的每一步、自我认知的每一次超越都

---

[1] [德]哈贝马斯:《交往行动理论第1卷——行动的合理性和社会合理性》,洪佩郁、蔺菁译,重庆出版社1994年版,第85页。

是建立在原有基础之上。这个基础既包括物质的又涵盖精神的，它是一个极富广度的概念。杜威指出生活即德育、德育即生活。生活的点滴都是道德教育的基础，点滴之间都透露着每个人的价值取向和道德认同。例如，一个人的审美观念、消费观念和交往观念等，这些个体观念如果关涉他人便可演化为道德。一个学生的消费观念看似体现的是个体的具体行为，但如果他的消费观念同他的家庭承受能力不相符合或者他通过非道德的方式获得消费资本就会变成道德问题。所以细微的生活琐事也是道德生活，人类道德教育的广度体现着道德教育的深度和全面性。

人类生存状态的变迁和生存方式的转换带动了人类道德的发展。"全部人类历史的第一个前提无疑是有生命的个人的存在。"[①]生存是人的第一自然属性，也是人首要的、最基本的存在方式。生存不仅是人的现实的一种存在状态，而且是人在伦理上保持自身本性的道德要求，所以说学会生存是学习型社会建设的道德基础。

人生存的基础是自然存在。人是自然界中的生存个体，是客观的存在物。人的存在具有有限性，人的生命结束、呼吸停止，人的客观的存在也就随之消失，它的消失是以生命迹象为参照物的，而不是以人体的存在为参照物。具体来说，人的生命结束后，在一定时间内人的肉体还可以存在，甚至可以通过化学手段将其长时间地存留，在这样的情况下，不能说人还存在。其次，人是超越肉体的精神的存在。人的精神却总是要超越肉体的局限性，超越肉体和周围世界的自在合一状态而将人类精神引向无限的领域。人的精神依托肉体的存在而存在，又超越肉体的限制而无限地扩展和延伸。人的精神是人的意识、思维活动和一般心理状态，是人的一种生存状态。人的行为是以人的肉体存在为基础来实施的，人的肉体存在代表着一种精神的存在。精神作为一种意识形态，它有传导性和传播性的作用，人的某种精神会传导给其他的个体，同时这种精神会在不同的个体间传播，进而使精神逐渐超越产生这种精神的肉体，成

---

① 《马克思恩格斯选集》第 1 卷，人民出版社 1995 年版，第 67 页。

第三章　学习型社会的道德要求与终身德育的理论价值

为一种集体价值或社会风气。当产生这种精神的肉体消亡时，精神将不会受到个体消亡的影响而出现弱化或消亡，反而会通过其他个人将这种精神扩展和延伸，例如英雄精神、革命精神的传播等。

人作为和动物本能存在不同的有意识、有目的的精神存在物，注定了人是站在各种潜在的存在和可能性面前的存在者，然而又无不受着肉体存在的事实性的制约，这种人的存在的自由本质和人的种种限制之间的对立，构成了人类根本的生存状态。人的生存状态是人的道德状态的基础。道德作为上层建筑，它受到生存状态的影响和制约，同时也反作用于人的生存状态。人类的生存处境以及由此所决定的存在状态和存在方式，伴随着人类自身存在的历史展开，又伴随着人类不同阶段的自我认识而演化、发展。

原始社会初期，即蒙昧时期，"维持原始人之间关系的充其量也不过一半是生物本能，一半是极简单的风俗习尚而已"[1]，由于生产力极其低下，食物严重匮乏，为了摆脱死亡的威胁，还会出现人吃人的现象，当时的道德是缺少人的意识的他律道德习俗和观念。

奴隶社会摆脱了人类的蒙昧和野蛮的生存状态，开启了人类道德文明的先河，人类社会有意识的道德起源从此开始。奴隶社会虽然仍然是人奴役人的社会，是不平等原初的阶级社会，但是当时人们的生存状况带动了人类道德文明的发展。奴隶社会在不平等中孕育的人们对平等的追求和向往。氏族内共同抵御外敌入侵的斗争，理想主义、平等主义的价值观都产生于这个社会形态中。

封建社会人们的生存状态较之奴隶社会有了较大的改善，但是君权神授的阶级观念依然根深蒂固。另外，人作为独立的个体不再是奴隶社会中奴隶主的附带物，而成为一个有着独立生存权的个体。人们平等、自由的观念较之以前有了很大的强化。与此同时，独立个体的生存空间也有所拓展，西方国家运用自己的长枪和大炮

---

[1] 李雨村：《论原始社会道德及其文明社会的关系》，《道德与文明》1986年第5期。

打开了东方的大门,人们在衡量自身生存现状的同时,国家的生存状态也发生了改变,独立的国家体制受到外来力量的影响。在国仇家恨的生存状态下,人们的民族观念、国家意识和自我意识日益增强。

资本主义社会中,人们的生存状态特别是人的物质生存需要得到了一定的满足。科技革命推动了新技术的产生和广泛运用,生产力的提高从一定程度上改善了人们的生存环境。资本主义国家以领土扩张为目的的侵略战争频繁发生,在二十世纪的前半世纪的历程中,两次世界大战给人们的生命及伦理道德带来了前所未有的摧残,两次战争让人们感受到了切肤之痛,对生命权和生存权实施保护的呼声日益增强,人们对维护人权的必要性和紧迫性有了清醒的认识。

人类社会发展的历史承载了人类存在方式的变迁和生存模式的变化,也为人类道德伦理的发展提出了更多要求。道德要承载起经济社会变化所引发的一系列社会问题和伦理分歧,保持道德发展同经济建设的同步,用与时俱进的道德观来规范经济活动和人的日常生活。个人的价值趋向也要充分考虑社会承载力和大众的接受程度,让我们个人的"德"同国家的"道"一致,以国家之"道"来引导我们个人之德,以个人之德来共筑国家之道,培养出有德行的公民,建立起有公德的国家。

二 学习型社会中人类生存的现实困境

新科技发展给人类带来了生存的困境。近代以来,特别是第二次科技革命后,随着生物医学技术的发展,人的生存状况和生存方式对我们的道德伦理提出了新的挑战。生物医学的发展超越了人类传统的生殖、繁衍的范畴,引发了人类生命活动、生存繁衍方式的变化。体外受精、试管婴儿技术的发展掀起了人们对"谁才是孩子的父、母亲"的讨论,特别是克隆人的诞生把人类推向了道德生存的边缘,传统的血缘、伦理关系受到了来自于先进繁殖技术的挑战。DNA亲子鉴定技术的发展和人工流产手术的介入,使得人与

◇ 第三章 学习型社会的道德要求与终身德育的理论价值 ◇

人之间的亲情关系面临着前所未有的挑战。同时,人类未来的命运和生存选择,引发出诸多的社会、伦理与法律问题,如安乐死。

新科学技术的发展为人类带来了生存的挑战。当人类陶醉于科学技术所取得的伟大胜利之时,却突然发现自己已深深地陷入到了前所未有的困境中。"科技为人类造福带来的欣喜,和以最现代的科技手段进行的欺诈、盘剥、杀戮同时并存。人类一方面愁苦于科技的落后,一方面又愁苦于科技的发达。20世纪科技的飞速发展为人类社会进步插上了翅膀,但是这种翅膀却被套上了锁链。人类不能套着锁链飞翔。"[①] 国家间的局部战争逐渐演化为国际争端;以刀枪为手段的武力斗争被以杀伤性武器为手段的毁灭性战争所取代;高科技使得战争越来越超越人类所能主宰的范围,而这种超越在某种意义上就使得人类随时面临着终结,这就是科技应用的风险,同时高科技战争使得远距离外所发生的事件对近距离事件以及对自我的影响,变得越来越普遍。

生态失衡给人类带来了生存困境。生态失衡是指由于人类不合理地开发和利用自然资源,其干预程度超过了生态系统的自然承受能力,破坏自然原有的生态平衡状态,而对生态环境带来不良影响的一种生态现象。首先,人口的急剧增长所带来的压力正在超过人类赖以生存的资源基础所能承载的极限。人口急速膨胀所引发的过度利用资源、能源、住房、教育、就业困难,交通拥堵,粮食不足等一系列难以解决的重大问题正影响着人类的生存现状和生存质量。人口的增长与地球资源的有限矛盾会随着现今生态危机、环境恶化以及自然资源的不断减少而变得愈加激烈。其次,自然资源的枯竭是人类生存面临的又一危机。人类对自然资源过度的开采和消耗,出现了森林资源持续被破坏、草场资源严重退化、淡水资源日趋恶化、土地资源日益匮乏、矿产资源趋于耗竭、生物物种濒临灭绝等一系列生态环境问题,人类已对其赖以生存的自然资源和生态环境造成巨大破坏,自然生态系统的恶化已经

---

① 唐裒:《科技属于人民》,中国人民大学出版社2001年版,第53页。

为人类敲响了警钟。

伴随人类日常活动范围的扩展和活动内容的丰富，它越来越多地影响着周边环境，造成自然环境的破坏，例如，人类生产造成了化学药物污染、大气污染和水污染等。同时，自然环境又反作用于人类，破坏自然资源和生态平衡，危害人类健康，影响人类生活和生产，甚至影响人类生存。例如，全球气温上升、大气污染多发、土地荒漠化加剧、有害废物越境转移等自然灾害也如期而至，环境问题不仅影响到人的日常生活，而且日益成为制约人类生存发展的重大问题。生态环境的恶化，除了"天灾"，更多的应该是"人祸"。环境的危机从一定程度上来讲就是人的危机，是人的道德领域和人的思想领域的危机。物质决定意识，意识又反作用于物质，人对自然的大肆破坏和掠夺是人的思想和意识同自然不和谐的体现，是人们对待自然的行为准则、对待生态的价值判断出了问题，归根结底是人的伦理道德和价值观念出现了问题。终身德育就是要通过系统的教育设计，解决人们自身的发展同自然、同社会发展不相适应、相互抵制的问题，实现人与自然和人与生态的和谐。

三 学会生存需要正视人的自然生存，遵从自然道德

道德与生存的关系如同人与影的关系，形影相随，不可分割。一定的道德习俗和与之相生相随的生存状况相对应，一定的生存状态也决定了人所具有的道德习俗。在学习型社会建设进程中，学习的社会性、全民性和终身性决定了人的认知水平和道德水平的不断变化、深入和发展，道德作为人的一种认知和意识形态必将伴随着人类自身的发展而发展。学会生存是学习型社会建设的基本要求，也是终身德育的基本价值。学会生存也就是要求人学会同自然和谐共融。

传统的自然概念指的是整体自然，既包括有形有象的宇宙天地，也蕴含深奥莫测的内在规律。也有人将自然定义为人类存在的地球。自然广义的概念是指，"指地球上的生命形态，是除人以外

第三章 学习型社会的道德要求与终身德育的理论价值

的其它种类的生命，如动物、植物、微生物"① 和事物间内在的规律。

自然生存是人类主要依赖自然物质资源（特别是生物资源）的生存，是人类主要依赖自然界所提供的自然因素而生存的生存方式。"人的世界性存在这一自然事实，决定了人类这种有目的意识、有自主设计和创造能力的物种，与自然宇宙、生命世界和万物生命有着不可割裂的原始关联性，也决定了人类与地球上所有生命之间有着一种血缘般的亲情关系"②，人类自诞生之日起，就同宇宙和自然产生了天然的联系，成为了宇宙、自然中的一个生命实体，并与自然和宇宙融为浑然一体，只要人存在，人与宇宙、与自然的关系就不可割裂，人的自然存在也就存在。

学会生存就是要学会处理人和自然的关系。人类一直以来都把自己遵从为宇宙的主宰者，认为世界万物都在人类的掌控之中，人可以通过自己的有意识的活动来任意改造自然，为自然立法③，这种人和自然非道德的关系使得自然成为了人类的附属物，人类不仅要改造自然，更要征服自然，要自然按照人的意志来运行，这破坏了自然的创造力和稳定性，打破了自然生态系统自然形成的自我平衡和调节功能。一旦人类对自然的占有和破坏超越自然的承受能力，自然将以它独有的方式来报复我们，"我们不要过分陶醉于我们对自然界的胜利。对于每一次这样的胜利，自然界都报复了我们。每一次胜利，在第一步都确实取得了我们预期的结果，但是在第二步和第三步却有了完全不同的、出乎预料的影响，常常把第一个结果又取消了"④。

学会处理人和自然的关系就要学会认识自然、认识我们自己、认识自然规律。自然是宇宙中万物互生互存的生态体系，体系中的所有存在物都是休戚与共的平等个体，它们有着自己独特的存在方

---

① 徐宗良：《道德问题的思与辨》，复旦大学出版社 2011 年版，第 270 页。
② 唐代兴：《生境伦理的知识论构建》，上海三联书店 2013 年版，第 29 页。
③ 康德曾提出两个立法，即：为人类自身立法、人为自然立法。
④ 《马克思恩格斯全集》第 20 卷，人民出版社 1971 年版，第 519 页。

式。自然为人类提供了发展所需要的物质基础和生存依托，空气、水、土壤，这些看似平常的自然存在物，是大自然给人类的最宝贵的馈赠，人类应该理性认识自然、学会和自然共存、学会生存。人是自然当中的一种重要的生命体，我们不是万物的主宰，更不是万能的神灵，我们只是自然界中一个渺小的生物体，但是，面对自然我们不是无所适从、束手无策的，我们要掌握、尊重和遵从自然规律，敬畏自然创造，善待自然生物，以自然的道德来指导我们同自然的关系，以人性的高度和人为关怀的角度来认识自然的存在权，平等、善意地对待自然和自然界中的一切存在物，保持人类和自然协调、和谐地发展。

四 学会生存需要重视人的社会生存，发展社会道德

费尔巴哈把人的本质设定为"真正的共存"，即"人的本质只是包含在团体之中，包含在人与人的统一之中"[1]。人是与他人一起的共在，一个人不可能孤独地独享世界，他在情愿和不情愿中必然与他人分享这个世界，人的生存就是与他人共存，就是人的社会化生存。总体来说，以实践、交往和社会关系为中介的个人与社会的关系是人存在的第二层面，即社会存在。

家庭血缘关系是人的社会关系最基本的关系，是人的社会关系的基础，也是人的社会存在的原初关系。人会死亡，人的劳动和劳动能力也会追随着人的死亡而消失，这就要求"劳动力的卖者就必须'像任何活的个体一样，依靠繁殖使自己永远延续下去'"[2]。人类的繁衍，保持了人在数量和劳动力上的充足，保持了商品生产的延续，从某种程度上说，人的社会存在是商品市场得以延续的基础，也是人生存所依赖的物质基础的前提。随着人类社会的发展，人们生活中的主要社会关系由家庭扩展到单位、社区等社会组织，个人的社会关系也得以扩展和丰富，人的社会属性也更加凸现。

---

[1]《费尔巴哈哲学著作选集》，荣震华译，商务印书馆1984年版，第185页。
[2]《马克思恩格斯文集》第5卷，人民出版社2009年版，第199页。

第三章 学习型社会的道德要求与终身德育的理论价值

生产劳动是人区别于动物的最根本的标志，是人的重要实践形式，也是人类社会存在的标志。人类生产实践活动经历生存斗争、自然生产和社会化生产三个阶段，三个阶段的演化也是人的生存状态日益社会化的过程。自生物诞生之日起，物种间就存在着生存斗争，斗争实现了物种的完善和发展。近代以来，人类间的生存斗争也以隐性的方式、以更加显著的状况存在着。人类间的生存斗争是人的社会关系的一个重要方面，也是人的社会生存所必需处理好的关系。原始社会阶段产生的自然劳动，是人类产生的重要标志，此时的劳动对象仅仅是自然和自然物，是纯粹生产资料的劳动，所以被称作自然劳作。生产劳动是有别于自然劳作的一种人的生产方式，自然劳作可以实现一个人的劳作模式，但是生产劳动却把一个人的劳作扩展到了集体生产的范围内。生产劳动必然会产生人与人的共同劳作关系，劳动产品的生成也必然会产生人与人之间的产品拥有和分配关系，进而形成人和人之间的关系，最终呈现的形式是人和社会的关系。

学习型社会建设中要使人们形成良好的社会存在方式，就是要建立起既注重个体又兼顾社会的终身德育体系。

第一，学习型社会中人的存在具有更大的社会性，这就突显了终身德育基础性和大众性的重要价值。终身德育并不是一个生涩的抽象概念，更不是一个没有边界、不可规划的抽象意念，它是具体的、承载着提升社会生存质量责任的具体教育模式。人类的繁衍、成长，生产劳动和日常生活等都是道德所要规范和教育的内容；亲情、友情、同志情等都是道德要激发和引导的情感要素；生活、工作，人的主要活动内容都是道德调控和管理的对象；家庭、单位、组织、社会等人类社会存在中的所有组织体都是道德教育实施的主体，同时也是道德教育的对象。社会存在的基础性决定了终身德育的基础性，终身德育主体的广泛性决定了终身德育的大众性。

第二，学习型社会强调人的社会存在是交往性存在，凸显了终身德育的主体间教育形式的重要性。人的社会存在，即人的共存性存在，也是交往性存在，人的共存性决定了终身德育的主体间性。

终身德育的主体间性，是通过德育实践构建起的"主体—主体"构型，即交互主体性。终身德育主体的交互主体性很好理解，终身德育强调德育的社会存在性，人人是教育的施教者、人人是教育的受众。另外，终身德育和人的社会存在之间也存在着交互主体性。终身德育作为人的社会存在的一种内在模式，人的交往存在德育就存在，人的生活继续教育就会持续，人的社会存在即教育，教育即人的社会存在。

第三，学习型社会中人的社会存在是个人能够充分发挥主观能动性的社会性存在，这就要求道德教育要最大程度地实现个体和社会的统一。人的社会存在中，无论是交往中的主体、生产的主体还是家庭中的成员，他们首先是独立的个体，终身德育首先要兼顾个体的个性、价值和特性。其次，不同的个体又是某个社会群体中的一员，不同的社会群体构成社会体，社会性道德是人作为社会成员所要遵从的统一的道德标准。人对社会存在的价值追寻体现了终身德育的个体教育和社会教育的统一性，即幸福。

自然生存、社会生存是人全面的生存状态，这两种生存状态是一个互相联系、共生共存的关系体，它们分别对应人的自然、社会两个纬度的生存现实。人作为肉体自然、社会本质和自觉意识的系统，在自然和外部世界的相互作用中，"在认识和改造外界与自身的社会实践中，不断实现其本质和潜能的活动过程"[1]。

第二节　"学会生活"——终身德育的现实价值追求

生活是人的存在方式和呈现形式，生活是生存、是活着，但又不仅仅是生存、是活着，因为生存、活着是为了生活，但生活并不仅仅是为了生存、活着。学习型社会就是要求人们学会生活，学会

---

[1] 郭寒竹：《论人生学及其性质》，《齐齐哈尔大学学报》（哲学社会科学版）1999年第2期。

◇ 第三章 学习型社会的道德要求与终身德育的理论价值 ◇

现代化生活,学会和他人一起的社会生活,"人是与他人一起共在。一个人并非孤独地拥有世界,而是进入这个世界并分享这个世界,其他人也是一样。……人的世界就是与他人一起"①。学习型社会建设中的终身德育就是要教会人过幸福的、有道德的社会群体生活。

一 学习型社会建设中的生活与道德

人为了生存和发展必须进行各种活动,这就是生活;各种各样的生活活动共同构成了人的生活世界。② 人的生活世界既是客观的现实存在,又是更高层次的道德活动的世界。生活世界是一个客观的存在也是人类的生活本源,人类的生活以世界的存在为基础,世界的存在是客观的,在人类认识到它的客观存在以前就已经存在。同时,人类的生活世界是人的道德世界的发源地和进化园。人类的道德不是凭空产生的虚无幻想,也不是突然萌发的意识觉醒,而是伴随生活的发展而不断完善的,"从历史的源头来考察,道德从根本上源于生活的需要,源于以物质生活为基础的社会性交往"③。

道德和生活具有统一性。道德和生活的统一性即表现为道德来源于生活,同样也表现为道德存在于生活,更表现为道德服务于生活。道德作为调节人与人、人与社会、人与自然关系的一种规范,它源于人类的物质生产和社会生活的需要。物质生活形成于人的生产活动,这种生产活动本身就存在着人与人之间的关系,诸如:协作、集体劳作等,有人的关系存在就有道德关系的存续问题。道德产生于生产劳作中,产生于人的社会交往中。社会中的生产、交换、分配、消费等关系,都产生了道德关系,都需要道德的规范。道德不仅来源于人的劳作和交往,人的政治生活、文化生活、宗教生活

---

① [美]乔治·麦克林:《传统与超越》,干春松、杨凤岗译,华夏出版社2000年版,第60页。
② 鲁洁:《生活·道德·道德教育》,《教育研究》2006年第10期。
③ 唐汉卫:《生活道德教育的理论论证——对"道德教育—生活"关系的几重审视》,《山东师范大学学报》(人文社会科学版)2007年第4期。

等，也产生道德需求和道德关系，但这些关系往往受到社会物质生产条件和人的阶级地位的影响，"人们自觉地或不自觉地，归根到底总是从他们阶级地位所依据的实际关系中——从他们进行生产和交换的经济关系中，获得自己的伦理观念"①。

生活和道德是一对相依相存的共生存在体系，没有无道德的生活，也没有无生活的道德，人类总是生活在道德统领的生活之中。道德永远不可能从生活中割裂出来，也不可能成为人生活之外的真空附着物，而是处于现实生活交往中的，直接同人的具体实践相联系的人的理性和非理性、知和行、意和情的统一。对道德规范的掌握由于生活阅历的不同而不同，对于某一道德规范，有阅历的老人总是结合自身生活的实践和经验而践行，而小孩或年轻人常常作为应该遵守的规范来强化，所以说"伦理和道德原则的意义，惟有在生活过程中才能真正把握"②。

道德和生活的一致性，还表现在道德对生活的构建作用。德育构建生活，就是按照美善的要求，过一种美善的生活。这个过程不仅是道德成长的过程，而且保持了德育对现实生活的引领和超越。③道德具有前瞻性，是一种应为的状态而不是实为状态。道德所反映出的不是人类实有的生活状态，不是人的现实生活的真实写照，而是人理想中的、超越现实的应有状态，它超越了现实，与此同时也指导着现实，这个现实指的是生活的现实，是对理想中的现实生活的构建现实。道德所构筑的理想生活是道德的生活，是不断地使可能的生活变成现实的生活，是美好的生活、是善良的生活、是值得过的生活。

道德和生活具有发展性，比如，一些在现代社会被看成是极为不道德的现象，而在原始人眼里恰恰是道德的，因为，这些在现代人看来极为不道德的现象却能保持和满足人的物质需要，能保证每

---

① 《马克思恩格斯选集》第3卷，人民出版社1995年版，第434页。
② 杨国荣：《伦理与存在——道德哲学研究》，上海人民出版社2002年版，第33页。
③ 冯建军：《"德育与生活"关系之再思考——兼论"道德就是生活道德"》，《华中师范大学学报》（人文社会科学版）2012年第4期。

◈ 第三章 学习型社会的道德要求与终身德育的理论价值 ◈

个人的生活。"当大地岛的原始部落面临饥饿威胁的时候，首先吃掉老太婆而把狗留下，理由是'狗能捕水獭，而老太婆却不能。在文明人看来，这是一幅多么可怕的场景啊！可在原始人那里，这些行为却被认定为道德的。"① 道德和生活随着岁月的变迁而变迁，随着社会的发展而发展。生活具有连续性、过程性和发展性，与之相统一的道德也具备这样的特性，它会追随生活的变化而不断呈现出新的特征和发展。"一句话，人们的意识，随着人们的生活条件、人们的社会关系、人们的社会存在的改变而改变"②。为人的日常生活提供大众心理接受的、符合社会管理和法律规定的，统一的意识形态领域的引导是道德的主要功能。道德的这一引导功能保证人的日常活动的合法性、社会合理性和人性的需要，其目的就是建立起人普遍能够接受的道德生活。道德保证了生活的和谐性，同样生活确保了道德的鲜活性和合乎需要性。人的生活其实是一个创造性的实践过程，在这个过程中变革和发展时时刻刻都在发生，而与其相适应的人的道德也会随着时代的变迁而出现变化。我们所论述的终身德育思想也就是在人类社会发展过程中，道德教育所追随社会发展而产生的新的研究领域和范畴。生活的需要和实际保证了道德教育随时的更新和发展，同样，生活的发展为德育提出了新的要求和目标，道德教育只有合乎生活实际的需要，才有其现实的价值和存在的必要。

道德具有生活的实践性。"生活是人类特有的改变客观现实的活动。只有人才有生活，其他动物的存在只是生存，对于它们而言，只能按照自然所规定于它们的那样去生存着，不可能有改变所面对现实的实践活动。而人却可能在他的生存实践中根据他的生存意志、生活意义而改变客观的现实。"③ 生活的实践性决定了来源于生活、规范生活的道德也具有实践性。

道德产生于生活实践，发展于生活实践，同时又由生活实践来

---

① 祈述宏：《道德发生论发微》，《江淮论坛》1995 年第 1 期。
② 《马克思恩格斯选集》第 1 卷，人民出版社 1995 年版，第 291 页。
③ 鲁洁：《生活·道德·道德教育》，《教育研究》2006 年第 10 期。

评判。道德是没有最高极限的，它永远是在生活的实践中不断发展的，一个阶段的道德是否达到了良好的社会规范作用，是否起到了引导人们生活的效果，需要生活实践的检验，需要生活实践的打磨和验证，因此我们也说道德具有前瞻性，是一种应然状态而不是实然状态。

道德对生活具有规范性。道德为维持生活秩序、为生活能够存在和正常运行提供保障。道德作为一种指导生活的实践原则，它在客观上起到了调节人际关系、维持社会秩序、规范社会行为的作用，使得人们彼此之间能够共同存在、相互合作和共同发展，道德的普遍目的就是在社会联系中建立起一种秩序。

道德生活是人类生活中不可或缺的部分，它是精神生活的一个重要组成部分。相对于精神生活中真和美的维度，道德表达了人对善的理解。人应当如何追求善？要通过追求善的过程自我认识、自我肯定和自我确证，找到人之为人的原因和依据。康德认为，道德律是人的活动所应遵循的规律，它使人与物区别开来，"后者通过我的人格无限地提升我作为理智存在者的价值，在这个人格里面道德法则向我展现了一种独立于动物性，甚至独立于整个感性世界的生命"[①]。因此，正是有了道德，才使得生活以生存为基础但又并不止于生存，人按道德规范去做但又并不止于被动的约束和强制，而是有精神上的愉悦，有实现自我和成就自我的满足感。由此出发，道德不仅在其特有的意义上使生活成为生活，而且它会使生活变得更好，道德是通向美好生活的一种手段。

二 学习型社会中人类生活的现实困境

交往异化所带来的生活困境。交往是"在一定的历史、文化、社会境况及'生活世界'的背景之下，以共同的客体为对象的多极交互主体在没有内在与外在压力和制约的情况下，彼此真诚敞亮、交互共生的存在状态，以及心理交感、意义沟通（意义的多向理解

---

① [德]康德：《实践理性批判》，韩水法译，商务印书馆1999年版，第177页。

◈ 第三章 学习型社会的道德要求与终身德育的理论价值 ◈

与生成）和行为互动过程"①。但是，伴随社会的发展，人类的交往中出现了交往方式和交往目的的异化。首先，计算机网络的广泛应用和手机作为通讯方式的深入发展，人们的交往方式趋向多元化。由视觉的面对面交往向听觉的电话对电话的交往转化，现在又转换为屏幕对屏幕的文字交往。方式的转换使得人们交往过程中所传递的情感成分日益减少，人们的亲情感和亲切感也随之降低，甚至由于长时间的使用手机进行交往，人们把手机当成了对话和沟通的对象而忽视了人的成分。另外，随着经济、社会的发展，人类交往的功利主义倾向越来越严重，人们对物质追求的增加使得交往成为了人们达成物质目的的手段而不再是交往的方式，人类交往的目的性和针对性日益增强，交往的内在属性受到了社会生活的挑战。

非良性竞争关系所造成的生活困境。社会制度执行的非制度化使得社会生态不断恶化，人们的竞争关系出现异化。非制度化生存是指人们所赖以生存的制度环境缺少确定性，在遭遇某种需要解决的问题或情况时，不是依据明确而稳定的制度安排来解决，而是依靠制度外的办法来解决问题。全球化进程中由于竞争压力的不断增强，社会生态环境的不断恶化，社会生活中出现了超越制度执行和非制度化执行的现象。例如，商业领域内打开销售渠道的非法投入，演艺圈中的潜规则，行政部门中的索贿、受贿现象，等等。制度的缺席和"短板"破坏了合法竞争和奉守诚信的核心价值观，人们内心所期望和憧憬的公平、公开、公正的竞争环境遭到了破坏。非良性竞争诱发了人们对经济利益的狂热追求，甚至不惜以人类的生命、财产为代价，例如，地沟油、毒奶粉的出现等，人类的生存安全受到了来自外界的威胁。

社会发展的非制度化和生活压力的竞争，使得人类的生活再也无法摆脱外在的压力和制约。工作中同志间的交往被非良性的竞争所破坏，妒忌、迫害和冷漠不同程度地存在于职场的交往中，个人利益和集体利益的冲突日益凸显，对自我价值和自我观念的追求日

---

① 彭未名：《交往德育论》，山西教育出版社2005年版，第47页。

愈强烈。人与人之间的关系受商品交换、物质利益的影响，充满着铜臭味，人们心理由此感觉到孤独、忧郁、无聊、焦虑、恐惧，人们的幸福感并没有随着社会物质财富的增加而增加。人对自然的肆意开掘和疯狂掠夺，破坏了人们在大自然襁褓中与自然共享天伦的自然亲情关系。在市场经济条件下，人们在追逐利益和计较财富分配的过程中使血缘亲情松弛，商品交换原则使人开始变得唯利是图甚至为富不仁。以利益为原则的交往关系为人世间的自私自利与人情冷漠埋下了祸根。

学习型社会是有组织的学习社会，是以学习为生活，以生活为学习的有组织的社会，有组织的学习生活必须充分发挥道德教育的规范、引导和教育作用，使人们学会过有道德的组织生活、建立和谐人际关系，实现人的生活幸福。

三 遵从组织伦理，过有道德的组织生活

学习型组织概念由美国麻省理工学院佛睿斯特教授提出，以后在终身教育和学习型社会的大背景下，彼得·圣吉发展了学习型组织的概念，并明确指出，"在其中（学习型组织中），大家得以不断突破自己的能力上限，创造真心向往的结果，培养全新、前瞻而开阔的思考方式，全力实现共同的抱负，以及不断一起学习如何共同学习"[①]。

传统道德研究中，我们一直将个体道德和社会公德作为道德的承载主体进行研究。随着经济、社会、文化的发展，组织作为个体和社会之间一个新的道德承载体，已经成为道德生活中的一个重要组成部分。

学习型组织建设的终身德育构建需要从个体道德和组织伦理两个维度来考量。"所谓组织伦理，是指蕴藏于管理的组织过程（组织设计）和组织结构之中的伦理道德价值，它既是一种动态的伦理价

---

① ［美］彼得·圣吉：《第五项修炼——学习型组织的艺术与实务》，郭进隆译，上海三联书店1998年版，第3页。

第三章　学习型社会的道德要求与终身德育的理论价值

值形态，又是一种静态的伦理价值形态"。① 组织道德或者说组织伦理已经成为连接个体道德和社会道德的中介体。当组织、组织制度受到某些因素影响时，组织道德就以伦理性实体的方式存在，当它作为整个个体对社会产生影响时，它就以道德主体的形式存在。

组织伦理由组织内的个体道德组成，个体道德会对其所属的不同的组织伦理产生影响。人的一生会参与不同的组织活动，甚至在同一时间内也分属于不同的组织，例如：职工既是公司这一组织中的元素，同样他也可以是校友会、兴趣社团等这些社会组织中的成员，并且他在这些独立组织中的角色也是独立的，我们所要研究的是人在这些组织中的共性的德育。人的一生都在不同的组织和群体中生活，每个人每天都在接受组织的理念教育、文化教育和价值观教育。这些教育不会随着员工离开而结束，而是贯穿企业发展的始终，从企业筹备建立、到企业发展壮大、再到企业的转型甚至消亡。另外，并不是说某个人离开了组织，该组织对这个人的影响就结束了，实际上原有企业的理念、文化和价值观念会伴随人进入新的组织生活，并且会影响到其以后各个阶段的组织观念的调整和完善。所以，无论是以组织为主体来研究组织的伦理还是以组织成员为主体研究个体道德，统一的结论就是组织的伦理生活会伴随组织一生，伴随人一生。现代社会中，人们只有在学习型组织中才能实现个人的理想，实现自我的人生价值。

首先，发展个体道德，实现自我超越。组织中的个体通过自身道德心理机制的指导和控制，使其行为道德化。"个体道德"以自然形成的道德心理机制为基础，以维护和唤醒个体天然的"道德感"培养个体的道德能力为目标，帮助道德个体实现自我的超越。在组织生活中，道德个体首先凭借自己先天具备的感知世界的能力初步判断组织行为的对与错、是与非，通过个体的良知来对组织伦理做出反应。"与此同时，我们的道德鉴别能力和自我控制的社会标准则变得越来越模糊不清。伦理上发生了困惑是无从提高历史的

---

① 余卫东、龚天平：《组织伦理略论》，《伦理学研究》2005 年第 5 期。

理解力的。"① 全面且准确的感知，需要的是我们理性的思考。我们感知的过程也就是我们采集信息的过程，而在这中间我们很难丢弃我们习惯了的观察方式，我们很可能会通过采集信息来确认自己现有的假设。② 在传统的社会中，道德个体自觉担当天然的伦理实体，并通过理性的把握、情感的认同和意志的执守，来把握现实的道德。这种道德是依托个体的情感和认知来实现的，它的客观和准确需要人的理性思考才能实现，所以彼得·圣吉把"理性"和"直觉"的自然融合作为第五项修炼中超越自我的重要路径。

另外，个体对他人、对组织的责任是每个个体价值追求的最高目标和人生的意义所在，也是个体实现超越的基础。组织的行为离不开组织成员的行为，组织成员的个体道德、修养和情感对组织目标实施和组织伦理有着重要影响。个人对他人、对组织的责任是个人情感的内化，它将通过外化的行为体现出来。当组织中的个体价值目标和组织价值目标一致时，组织的共同愿景和个人愿景将达到最佳的适宜度，而这种适宜将最大限度地激发个人潜能、提升个人组织价值，使组织成员活出生命意义。同时，由于个体愿景和组织愿景的完全契合，将最大限度地提升组织的凝聚力和向心力，提升组织的效能，帮助组织实现其最真的价值。

其次，学会组织生活，完善心智模式。组织既是一种重要的道德主体和道德力量，又是一种重要的伦理生长点和伦理生态。③ 学会组织生活，就是要学会过有道德的组织生活、就是让组织成为道德责任的主体④、就是要个体遵从组织伦理并在此基础上完善自身

---

① [美] 布热津斯基：《大失控与大混乱》，潘嘉玢、刘瑞祥译，中国社会科学出版社1995年版，第2页。
② [美] 彼得·圣吉：《第五项修炼心灵篇》，张成林译，中信出版社2010年版，第81页。
③ 王珏：《组织伦理——现代性文明的道德哲学悖论及其转向》，中国社会科学出版社2008年版，第21—22页。
④ 王珏教授认为要成为道德责任主体至少应该具备两个主观条件：一是具有自我意识、自我反思、自我批判的思维能力；二是有自我决断、自我选择、自我控制的自由品格。组织具备了这两个条件，所以它可以成为道德承载的主体。

的心智模式。我们对事物的认识往往与深植我们心中关于我们自己、别人、组织及周围世界每个层面的假设、形象和故事相一致，也就是说我们对事物的价值评判深受习惯思维、定势思维和已有知识的影响。但是，正如价值澄清学派所主张的那样，人们在面临诸多选择时都依据已有的价值观，但常常不清楚所持的价值观是什么就已经做出了。作为组织中的个体，组织可以通过组织伦理和价值选择来帮助人们在选择时依据自己的内心，把自己的价值观比较客观地公之于众。第一，组织愿景帮助人们完善和修订自身愿景。组织的愿景是结合组织内每个个体的愿景而建立起来的共同理想和奋斗目标，相对于个体愿景它更能够得到绝大多数人的认同，并能够借助集体的力量来完成，它更具有普遍性、共性和认可度。组织愿景在一定范围内帮助修订个体愿景，个体愿景具有其个性和独特性，一个良好的个体愿景应该是在集体愿景认同下的个性和个体，只有这样个体的目标才能和组织的目标一致，个人的愿景才能追随组织愿景的完成而实现自我的价值。第二，组织文化引导人们的价值趋向，组织文化是一个组织最具代表的符号标志，它是一个组织价值的具体呈现形式，组织文化是对组织的管理、理念和企业精神的反映，良好的企业文化可以凝聚组织力量、提升组织成员的归属感和责任感。好的组织文化会给组织带来巨大的成就和荣誉，而所属组织的成员也会由于组织的成绩而感到内心的满足和幸福。第三，组织伦理为组织营造健康的组织生活。组织伦理作为组织的道德价值目标，它能为组织的合法运行提供道德层面的规范，保证组织运行目标的正确和组织发展的健康。组织伦理为组织内部成员关系协调提供了规范，组织作为一个集体，其成员间的工作关系、个人关系需要道德层面的引导，健康有序的竞争关系、互帮互助的和谐人际关系、团结奋进的组织关系都是在组织伦理的调控和引导下建立的，所以说组织伦理是健康和谐组织生活的道德基础。

四 遵从社会道德，实现人与人的和谐生活

"人并不是抽象的栖息在世界以外的东西。人就是人的世界，

就是国家，社会。"① 人在社会中以现实人的身份过着现实的生活，现实人的生活不仅是一种感性的事实，而且是一种感性的活动；不仅是一种事实状态，更重要的是一种开放的、不断生成的社会关系状况。

学习型社会中的终身德育就是要对现实生活中的现实个体开展终身道德教育，教会人处理开放的、不断生成变化的错综复杂的社会关系，教会人过有道德的伦理生活，进而来促进人与人、人与社会的和谐。

第一，过有道德的社会生活，实现自我内心的和谐。社会生活是由分散的个体生活组成的，社会生活的道德完善，离不开个体道德的发展。"善"是个体道德最基本的要素和最高的境界，同样也是实现人类道德生活的基石。个体的善决定了人看待一切生活的人性基础，同时也是人与人和谐、人与社会和谐的基础。人与人的生活，其实就是具有不同意识和思维的个体的共生，有共生就有抵抗，当人和人对待问题具有不同的观点时，当人和人之间存在着利益的冲突时，能够减少冲突，实现人与人之间的和睦相处的就是人性之善。个体道德的发展是在人与人的交往和社会生活中逐渐生成的，不同历史时期和社会生活环境对我们个体道德的要求不同。"包容"就是全球化大背景下，个体所必须完善的品格。包容要求个体有容纳百川的气魄和融天地于一体的心胸。开放的世界中我们会接触各种各样的人，学会了包容就学会了接纳和释放，学会了包容就学会了在缤纷的世界中独享心灵的自由与和谐。作为社会生活中的个体，个人的责任是个体道德的核心。责任决定了人行为的尺度和方向，责任同样也决定了人处理事件的态度和方式。人在社会中扮演着不同的角色，不同的角色又要承担不同的责任，说到底是责任构成了人与人之间的社会性关系。学会担当、学会承担责任是人与人关系存储的核心，也是人之间产生交往、发展关系的基础。

第二，过有道德的社会生活，实现个体和社会的和谐。个体

---

① 《马克思恩格斯全集》第 1 卷，人民出版社 1956 年版，第 452 页。

◇ 第三章 学习型社会的道德要求与终身德育的理论价值 ◇

和社会的关系,一直以来都是哲学讨论的核心。有道德的社会关系,就是要处理好个人和社会的关系,就是要实现个体道德和社会公德的统一。个体道德和社会公德不是"矛"和"盾"的关系,在绝大多数情况下,特别是在社会内部是一致的,社会公德是个体道德的集合体,个体道德是社会公德的具体体现。但是,我们不得不承认道德是有阶级性的,不同的道德是不同阶级利益的体现,是阶级统治在意识形态领域的一种表现,所以在面临阶级的道德问题时,我们不能将其简单地看作是个人利益和社会利益的矛盾。

实现个体道德和社会公德的统一,首要的是要尊重人的自由平等地位。社会中的人是平等的个体,他们平等地享有自由生活、自主选择的权利,每个个体的平等构成社会的公平。马克思主义的集体主义在处理个人权利和社会(国家)集体利益之间的关系时并不一般地抽象地要求集体利益高于个体利益,个体利益必须服从集体利益。相反,它认为"真实的集体"是充分尊重个人权利、高扬人的个性、能够充分实现个人的潜能、调动人的主体性的共同体。但是集体主义同时认为,集体是由许多认同某种共同善或公共利益的个体组成的有序性的群体,因此,共同善或公共利益以及有序性的基本规则既是每个个体为之奋斗的共同目标,又是每个个体在追求自己特殊利益时不能侵犯的边界或底线以及行为的圭臬。[①]

第三,尊重道德生活的完整性,实现社会的全面和谐。人类社会绝不是"存在"(is);它永远是"生成"(becoming),正是这一本质的方面使它成为"历史的"世界。人的道德生活同样也是历史生活的一部分,人都生活于一定的历史情境之中,他是一定地域、一定时期和一定社会关系中的具体个人,人只有在一定的历史联系中才能取得人的现实存在。如果没有历史的支撑,我们的生活方式、思想感情和自我意识就不会是今天这个样子。人的道德的发展

[①] 钟明华、李萍等:《马克思主义人学视域中的现代人生问题》,人民出版社2006年版,第204页。

是伴随着人类生活环境，特别是经济环境、人文环境的变化而变化和发展的。正如经济发展出现的区域间的不平衡性一样，人类道德的发展，在一定时间内也会出现局域性的差异，例如，还保持原始部落生活状态的地区和现代都市所拥有的道德基础本身就是不同的。保障社会和谐，就要在认同差异的基础上，尊重不同生活地域人的道德选择，只有承认差异、包容差异、尊重习俗的道德选择才能保障我们社会的全面和谐。在承认差异的基础上，道德生活的完整性还在于促进道德生活的发展上，道德基础的差异也是我们道德教育的重点和核心。看到了差异，就要通过科学、有效的手段来改变这一现状，要结合不同地域的经济发展情况和个体道德状况，制定适合不同人群的道德教育方案，并形成道德发展同经济发展同步的思维，将终身德育思想落实到每一个体。

尊重道德生活的完整性，我们就要尊重政治、经济、文化、社会和生态领域的道德。人不是生活在一个封闭的自我空间内，他要参与方方面面的生活，政治领域的民主和平等，是一个公民的政治责任和政治权利，它是我们政治伦理发展的前提；经济领域的公平、诚信的竞争道德，是规范经济生活的伦理要求；文化领域的正确主张、科学的道路是文化道德的表现；社会领域的公平和共享是保持社会凝聚力和社会向心力的路径；生态领域的和谐发展是实现人与自然和谐的基础。虽然道德是历史的、完整的，但他不是历史的空洞的抽象，它是由不同的道德诉求和需求构成的完整的社会道德，这些道德相互影响、交互发挥作用，共同致力于人与自身、人与社会、人与自然的和谐，而且它会随着人类的发展在时间中延续，它将不断地改变其内容、完善其目标以实现人类道德的完善和发展，达到人与社会的和谐。

五 遵从个体道德，体验身心幸福的生活

人的道德与幸福之间存在着复杂的关系，道德是幸福的基础，对个体而言一个有道德的人才能享受真正的幸福、才能感受真正的快乐，有道德的幸福是长久的、可发展、可延续的，而对于无道德

◇ 第三章 学习型社会的道德要求与终身德育的理论价值 ◇

的"幸福",或者不应该称之为幸福,因为它只是一时的直观感受,是某一时间点内,由于外界的刺激而出现的短时间的兴奋与快乐,它是无法延续的。例如,一个有着虐待倾向的人,他实施虐待的这一短暂的时间里,内心是满足的、快乐的,但这不是幸福,因为虐待行为结束,他又会陷入不快乐,甚至产生更大的愧疚与自责。

  道德与人的幸福生活是一致的。人享受幸福的多少与人的德性是一致的,这实际上是按照德性来分配人的幸福,德性愈好幸福愈多,将幸福和道德正向相比的关系是一种正义观。当人们看到有道德的人遭受不幸福生活的煎熬而无道德的人却享受物质充裕、安康幸福的生活时,人们的正义之心就会受到牵动,心中就会萌发对这一状况的不满和愤慨,这种根深蒂固的正义观通过人的主观感受传导什么样的人应该得到幸福,什么样的人不应该得到幸福,进而引导着幸福和道德的一致性。人的道德和幸福生活的一致性还表现在人对道德和幸福生活不一致的改造行为上。人的道德活动和道德行为实际上是人自由自觉的自为活动,人为了实现道德和幸福生活的一致性,会自觉地完善自我、直接调节自我行为以符合道德的要求。道德的示范和社会规范的规制是引导个体行为的有效路径。通过社会引导,人可以实现自身的道德和生活的优化,进而实现道德与幸福的一致。人对幸福生活的实践和道德感受具有内在一致性。道德意识与道德规范一旦被人们所认可和接受就会内化为人的价值评判尺度,人根据这些尺度来追求、创造和选择自己的行为模式和品格素质,这种行为品格与这种道德性的内在尺度符合,人就会过上道德的、现实的幸福生活。相应地,如果人一直以来所过的都是有道德的幸福生活,那么他就越是重视道德实践,例如对道德行为、道德选择、道德评价、道德教育和个人修养的重视和强调。道德实践增强的不仅是自身的幸福感,它同时也能够增进他人的幸福,因为个体的道德意识共同作用就会形成社会的道德规范,为社会其他个体的道德行为营造良好场域氛围,这也是由道德的利他主义性质所决定的。

  道德和幸福具有发展性。人的生活领域是有限的,特定的人生

89

境况下所形成的幸福观也不是绝对的、超时代的。人的生活的境遇也是有限的，所以人不应当把自己所体验或发现的幸福当作是唯一真正存在着的、合格的幸福。幸福作为一种价值观，绝对不能将其孤立地看待，而应该把幸福放在全局的、统筹的角度来看待。幸福是随着人的发展而发展的，是随着事物的变化而变化的，人对幸福标准的认定和自我感受也随着人的不同阶段的认知和经历变化，这更进一步印证了终身德育的重要性。幸福是人的情感、精神和心理上的感受，个体的幸福是人生一贯的追求，社会幸福是社会为人类营造的终极奋斗目标。幸福是人的情感、精神和心理对人的外部生活环境和个体活动的总体感受，这种感受随着环境的变化而变化，随着人的成长而发展，在不同的阶段，人会发展不同的幸福，会拥有不同的幸福感受，"人的本质力量与人的内在尺度在其历史的变化过程中显示出一定的阶段性，而人的本质力量与人的内在尺度的这种阶段性必然导致人在使其本质力量对象化过程中也具有阶段性，而人通过人的内在尺度对对象的评价活动也就有了阶段性，这就在最终意义上使得人的幸福也显示出相应的阶段性，也意味着幸福在不同阶段具有不同的内容"①，所以说幸福应该是我们一生都在追求的生活，幸福的内涵也随着人的阶段的不同和感知能力的不同而不断地变化和调整，幸福的阶段性就要求我们的道德教育要实现终身化。另外，人的认知的局限性需要将幸福教育终身化。从理论上来说，人们不应当把自己在有限的人生领域、特定的人生境况中形成的幸福观当作绝对的、超时代的，不应当认为只有自己所体验或发现的幸福才是唯一真正存在着、合格的幸福，因为在本质上，幸福是一种特定的价值，是一种终极性的价值，而价值如果孤立地看是无所谓对错的，它只在人与人，人与社会的关系中有好坏、优劣或者应当与不应当的问题。②

"善"是有道德的幸福生活的源泉。康德和亚里士多德都认为

---

① 高恒天：《道德与人的幸福》，博士学位论文，复旦大学，2003年，第18页。
② 同上。

◇ 第三章 学习型社会的道德要求与终身德育的理论价值 ◇

"至善即幸福",人类的幸福就在于行善,善与福是一致的,人们在行善中体验着、享受着幸福。至善是人的一种品格,凡是具有这种品格的人,都可以将善和其他人一起分享,是人的心灵与整个自然相一致的结果。正如斯宾诺莎所努力追求的那样,"自己达到这种品格(至善),并且尽力使很多人都能同我一起达到这种品格,换言之,这也是我的一种快乐,即尽力帮助别人,使他们具有与我相同的知识、并且使他们的认识和愿望与我的认识和愿望完全一致"①。人类真正的善、真正的快乐、真正的幸福在于拥有善的心智,并且能够善良地帮助别人。财富、荣誉和感官的快乐,是人快乐的因素,却不是人幸福的标准,"当人心沉溺于感官快乐,直到安之若素,好像获得了真正的幸福时,它就会完全不能想到别的东西。但是当这种快乐一旦得到满足时,极大的苦恼立刻就随之而生。……对于荣誉与财富的追求,特别是把它们当作自身目的,最足以使人陷溺其中,因为那样它们就被当作最高的善"②,财富、荣誉和感官并不是真正的幸福,所有幸福的归结点都应是善,善良可以使财富得之有道、可以使财富分配有序、可以使财富促进道德发展,而若财富被不善的人所控制,将会带来更大的灾难和祸事。荣誉可以表现出这个人所具有的良好道德,但并不是衡量幸福的标准,一个有德行的人不一定拥有荣誉,而一个没有德性的人也不一定没有荣誉,但若一个没有德性人通过一定的手段取得了荣誉,那么不仅不利于道德对幸福生活的引导,反而会产生不良的影响,所以说道德才是基础,有道德的荣誉是人们所追求的荣誉,而不道德的荣誉反而会危害道德的权威性和引导性。人的感官对幸福的认识具有局限性、特殊性。个体对幸福的感知是特定情景下、特定阶段内的认识,而且是和自己的生活经历和社会实践紧密结合的,可以说一个人的感官能直观感受到快乐,却不能说它能感受幸福。

健康是有道德的幸福生活的基石。健康是宝贵的人生财富,

---

① [荷兰]斯宾诺诺:《斯宾诺莎文集》(第一卷),顾寿观、贺麟译,商务印书馆2014年版,第223页。
② [荷兰]斯宾诺莎:《知性改进论》,贺麟译,商务印书馆1960年版,第20页。

是生活和工作的资本,更是人生幸福的重要保证。人的健康是生理和心理相统一的健康。身体的康健可以促进心理的健康发展,而心理的健康又会促进体魄的更健壮发展,相反,无论是身体或者心理任何一方的健康出现了问题,就必然会引起对方的健康方面的问题。德国古典哲学家费尔巴哈强调,幸福只是某一生物的健康的正常的状态,"它(幸福)的十分强健的或安乐的状态;在这一种状态下,生物能够无阻碍地满足和实际上满足为它本身所特别具有的、并关系到它的本质和生存的特殊需要和追求"[①],所以说人的有德行的生活必须以维持生命与健康为限度,不能任其随意发展。

有道德的幸福生活促进人的品格完善。公正是完美的德性,它不仅表示法律上的合理性,而且还涉及人与人的关系,它旨在建立一个良好的政治生活,以保障公民获得捍卫法律的道德基础。友谊是获得快乐和幸福的必要条件,是个人道德完善性的表现;友谊本身就包括幸福的内涵,因为具有高尚德性的人们之间的友谊,是令人愉快的、感到幸福的活动。亚里士多德认为:幸福中必定包含快乐,而合于智慧的活动就是所有合德性的实现活动中最令人愉悦的。"爱智慧的活动似乎具有惊人的快乐,因为这种快乐既纯净又持久。"[②] 由此看来,思辨活动是最好的活动,它是人的智慧的自由活动,不依赖个人之外的外部环境,具有独立性。

幸福生活是物质丰盈的生活,幸福生活是精神充实的生活、幸福生活是自由而释然的生活、幸福生活是享受平等、公平的生活,幸福生活是实现内心和谐的生活。

---

① 《费尔巴哈哲学著作选集》(上卷),荣震华、李金山等译,商务印书馆1984年版,第536页。
② [古希腊]亚里士多德:《尼各马可伦理学》,廖申白译注,商务印书馆2003年版,第306页。

第三节 "学会发展"——终身德育的理想价值追求

人的发展是随着人的生理年龄的增长，以个体的生理、心理变化作为生命周期性规律运动的内因，以社会赋予个体每个年龄段的行为规范、任务模式以及各种事件、事变等作为生命周期性规律运动的外因，在内因和外因，或者说在外界条件与内部心理机制的共同作用下，个体内部由此产生的一种不间断的、以适应外部世界变迁的变化。心理学家乔治·拉伯萨特说："人出生就带着一堆潜能来到这个世界。这些潜能可能半途流产，也可能在一些有利的或不利的生存条件下成熟起来，而个人不得不在这些环境中发展，所以从本质上讲，他一辈子需要接受教育。事实上，他总是不停地进入生活，不停地变成一个人。"[1] 学会发展，就是要在社会生活的实践中实现人的生理和心理的各个阶段的完整而全面的发展，并使得人能够更加适应这一阶段的生活，使人的成长符合客观规律性，使人的心理的发展能够同生理发展的阶段一致，帮助人们实现人与自然、人与环境和人与自身的和谐。人的全面发展分为两个部分：一个是生理的即体格的发展，另一个是心理的即品格的发展。如恩格斯所言，"人……不是力求停留在某种已经变成的东西上，而是处在变易的绝对运动之中"，人类的发展史伴随着人性的变化和发展，[2] 人的这种本性的变化就是人格的不断完善和道德的连续发展。

一 学习型社会中人类发展的现实困境

学习型社会为人们营造的是学习的氛围，提供的是学习的环境，但是在这个过程中人的发展并不能自主地按照人们所期望的发展轨迹那样去发展，还存在着这样和那样的问题。

---

[1] 联合国教科文组织国际教育发展委员会：《学会生存——教育世界的今天和明天》，教育科学出版社1996年版，第197页。

[2] 《马克思恩格斯选集》第2卷，人民出版社2012年版，第739页。

人的片面发展。人的发展具有系统性和全面性，但是由于当前社会人们一味地追求发展的速度、发展的效能，而出现了只注重经济价值的创造性而忽略社会道德的养成，只注重人的生理发展的成熟度却忽视人的心理健康程度，只重视人的阶段性发展的状况却忽视了人的长期发展的潜能。这种违背人的身心发展规律的发展，既可能同社会制度的不完善性相关联，又可能是发展主体自身的失误造成的。人的片面发展表现是德智体的非均衡和人格的不完整。人的德智体和身心各方面的发展是相互影响、相互制约的，若某一方面无法协调发展，其他方面的发展也会受到限制，因而难以充分开发人的潜力，培养完善人格。

人的异化发展。马克思认为，人的异化是指人的物质活动、精神活动及其产物变成异己的力量反过来反对甚至支配、统治人本身，因而出现了人原来具有的正常的人性和人的本质被压抑、扭曲，甚至被否定的情况。物质是为人服务的，而不是人被过度的物质需要所拖累，劳动是人的生活的需要而不是人生存的必须。经济社会发展所带来的拜金主义、物质至上、名利场等现象都是对人的异化，是一种违背人的身心发展规律的发展，是外力支配的发展。人的异化的发展仅仅把发展作为手段，而不是目的与手段的统一，导致的结果是人发展的最终目的不是自身价值的充分实现和人格的高度完善，而是对物的无节制占有。

人的自然发展。自然发展是一种盲目的、无意识的发展，发展主体没有自觉主动的发展意识，不懂得去争取、改善乃至创造条件，而只是消极地顺应自然条件。道德教育注重的是人的自省和反思，从这个角度来分析，人的自然发展就忽略了道德层面的自我反思和自我调控，失去了道德教育的内在驱动力和道德教育的着眼点。对于个人来说，这种无条件的顺应和适应容易使人失去自身的创造力和改造自己的能力，进而使人失去其生活应有的意义和价值。

人的失衡发展。学会发展不仅要学会人自身的全面发展，更要学会人与环境、人与人的协调发展，而不是只重视自我而忽视其他

◇ 第三章 学习型社会的道德要求与终身德育的理论价值 ◇

的失衡发展。学会发展就是学会与自然、社会和他人协调发展。自然是人发展的基础，人依托于自然而存在和发展，那种把自己的发展凌驾于自然和他人之上的发展是短暂的、不可持续的而且是无果的发展，人只有遵循自然规律，爱惜自然，才能实现人与自然的持续发展。人是社会中的人，人的发展总是在一定的社会历史条件下实现的。所以，必须坚持把个人的发展与社会的发展、时代的发展结合起来，把个人发展置身于社会中来考量，使个人发展能够从一定程度上促进社会的发展而不是阻碍，个人的发展要遵从社会发展的规律和社会发展的需要。"每个人的自由发展是一切人的自由发展的条件"，学会发展就要尊重他人发展的权利，不破坏他人发展的条件，既要吸取他人发展的宝贵经验，又要帮助他人实现发展，最终使大家都能平等地、和谐地发展。

学习型社会中，人的发展不仅仅是知识的提升、技能的熟练和生活方式的改变，更应该是人的心理的发展、品格的养成、精神的塑造和道德的完善。

二 学会认知，发展人类理性道德

学会认知是为了能够掌握认识的手段，从本质上、整体上认识事物，而不只是获得经过分类的系统化知识。作为一种人生手段，学会认知使每个人学会了解周围的世界，能够理性思考自己生活的环境、处理棘手问题；作为一种人生的手段，学会认知教会人了解自己、读懂自己、发展自己，至少它能帮助人们过上有尊严的生活，帮助人们发展自己的能力、促进个人的交往和社会的和谐，帮助人们建立理性的道德观。

理性道德不是用来灌输和复制的道德。理性的道德不是人云亦云的道德，更不是将某个个体道德拷贝为自己的价值观，而是在了解这一道德的指导意义、目标和价值的基础上，在自己的"道德立法"过程中，个体通过逻辑匹配、经验检验和现实对照等方法对道德规范进行剖析和解释，从而明确自身为什么要遵守这一道德规范。这就为外在的道德规范内化为内在的道德信仰提供了条件。缺乏理性层次的思考和推演，道德内化将存在问题。例如，宗教是彼岸世界的信奉，追求一种现实无法检验到的终极关怀。一般的宗教信仰往往通过灌输、移情或通感等非理性的方式来维系，因而宗教信仰不具有理性的思考。在不同的宗教派别间他们所信奉的原则也各不相同，宗教所信奉的原则都是通过灌输和复制的形式实现的，一个人完全照搬另外一个人对待事物的态度和观念，不具有理性的思考，没有将对待宗教的态度和自己的生活现实相结合，所以说宗教不是来源于现实，而道德不同，道德信念是对此岸世界的信仰，来源于现实并作用于现实。

理性的道德同感性的道德不同，是内化的、自律的道德。很多学者就理性道德和感性道德的关系和优劣进行了对比研究。在全球化进一步深入、各种思潮和多元价值观念冲击的当代社会，道德个体还是要通过理性的道德来规范自己的行为。在马克思看来，道德的作用离不开人的自律，即内心自觉和自愿。自律（self discipline）作为主体的人的特殊精神功能，它是指道德主体能够将社会的道德要求与个人的内心信念自觉地结合起来，自己为自己确立行为的准则并能自主自觉自愿地遵从与守持。[1] 感性道德以某时、某地、某种境遇下突然产生的道德情愫来指导自己的行为，它有其人文性的一面，但不具有持久性和科学性，而理性的道德，是从知识的理解入手，通过信息接收、理解、加工、内化、行为规范等知情意行这一系统的过程形成。这一系列的内化过程实际上是人理性思考内化为观念并外化为行为的过程。在这个过程中，道德个体首先已经从内心接受这一道德的规范和道德所规定的所有项目，而这些道德规范已经潜移默化地转化为道德个体的道德认知标准，符合这一道德规范的行为是道德个体所接受的行为，相反就会遭到道德个体的抵触。

理性道德是依赖认知发展的道德。人并不是生下来就具有理性道德的，因为在婴儿期，人只有对信息的接收和机械的反映，却没

---

[1] 张应杭：《伦理学概论》，浙江大学出版社2009年版，第2—3页。

有加工、内化等过程。例如，婴儿饿了就会啼哭，而成人通过这一讯息会给婴儿进食。长此以往，哭就能够得到食物就成为了婴儿的机械反映，并不是他或她理性思考的结果。对于有分析能力和理性思考能力的成人而言，其认知水平也是在实践的过程中逐渐发展的，并不是一成不变的。人的认知能力是受生活经历、生活环境和经济基础影响的，经济发达地区同经济落后地区人们的认知水平不同，因此人们理性思维能力和理性道德能力是后者要强于前者。利用高科技技术从事生产的人们的认知同运用最原始的生产工具进行生产的人们的认知是不同的，所以原始社会和现代社会人们的理性道德水平也不相同。总之，认知水平越是提高，人们的理性道德水平就越会提高。

三 超越物质，完善自身精神生活

人的精神生活，是指在一定的社会历史条件下，现实的个人以其所拥有、选择、追求、创造的精神资源满足和超越自身精神需要的精神生活及其状态。在学习型社会建设过程中，学会生活，不仅仅是指人的具体的物质生活，更重要的是人的精神生活。海德格尔曾经指出：哲学最根本的问题是存在与存在者之间的差异问题，这种差异不断产生出新的差异。人作为有意识的存在物，这就决定了人有意识的自为存在和其自在之间的存在是有差别的，这种自为的存在即为人的精神存在。人的自然生存体现了人的实在的物质存在性，人的社会生存体现了人的社会存在性，而人的精神存在则反映了人的精神存在性。

人的精神存在是指心理上的和精神上的存在，人的心理活动、理想、信念以及信仰等。[1] 人的精神是潜藏在人自身内部的一种生存力量，它让人类意识到自己的存在，从根本上讲就是通过精神的存在让人意识到自己肉体的存在，如果说，低等动物的存在都

---

[1] 张康之：《道德存在：把握完整的人的必要维度》，《社会科学研究》2006 年第 3 期。

是下意识的,那么人类的存在就是自为的、有意识的活动。快乐、痛苦、欣喜和苦恼其实都是人的精神的体验,物质只能给人的精神末梢传达某种信息,提供人的情感的素材,并不能决定人的情感,所以说人的生活是否幸福、心情是否愉悦并不是由物质决定的,而是由人的情感和心灵决定的。"财富显然不是我们追求的东西;因为它只是有用,而且是因为其他事物而有用"[①],在亚里士多德看来,幸福是人的精神、人的灵魂的现实活动,幸福是因为自身的原因而被选择,是自为的行为决定。"幸福是终极的和自足的,它就是一切行为的目的。"[②] 对于终身德育来说就是要通过对人的精神的疏导和内心情感的挖掘来寻找蕴藏于人内心的基本价值观、生活态度和道德情感,通过人的精神的满足和愉悦来实现生活的幸福、愉快。

认知、情感和意志构成了人类精神世界的全部内容,情感是人本性的冲动,是快乐和痛苦的精神体验,是我们一切活动的精神原动力。没有情感,精神世界是空洞的、枯燥的。情感是精神世界之所以丰富多彩的原因所在。我们的幸福感,归根结底是情感的体验。尽管是一种原始的冲动,但人类成为智慧生物后,情感受到意志和知识的引导,快乐和痛苦体验来自于意志指导的实践过程和价值的得失。成功和追求成功的过程、价值和追求价值的过程被认为是幸福的,反之,失败和价值的损失会产生痛苦感。

知识就是人们对现实世界的自我认知,来自于对自然世界的感性体验和对前人已有实践经验的学习。知识在大脑中的运动是思维,思维的过程就是分析、确立概念、推理和判断,这一过程也称为理性的过程。知识就是理性思维的根据和材料。人类对客观物质存在的感知通过心理思维的加工再呈现出来表现为人的认知,其中心理思维的加工过程,表现了人的主观能动性对事物的感性的认

---

① [印度] 阿马蒂亚·森:《以自由看待发展》,任赜、于真译,中国人民大学出版社 2002 年版,第 7 页。

② [古希腊] 亚里士多德:《尼各马可伦理学》,苗力田译,中国社会科学出版社 1990 年版,第 11 页。

◇ 第三章 学习型社会的道德要求与终身德育的理论价值 ◇

识,它直接决定着人对这一客观事物选择性的喜恶。人对事物认知的客观性、科学性和符合规律性与否是由人的心理和思维来决定的,终身德育通过具体的教育方式来实现人认知的成熟、心理的健全,进而实现人对事物认识的理性和客观。

意志是统帅,认知和情感是支持力量。人意识之外的所有运转变化,政治、经济、文化、生活都通过人的精神存在反映出来,人的喜怒哀乐、悲欢离合通过精神的感受表现出来,每个人的人生蕴意也通过人的精神存在而表现出不同。在终身德育的幸福生活教育、自我发展教育中,人的精神存在,即人的意志、认知和情感教育是完善人的发展和实现人的幸福生活的一个重要方面。意志统领着人类的精神世界,指导着人类的社会实践,并赋予人生命的意义。意志是人生活的坚定信念,是人之所以成为理智人的基础,我们的日常行为要接受生命意志的指挥,因为意志赋予我们坚定而执着的本性价值目标。人们之所以有理性的思维,是由于意志的控制,否则,人们将陷于本性冲动的泥潭。

人类的精神情感的共性集合组成社会的伦理。作为上层建筑,人的精神生活直接影响着人的自然存在和社会存在。精神的力量和精神所传导的价值导向直接影响着人类的生活状况和生活质量。学会生活就要遵从社会伦理,人类的精神存在是对社会伦理的自律和遵从,因为"道德的基础是人类精神的自律"[①]。

四 学会调适,实现自身内心和谐

内心和谐是人对欲望、名利、权利、他人、家庭、社会、国家、自然、世事所表现出来的宁静与平和,是人的主观与客观、个人与集体、个人与社会、个人与祖国的和谐。一个内心和谐的人是心理品质完善、明白事理、知荣明辱、理想远大、保持高尚情操的人,是脱离了低级趣味、远离了狭隘利己主义、能够正确面对功过是非、能抵挡得了诱惑、能克制自身欲望的人。彻底的内心和谐普

----

① 《马克思恩格斯全集》第 1 卷,人民出版社 1995 年版,第 119 页。

通人难以企及，但是可以将其作为我们一生不懈的追求。内心和谐就是对事要有平常心，有心平气和的境界。内心和谐就要有颗公平心，个人的行为，既要符合法律法规和政策精神，又要符合我国的道德规范要求。当人们求真、求善、求美的科学精神和人文精神在现实社会中受到冲击，人们将面临现实和理想的激烈碰撞，这就要求人们学会自我调适，要在理性思维的指导下认可现实的残酷，却不能否定光明的未来，因为任何事情的发展都是一个螺旋上升的过程，曲折中前进也是马克思主义发展观的鲜明特征，所以我们既要看到困难，又要坚定希望，并通过自我心理的调适使得自己能够适应现实社会的状况，并为其向更好的方向发展而努力。如果个体不能很好调适自己的心理，强大的物欲、权欲和性欲的诱惑往往会成为摧毁人们心智的利炮，道德的制约就显得无力；当官员贪污、商人使奸、学者学术腐败触动人们敏感的神经时，我们不得不承认某些领域、某些行业和某些人的非制度化运行和存在，但是我们也应该理性地思考，并不能一叶障目，以一概全，认为发生了一件腐败案就认为整个干部队伍都有问题。面对这样的情况，虽然我们痛恨腐败、憎恶渎职，但是我们仍要调试心情，以理性判断代替感性的情绪，另外，面对生活中不公平的人和事，也要有维护公平正义的气魄和胆识，以实际行动来维护世界的和谐。

要做到真正内心的平和，首先要修炼自身、完善自我。人生历程是一个发展的过程，人的心灵完善是一个修炼的过程。内心的和谐本质上来讲关系到思想、道德、文化、情感品质、意志和修养等问题，要实现内心平和就要不断加强自身修养。人在生活中会产生各种各样的欲望，正常的欲望会促进人的发展，推动人类文明的进程。但是，在人的欲望中也存在着贪欲和邪念，这些贪欲和邪念往往会造成人的行为的失态、道德的败坏、法制的破坏和伦理的僭越。内心和谐的人也会在某一时间内出现不和谐的想法，但会很快地调适，将自己回归平和。增进自身涵养，学会包容人、理解人、尊重人和赞美人也是实现内心和谐的重要方法。每个人的社会角色不同，但社会期望却相同，都希望过上幸福、和谐的生活，我们要

◈ 第三章 学习型社会的道德要求与终身德育的理论价值 ◈

容许个人在法律和道德允许的范围内为了个人的利益和权利而努力，即使这种努力在某些情况下可能会让其他人觉得不太舒服。内心的和谐就是要从内心里放弃职业的偏见、忽略社会地位的高低，将每一个人都放在平等地位上来对待，尊重人的平等性，理解人们通过自己的智力和体力来改善自己生存状态的行为。学会欣赏别人，每个人都是一道亮丽的风景、每个人都有其自身的闪光点，学会赞美、学会尊敬。

  内心和谐要坚持做到心态和谐。"心平则气和，气和则神安"，只有心态和谐、不急功近利，人才能实现真正的内心和谐。人要学会适度缓解自身压力，释放郁闷的心情、理性处理"所欲"与"所求"的关系，节制过分的欲望，杜绝不正当的贪欲，正确对待困难、挫折、成绩、荣誉，只要怀有平和的心态就能不断提高与人为善的能力。[①] 内心和谐就要适时调节自己的心态，要能容别人之不能容，要心胸宽广、坦荡，做到不猜疑、不独断、不固执、不自以为是。要保持内心的和谐，人要经常地自我反思，做到见贤思齐、见不贤而自省；要保持内心的和谐，还要有一颗慈善心，慈善心是一种高尚情感的境界，不论在物质还是精神层面，人们都需要慈悲的心来温暖人间。

[①] 陈明：《浅析内心和谐的实现途径》，《青海师范大学学报》（哲学社会科学版）2010 年第 32 期。

第四章　现代西方终身德育有关理论分析

西方终身德育实践有着悠久的发展历史，但是西方终身德育理论模式的产生还是现代社会的产物。"模式"指的是事物的标准样式，其实就是解决某一类问题的方法论。终身德育理论模式是在一定的终身德育思想理论的指导下，经过长期终身德育实践而定型的德育活动结构及其配套的实施策略。保罗·朗格朗作为终身德育的奠基人，在长期的终身德育实践过程中形成了社会学习终身德育模式；彼得·贾维斯继承了杜威的道德教育思想形成了带有人本特色的实用主义终身德育模式，莫尔·莱斯特在长期的终身德育研究实践中，重视人的自身的发展和完善，形成了人本主义的终身德育模式。

第一节　保罗·朗格朗具有社会学习倾向的终身德育理论

保罗·朗格朗是当代世界著名教育家、现代终身教育理论的奠基者和终身教育运动的积极推动者。朗格朗毕业于巴黎大学，先后从事过小学、中学和大学的教学工作及成人教育工作，创立了法国民主群众运动团体——民众与文化协会，并担任会长。保罗·朗格朗1948年以后在联合国教科文组织中任职，20世纪60年代下半期曾在联合国教科文组织总部秘书处担任终身教育科科长。1965年，联合国教科文组织国际成人教育促进会第三次会议召开，朗格朗主持会议并作了题为"终身教育"的报告。朗格朗认为，终身教育并不是指一个具体的实体，而是泛指某种思想或原则。他认为，为了对以往教育观念作根本的变革，应使终身教育的理念渗透到教育的各个领域，统合各级各类教育，为人的一生提供教育机会。该报告标志着终身教育作为一种国际性的教育思想正式确立起来，终身教育的思潮在世界各个国家广为流传，掀起了人类历史上对教育新的变革，由于朗格朗对终身教育的杰出贡献，他被誉为"终身教育之父"。

保罗·朗格朗的终身德育思想关注人的社会性，强调社会参与和社会环境对人适应现实生活、追求幸福生活的重要作用，因此他的终身德育思想有着突出的社会学习理论的痕迹。

一　社会学习道德教育理论的内涵和特征

社会学习理论是由美国心理学家阿尔伯特·班杜拉（Albert Bandura）提出的，社会学习理论重视人的行为和环境的相互作用，着眼于观察学习和自我调节在引发人的行为中共同发挥作用。所谓社会学习理论，主要是探讨道德个体的认知、行为与环境三个因素及其交互发挥作用对人类行为的影响。以往的学习理论家大多忽视了社会变量对人类行为的制约作用，通常采用物理的方法对动物进行实验，并以此来建构他们的理论体系，这对于研究社会生活中的人，似乎是不科学的。由于人生活在一定的社会条件下，所以社会学习理论者主张要在自然的社会情境中而不是在实验室里研究人的行为。

社会学习道德理论强调社会环境对个体道德形成的重要作用。社会环境在日常生活中塑造和教育未成熟的人。人作为高级生物具有本能反应性，社会环境正是借助人的本能反应，通过创造一定的环境来塑造人的外部行为习惯。社会环境往往通过日常生活的环境塑造来挑动人的本能神经，实现教育功能，形成人对事物好恶的初步判断。社会环境通过公众判断实现对未成熟人的道德同化。社会群体对事物的好恶、优劣的评价使得未成熟人的心理习惯被同化，从而感受并受到群体感情态度的支配。当未成熟人的行为受到公众的赞扬和推崇时，他会在生活中延续自己的这一做法，而当未成熟人的行为被公众所唾弃和不齿时，未成熟人会自动放弃自己的这一行为。对做或者不做、接受表扬或者承受批评的选择过程其实就是生活通过环境对未成熟人教育的过程，也就是班杜拉所说的"评价标准的社会传递会被示范的一致性所促进"①。

参与和个人有关的群体活动是不可避免的。对参与者来说，社会环境无意识地、不设任何目的地发挥着教育和塑造的功能。这种环境的无意识的教育在我们生活中无处不在。例如，日常交流语言的形成、一个人仪表的养成、个体对美的审视和判断等。生活中一直强调的模范作用和榜样力量等都是个体在群体活动中因受到群体环境的渲染、熏陶而形成的自己的习惯、信仰和价值观念。

社会学习道德理论不仅强调直接经验对个体道德的影响，而且强调间接经验对个体道德的影响。个人社会交往或者说个人的直接生活经验对个体道德形成具有重要影响，同样间接经验通过道德主体的自我观察、主观理解、行为模仿等几个过程在道德教育过程中发挥作用。生活当中的榜样作用是直接经验影响的结果。儿童对电视、广播、戏剧、小说等传播媒介中的人物和事件的模仿学习就属于间接经验。间接经验来自于直接经验，具有直接经验的教育作用。但是间接经验在向人展现的过程中对其道德教育的目的和预期结果有一个强化，因此间接经验的教育性强而且易于被人接受。这就为开展道德教育提供了启示，即要通过间接的经验将抽象、晦涩的道德原理和道德教育目标转化为喜闻乐见的媒介教育形象，并通过媒体将其传播，达到良好的教育效果。

二 保罗·朗格朗的社会学习终身德育思想分析

保罗·朗格朗的终身德育思想是由成人教育的某些理念推演而

---

① ［美］班杜拉：《社会学习心理学》，郭占基等译，吉林教育出版社1988年版，第138页。

来的,"我们感到从技术和道德上已然可以去为某种教育做出我们的贡献,在教育中,成人间交流和交往的经验可以继续得以深入,当人们经历并实践这种工作时,他就会形成一种爱好,这种爱好将持续一生"①。在朗格朗看来,人们长期的共同工作、生活经历和社会交往活动为人们超越不完备的预示性教育活动做好了准备,人们将根据环境、工作和实践的变化而不断地调整和完善自己的知识体系,以适应工作和生活需要,并形成一种持续一生的爱好。② 这种爱好,"惟有那些愿意付出代价的人才能有所获得,而这代价就是教育—它永无止境,从智力、情感和想象等方面调动人类的全部能动性"③。朗格朗终身德育理论的价值在于强调社会对个人追求爱好、幸福感、适应现实生活的影响,具有社会学习道德理论的特征。

首先,塑造现实的人是终身德育的人本目标。"教育的目的就是为了适合作为肉体的、智力的、情感的、性别的、社会的以及精神存在的个人的各个方面和各种范围的需要。"④ 教育的目的就是帮助人们适应真实的生活和发展现实的自我。人不是一个抽象的概念,而是一个有意识的社会存在物。人的生存状况、生活质量和精神价值直接受到现实社会存在的影响。当代经济的发展、社会的演进和科技的发展带来了人的现实生活的变化和发展,但由此形成的阶级的更大的分化和人的个体发展差异的加大增强了人们观念和意识的分化。"意识形态的冲突和集体主义神话的破灭;灵与肉、物质价值和精神价值的背离"⑤ 等使得人们深陷于错综复杂的社会矛盾中无法自拔,或者生活在自我营造的虚幻世界和幻想当中无法解脱。终身德育就是要通过阶段性的、针对个体的道德疏导,引导个

---

① [法]保罗·朗格让:《终身教育导论》,滕星等译,华夏出版社1988年版,第6页。
② 保罗·朗格朗所指的"爱好"即为道德,指人拥有道德。
③ [法]保罗·朗格让:《终身教育导论》,滕星等译,华夏出版社1988年版,第7页。
④ 同上书,第88页。
⑤ 同上书,第87页。

体成为现实的人和社会的人。所谓现实的人，就是要理性看待社会的现实，客观分析自身体力、智力、情感和精神的诉求，寻找自身发展和社会需要的切合点，以实现自我的发展和完善。朗格朗认为，人作为社会交往的主体，终身德育就是要教育个体肩负起社会所赋予的责任，让自己成为现实的参与社会交往的人，将普遍的国家价值责任和义务作为自己独特的个体责任和价值基础，要让自身价值责任符合国家价值责任的要求。

其次，追求幸福生活是终身德育的终极目标。"教育的目的是使人幸福吗？""如果我们把幸福想象成一种生存的方式，那么它就是。"[1] 朗格朗认为，幸福作为一种生存形式和度过人生的方式，教育赋予了其真正的意义，即"幸福是同能力的训练和感受联系在一起的"，"是真正名符其实的、自我控制的能力"。针对究竟什么是幸福，亚里士多德认为幸福不是从已知的生活形式中获得的，我们只能在最终目标或目的的意义上使用它，不能在别的意义上使用它，因为它是自足的，是因其自身之故而被欲求的。朗格朗从幸福和教育的关系中分析指出，"幸福的追求是同教育的目标结合在一起的"，"我们的抱负是帮助创造一个更加美好的生活，也正如前面所列举的种种原因，我们寄希望于教育"[2]，通向幸福生活的道路就是那些在教育过程的不同阶段中所要走过的道路，不同的阶层、不同的人对幸福的理解是不同的，即使是同一个人在不同的境遇下，得出的结论也是不同的，终身德育就是要实现不同阶层、不同人心理上的幸福认同感。

最后，实现人的适应性是终身德育的现实目标。事物的发展是一个由量变到质变的过程。人们很容易用惯性的眼光和思维来看待变化的世界，习惯于用固有的思维和固化的方式来思考问题和解决问题，习惯于把相对的和暂时的绝对看成是永恒的绝对，所以人们一直很难察觉到事物在无形中所发生的细微变化，这样我们也就无

---

[1] ［法］保罗·朗格让：《终身教育导论》，滕星等译，华夏出版社1988年版，第93页。
[2] 同上书，第13页。

法在思想上紧随事物的发展，因此我们一直在被我们所熟悉的运动所抛弃。人的习惯、思想和意识形态是随着事物的发展不停地发生此消彼长的变化。人所生活的现实世界也是一个日新月异的变化世界，人类生存的自然环境、生活的社会环境和自我的精神世界都在发生巨大的变化，面对这样的变化，人们怎样才能使得其精神世界和外界到达和谐呢？"教育（终身德育）通过成为这一运动的一部分，把人们的思想引向过去，引向未来，引向一种不变或变化的状况，引向真正安全感的发现。"① 终身德育通过适用于个体生活世界的知识、精神和情感表达等方式将个人的智力和精神武装起来，人的适应性也就同构成个性平衡发展的基础的科学推理、创造性和社会承诺的目的紧密联系起来。

第二节　彼得·贾维斯具有实用主义倾向的终身德育理论

彼得·贾维斯是当代国际成人及继续教育领域的知名学者。他所致力开展的成人教育研究，对世界各国产生了重要影响，彼得·贾维斯也成为了世界终身教育理论的代表人物和领军人物。在贾维斯的终身教育论著中，展示了他对终身德育的关注，形成了具有其自身特色的终身德育模式——实用主义的终身德育模式。

彼得·贾维斯在终身教育概念的基础上发展了终身德育理念，他的终身德育思想可以概括为"终身德育就是每一个心灵养成的教育机会，它以人文主义为基础，同时，直接和人一生中每个阶段的知识、技能、人生态度、价值观、情感、信仰和人一生的感觉发展相关"。彼得·贾维斯继承了实用主义的道德教育思想，他的终身德育思想强调"习惯即养成"、"教育即德育"、"人文关怀"三个主流思想，具有鲜明的实用主义色彩。

---

① ［法］保罗·朗格让：《终身教育导论》，滕星等译，华夏出版社1988年版，第91页。

一 实用主义德育观的内涵和特征

实用主义产生于19世纪末的美国,20世纪初开始盛行。实用主义是现代西方资本主义社会一个重要的道德教育流派,它推崇主观经验,着眼于应付生活环境,强调行动的功利和效用。实用主义具有典型的人本主义和经验主义的特点,它遵从的主要思想是权益功用、自由民主、个人主义、人道主义、乐观主义和冒险精神。

实用主义的经验主义思想。实用主义德育理论把人的本性归于人的自然本性,并进一步把自然本性定性为人的自利性,这充分凸显了实用主义道德思想的功用性。杜威在《经验与自然》中,把实用主义哲学称为"经验的自然主义",或"自然主义的经验主义","真正的实用主义者似乎都属于经验主义的传统"[1],实用主义的代表威纳德·奎因甚至认为经验教育论就是实用主义论。

实用主义将经验区分为"原初经验"和"反省经验"。在杜威看来,原初经验是提出认识的问题,反省经验是验证问题。杜威终其一生都在坚持经验的非二元论理论,他立意要真正回到事情本身。这个本身,其实就是人本身,人的心灵本身这一原初状态。杜威在阐述经验对人的道德影响时指出,"我们把教育说成是塑造、形成、模制的活动——即塑造成社会活动的标准模式"[2]。社会中的个体成员的习惯、信仰、理想以及对待事物的总体看法和观点是不稳定的且不是唯一的。但由社会个体所组成的社会的价值观念和社会信仰是固定的,且在一定阶段内是相对稳定的,是经得住时间考验和实践检验的。在杜威看来,是社会和经验把未成熟成员培养成它自己的社会模式,即通过统一的社会环境塑造出符合社会需要

---

[1] [美]约翰·杜威等:《实用主义》,杨玉成、崔人元编译,世界知识出版社2007年版,第337页。

[2] [美]约翰·杜威:《民主主义与教育》,王承绪译,人民教育出版社2001年版,第16页。

第四章　现代西方终身德育有关理论分析

的、保持社会延续的人。

实用主义的终身德育思想，强调让道德教育回归现实生活。他认为教育即生活，人从生至死的整个人生阶段都在经历着不同的生活，而生活的点滴都是教育的过程，所以教育就是生活。在人生的各个阶段都会遇到新情况、新问题，都会有新的困难和不熟悉的事物出现，要解决这些问题就要学习，学习即成长。杜威否定学校纯粹灌输式的教学，他强调大自然是人类学习的最好老师，生活实践是学习的最好途径，实践即学习。

实用主义的人本主义德育思想。席勒采用"人本主义"作为自己实用主义的牌号。席勒的实在是由人的心灵所塑造的原初的无形式的实体[①]。杜威认为，人的研究首先或最终必须归诸人的本性，人的行为受制于人的本性发展。人的本性就是包括自然本能和欲望这些基本因素的天然材料，伦理道德教育的作用就是雕塑这块天然材料，使人在长期的文明发展中超出自然状态而趋向较高文明的状态。那么，人的本性是否能够改变？如果可以改变，将如何改变？杜威认为，人的本性中确有某些难以改变的东西，主要是人的本能。但本能不是人性的全部，人的本性中还有情感、意志、感知经验，等等。人总是在与外部环境的相互作用中不断改变着自己的本性。正是这种可变的人性，才使道德和教育成为可能。杜威说：如果人性是根本不变的，一切教育的努力都注定要失败的。所以教育的意义就在于改变人性中思维、情感、信仰、意志和感知经验的组成和方式，以形成不同于原始人性的新人格。人的本性可变，才有伦理道德教育的需要和可能，而伦理教育更倾向于对人自然本性的改变，道德教育更倾向于对人的社会本性的控制。所以伦理道德教育的方向、基础和意义都关系人本性的变化与发展。伦理道德和教育是相互统一的，人性既有本能的不变，又通过教育部分的改变，所以杜威提出了一个著名的命题，"道德即是教育"。

[①] ［美］约翰·杜威等：《实用主义》，田永胜等主编，世界知识出版社2007年版，第345页。

二 彼得·贾维斯的实用主义终身德育思想分析

彼得·贾维斯的终身德育思想具有经验主义学说的色彩。彼得·贾维斯完全吸收、接受并在终身教育领域发展了杜威的经验主义思想。首先杜威认为经验受到社会现实的影响并在社会现实中不断的发展和延伸。"经验是一种客观的思维方式，但是这种思维方式往往被我们的生平和我们所生活的社会、文化所影响和重构。"[1]经验作为一种思维方式，直接影响着人们对世界的客观认识和价值观的养成，不同的道德个体对待同一问题会有不同的道德判断，这就是经验所致的思维方式的不同。经验作为一种非二元主义的存在[2]，直接的指向是人的内部世界的完善，也就是内化为人的情感、人生态度、价值观、信念等个体精神的过程。人和人类所生存的社会环境、自然环境和人文环境间是辩证统一的关系。人往往会根据外部环境的变化而不断调整自我的经验习得，人改造环境，环境又影响人，这种改变和影响就是人发展的过程也是人受教育的过程。当人不适应外部环境的发展时，就会对自己的经验作出调整，这就是环境对人的经验的反作用力。

彼得·贾维斯认为"学习是将经验创造、转变为知识、技能、人生态度、价值观、情感、信念和观念的过程"[3]，因此学习的终身性就要求我们的经验具有终身性。彼得·贾维斯认为我们的经验中会有偶然性——当我们过多地关注外部世界而不是其他时，我们可能就会将经验视作一种既有终身性也具有偶发性的模糊概念，而

---

[1] Jarvis Peter, Holford John, Griffin Colin, *The Theory and Practice of Learning*, Edition: 2nd ed. London: Routledge, 2003, p. 96.

[2] 注：在杜威的非二元论思想受到哲学界的广泛质疑和批评时，彼得·贾维斯却完全接受了他的非二元主义思想，正如他在《学习的理论和实践》中所指出的，"欧克肖特指出经验通常是思想的世界，但是这个世界又显得太狭小，因为我们对世界有着生理和情感的双重反应对社会现实。近来，Marton and Booth（1997：122）一再强调这一理论，并争论说经验既不是完全的物质也不是完全的精神的，而是一个和外部世界有着联系的非二元的内部世界。然而情感贯穿认知和身体，所以甚至我们不得不扩展这种方法。"

[3] Jarvis Peter, Holford John; Griffin Colin, *The Theory and Practice of Learning*, Edition: 2nd ed. London: Routledge. 2003, p. 67.

◈ 第四章 现代西方终身德育有关理论分析 ◈

这种偶发性有两个阶段：第一个阶段是从外界直接获得的经验，第二个阶段是间接经验，因为经验会受到我们之前获得的知识的影响。这是对杜威原初经验和反省经验的精神病学阐述。

彼得·贾维斯的终身德育人文主义学说。在贾维斯看来，教育本身就是一种道德活动，因为教育被看作是一个人道主义的过程。教育本身是一种道德活动，教和学是一个道德相互的过程。教育的两个主体教师和学生，其道德会互相影响，促进成长，其思想蕴含着教学相长的意味。彼得·贾维斯在《成人教育和终身学习》一书中指出，"终身教育是每一个习惯养成的教育，它具有人文主义的基础，它直接和人一生中每个阶段的发展相关"[1]，其中包含人性的基础，直接指向参与者的发展，而这种发展可能出现在人一生的任何阶段。在提到终身教育的概念时，他指出终身教育是使每一个人形成惯例的学习机会，在提到人的发展范畴时，人的发展指的是"知识、技能、人生态度、价值观、情感、信仰和人整个一生的感觉"。"人文主义"（humanism）是指社会价值倾向对于人的个性的关怀，注重强调维护人性尊严，提倡宽容，反对暴力，主张自由平等和自我价值，体现一种哲学思潮与世界观。彼得·贾维斯把人文主义作为终身教育的基础，其实就是强调了终身教育的德育价值取向，强调人的人格尊严和人的自我实现。

彼得·贾维斯的终身德育思想强调全人性。"人类的学习发生在个人是全人的时候（认知的、体能的、情感的和精神的）。"[2] 他认为一个完整的人是有认知能力的、具备良好身体素质的、有情感的和有精神的人，也就是说当一个人具备了生存的知识、技术，又具有生活的精神，即拥有人生观、价值观、信仰、情感和观念时才能成为完整的人。彼得·贾维斯认为学习即经验，是培养完整的人的方式。彼得·贾维斯认为人类的学习是有意识的认知活动，人会对学

---

[1] Jarvis Peter, *Adult Education and Lifelong Learning: Theory and Practice*, 3rd ed, London: Routledge Falmer, 2004, p.62.
[2] Jarvis Peter, Holford John, Griffin Colin, *The Theory and Practice of Learning*, Edition: 2nd ed. London: Routledge, 2003, p.67.

习作出反应，或者试图回应，人们对他们所经历的充满意义的事情进行重新构造或者变化，并产出自己完整的人生自传。

彼得·贾维斯教育即德育、习惯即养成的实用主义终身德育观，继承了杜威的习惯即生长理论。他们都认为，"习惯乃是一种执行的技能或工作的效率"①。从技能角度上讲，经过专业培训和教育而形成的某一工作的专业能力和技能，是在生活中，通过学习和长期的习惯性操作中养成的，这种习惯包含了智慧和知识，这种智慧和知识是通过生活和劳动的磨炼而成的，是长期教育的成果。彼得·贾维斯认为"人是人的心灵本身"②，也就是说人的所有的教育其实就是人文教育，就是教育其心灵，人的所有行为其实都是其内心的行为，终身教育其实就是终身德育。

第三节 莫尔·莱斯特具有人本主义倾向的终身德育理论

莫尔·莱斯特，是英国《道德教育期刊》主编，英国华威大学继续教育部教师，国外终身德育研究领域的领军人物。最初，他的研究主要是围绕道德教育与宗教、社会和政治开展，例如《政治、教育和公民》（*Politics, Education and Citizenship*）、《道德、种族和教育》（*Ethics, Ethnicity and Education*）、《道德教育和多元主义》（*Moral Education and Pluralism*），之后将研究的重点转向终身教育，《终身学习》（*Lifelong Learning*）是其研究转型的开始。前期的道德教育研究和中期的教育研究为莱斯特从事终身德育研究奠定了理论基础，也积累了实践经验。目前从公开发表的读物和期刊来看，莱斯特最早提出终身德育（lifelong moral education）是在其《认知发展——自我认知和道德教育》（*Congnitive Development, Self Knowl-*

---

① [美] 约翰·杜威：《民主主义与教育》，王承绪译，人民教育出版社2001年版，第54页。

② Jarvis Peter, *Adult Education and Lifelong Learning: Theory and Practice*, 3rd ed, London: Routledge, 2004, p. 68.

edge and Moral Education）中，他指出，"研究显示，学生是依照成人认知的发展来感知他们自己的学习。此外，这些课程（liberal adult education certificated courses）对学生们的自我认知有重要意义。在某种程度上，学生的这种发展就是道德教育，这些研究的发展对终身德育研究有重要意义"[①]。莫尔·莱斯特阶段性自我认知和自我发展的终身德育理论具有人本主义特征。

一 人本主义德育思想的内涵及特征

人本主义心理学是20世纪50、60年代形成的一个心理学派。马斯洛、罗杰斯是人本主义心理学的代表人物。人本主义德育理论是脱胎于人本主义心理学的思想体系，"以人性为本位"是其核心所在。"完整的人"的发展，人的"自我实现"是人本主义道德教育的最终目的。莫尔·莱斯特的终身德育理论系统吸收了人本主义学派各个阶段关于人的自我实现、自我发展的理论。瑞士的荣格是早期人本主义学派的代表，他的人生阶段划分理论对莫尔·莱斯特的终身阶段划分产生了重要影响。人本主义思想家马斯洛的自我实现理论和人的价值论是莫尔·莱斯特终身德育思想的精华和核心。罗杰斯的人本主义社会交往和以病人为中心的人本主义理论，对莫尔·莱斯特关注人的情感体验、平等教育观念的产生起到了重要影响。

人本主义的人性本善思想。马斯洛指出："人的本性是好的，至少是中性的；恶是派生的，是人的基本需要受挫引起的。"[②] 罗杰斯的人性观用一句话来概括，即"人性本善"（陈仲庚等，1986）。奥尔波特也持这一观点。[③] 人本主义道德教育的起点和基础是对善的道德的发展和道德潜能的发挥。人本主义者认为人的本性是在胚胎阶段就已经确定的，后期的教育是指将其潜能进一步的

[①] Leicester Mal, Pearce Richard, "Cognitive Development, Self Knowledge and Moral Education", *Journal of Moral Education*, Vol. 26 No. 4, Dec1997.
[②] ［美］马斯洛等：《人的潜能和价值》，林方丰译，华夏出版社1987年版，第4页。
[③] 车文博：《人本主义心理学》，浙江教育出版社2003年版，第379页。

挖掘和发挥。另外，人本主义学者对环境人性决定论也持否定观点，在人本主义者看来，既然人性已定，那么后天环境改造人性的可能性是不存在的，"环境的作用，最终只是容许或帮助他使他自己的潜能现实化，而不是实现环境的潜能"[①]。

人本主义道德教育的目的在于开发人的潜能，完美人性、完善人格，使人成为全面的人。"人按着他自己的本性，表明有指向越来越完善的存在、越来越多地完全实现其人性的压力。"[②] 人有着本能的自我实现的冲动和定向，人在生活中极力要塑造的个人形象就是他自己真正的本性。人类一直都在自己的内部寻求自身的价值，挖掘自我的潜能。人的潜能发挥是一个过程，前一阶段的潜能是挖掘更深层次潜能的基础，人的潜能的发展和深入是在潜移默化中发生的，是内心某个阶段上最真的自己。

人本主义德育观强调人的自我实现。马斯洛作为人本主义学派的重要代表，他认为在人的内部存在着一种向一定方向成长的趋势或需要，"这个方向一般地可以概括为自我实现，或心理的健康成长"[③]。马斯洛非常重视人的自我实现，他把人的自我实现同生理、安全、爱和尊重视为人的五大基本需要。"生理、安全、爱和尊重"反映的是人的自然存在、社会存在和精神存在，马斯洛将人的自我实现放到了同人的生存同等重要的位置，即只要人存在就有人的自我实现，自我实现是人一生的事业，正如杨韶刚所说："自我的发展是一个终生的过程，是通过身心的修养而不断发展的学习过程。"[④] 马斯洛就自我实现进行了阐释：他认为自我实现不是利己主义而是利他主义的，自我实现也要强调人对社会的义务和责任，自我实现要注重接受而非一味地强调主动给予。马斯洛所要实现的"自我实现的人（即更为成熟、更为完满的人）的定义是：在他们的基本需要已得到适当满足以后，又受到更高层次的动机——"超

---

① [美]马斯洛等：《人的潜能和价值》，林方主编，华夏出版社1987年版，第80页。
② 同上。
③ 同上书，第75页。
④ 杨韶刚：《人性的彰显：人本主义心理学》，山东教育出版社2009年版，第50页。

越性动机"的驱动。① 马斯洛在论述人的实现的标准问题上也凸现了人本主义的特征。人要自我实现就要自我选择，所谓好的自由选择是对自身好的、有价值的选择，"好"抑或"坏"的标准不是以外物为评价条件，而是以人内心最真实的感受为标准，体现了对人们价值的关注。

人本主义的控制和限制的德育理论。人本主义的控制有两层含义：一是人的内心的自律和自我制约；二是对欲望的自我控制和限制。人本主义者认为自律作为美好的品质只能在自我实现的、真正的、名副其实的人身上才能发现，而在还未实现自我的人身上是很难看到这一品质的，所以他认为只有极少数的人身上能够展现出自律的品质。如果说自律不是人人都具有的品质，那么人的自我控制和限制是如何实现呢？深层次的含义就是"他律"。马斯洛在人的道德教育中主张自律和他律的结合，而且他律是主要手段，是美好的、健康的人通往自我实现的一个首要方式，从自我实现向更高层次实现的转变过程中自律就会引导他律并逐渐发挥主要作用来实现人的完满。

二 莫尔·莱斯特的人本主义德育思想分析

首先，莫尔·莱斯特认为终身德育是一个完整而独立的体系。它绝对不仅仅是学校教育的修补，也不是像有些人设想的那样是社会给成人提供的第二次学习机会，而这样的学习本应该在学校学习阶段就已经完成；终身德育也不仅仅是为了弥补随着年龄的增长而出现的认知能力的衰弱。终身德育应该是一种终身接受道德教育的观念（conception），这种观念依赖的是成人所具备的能够激发成人学习的，而只有在成人阶段才会具有的社会属性和认知能力。②

莫尔·莱斯特强调终身德育不是囊括万千的教育通典，并不是所有教育都是道德教育，但它有着广泛的价值和考量点。他认为对

---

① [美] 马斯洛等：《人的潜能和价值》，林方主编，华夏出版社1987年版，第209页。
② Leicester Mal, Pearce Richard, "Cognitive Development, Self Knowledge and Moral Education", *Journal of Moral Education*, Vol. 26 No. 4, Dec 1997.

成人自我认知和自我发展有贡献的教育都可以称之为道德教育。作为成人阶段的教育,终身德育将会探究和发展人们的道德和教育的内涵。就终身德育的教育范畴来说,莱斯特认为,如果说所有的成人教育都是道德教育可能会引起争议和反对,但是,如果说在以道德为依据的范围内,能够增强成人自我认知和阶段发展的成人教育就是道德教育是能够被广泛接受的。具体到成人道德教育的内容,莱斯特认为,自我认知应该被看作成人道德教育的一个部分,强调做有意义的事情和进行自我反思,实现自我发展也是莱斯特成人道德教育内容的一个重要方面。

其次,莫尔·莱斯特认为终身德育的内容和重点应该是成人的自我认知和自我发展,对社会来讲是社会的平等和社会对人提供的更多的关心。莫尔·莱斯特继承了马斯洛的人的自我实现思想,认为教育的重点和教育的难点都应该着眼于人的自我实现。在人自我实现的方式上继承了马斯洛的控制和限制思想,认为自律和他律是自我实现的方式。但是在人的自我实现的阶段上和自我实现的程度上,莫尔·莱斯特却与马斯洛持不太相同的观点。莫尔·莱斯特认为成人已经完成了基本的自我实现,因此在道德教育的方式上他强调的自律,是自我的反思和自省,而不是他律,是"我要成为",而不是"要我成为"。成人的自由教育对成人的道德认知发展和成人的自我认知具有重要影响,从另一个层面来说,人们道德认知的发展使人们感受到了自身学习的迫切性。莫尔·莱斯特终身德育的一个鲜明观点就是,应该给人们更多的关心和更多公平。他在《伦理体系中的道德教育》一文中指出:"道德教育在合乎伦理的体系内,将人们对公平的理论和应用的广泛理解同人们的思想发展相结合,而人的这种思想又充分考虑到了个人的唯一性、个性和他们对教育的独特需要。"[1] 莱斯特认为,我们的道德教育,首先要考量受教育者的需要,当然其中也包括那些已经离开学校的成年人的需

---

[1] Leicester Mal, "A Moral Education in an Ethical System", *Journal of Moral Education*, Vol. 30, No. 3, Sep. 2001.

要。另外，道德教育要考虑教育对象的具体情况，考虑怎样将我们的教育转向一个更加道德的教育体系。我们对事物的认识往往与深植于我们心中关于我们自己、别人及周围世界每个层面的假设、形象和故事相一致，人类要实现的发展也是人类内心已有方向的、向着更加完善的、完满的人的发展。人类对事物的价值评判深受习惯思维、定势思维和已有知识的影响，这就要求人不断完善自我认知，使得人类的诸多选择要借助理性的思考和客观的分析，在内心明确我们做出决定所依据的已有价值观到底是什么，消除人们在认知层面存在的习惯性抵制或盲目认同。

最后，莫尔·莱斯特认为终身德育具有鲜明的阶段性，这种阶段性体现在成人社会新的知识的出现上，体现在增强成人的理解能力和非学校教育阶段的认知发展上。莫尔·莱斯特关于人的具体教育阶段的划分继承了荣格的人生阶段的划分理论，并将其与科尔伯格道德认知划分方式相结合提出了对人实施分阶段的道德教育理论。莫尔·莱斯特在社论文章《终身学习作为一种道德的教育》中指出："终身德育是贯穿于义务教育、非义务教育阶段的，通过正规教育和非正规教育手段在广泛社会范围内实施的道德教育的理论和实践。"[①] 从时间宽度来说，莱斯特认为终身德育应该是贯穿人一生的教育，它不受教育形式和教育阶段性的限制，从终身德育的内容维度上来说，它涉及道德教育的理论和实践，是对道德教育的发展。从职业的角度来说，莫尔·莱斯特认为："终生教育，它不应该被狭隘地看成是职业教育和工作工具，而应该包含更多自由价值观教育、个人自我发展和个人自我管理教育、道德发展和自我反思教育、创造力和自我表达力教育，同时应该包含更多的传统价值教育。"[②] 同时，莱斯特指出，我们怎么才能使终身教育通过教育体系在社会中的变化而提升个人的发展呢？他认为，在社会和个人交互变化的过

[①] Mal Leicester,"Editorial：Lifelong Learning as Moral Education", *Journal of Moral Educaion*, Vol. 27, No. 3, Sep. 1998.

[②] Mal Leicester,"Editorial：Lifelong Learning as Moral Education", *Journal of Moral Educaion*, Vol. 27, No. 3, Sep. 1998.

程中，更多地关心他人和更多的社会公平就能实现这一点。

第四节 三种理论模式实施过程中的方法体系

方法是人们为了认识世界和改造世界，达到一定目的所采取的活动方式、程序和手段的总称，是人们在长期的实践活动和认识活动中形成、发展的关于人的自身活动的法则，就其本质而言，是人对客观规律的科学把握与自觉运用。[1] 与西方三种理论模式相伴而生的是理论模式在实施过程中的方法体系的产生，三种理论模式所采用的终身道德方法，具有一般道德教育方法的特征，同时也有自身的独特要求和特点。

一 三种理论模式对道德教育方法的要求

德育方法是道德教育实施过程中所采用的认识方法和工作方法。德育方法是道德客体（受教育者）在认识世界和改造世界的前提下，使自身获得政治方向的确定、思想道德素质的提高的手段，包括精神的和物质的手段。德育方法的实质是实现德育客体主观的德育修养和客观的现代化对人的德育品质要求的统一，它是使德育客体不断取得道德自由的武器。[2]

终身德育方法是人们为了达到完善人格、和谐关系的目的而采取的手段、工具、途径、技术和范式。因此，终身德育方法具有目的性特征。终身德育的目的性就是要求道德个体获得政治方向的正确和道德素质的全面提高。另外，从终身德育方法的目的性考量，终身德育方法似乎是主观世界的产物，但终身德育的方法具有现实的客观性。终身德育方法是由终身德育个体创造的客观存在，是德育个体根据客观世界发展的需要而探求、实验并创造出的相应的教育方法，方法的结果又会反过来影响、强化或者阻碍人们的德育需

---

[1] 张耀灿、郑永廷、吴潜涛、骆郁廷等：《现代思想政治教育学》，人民出版社2006年版，第361页。

[2] 孙国瑞：《德育科学方法论》，光明日报出版社1994年版，第16页。

要和德育的发展。

终身德育方法的目的性还体现在其教育效果和教育目的的一致性。终身德育方法必须为终身德育的教育目的服务，没有德育目的的方法不能称之为方法。在实际生活中，终身德育方法实施所引出的结果往往与德育的目的性是一致的，但排除不了在某些情况下方法所引出的结果与道德目的的不一致。当方法与引出的结果与目的相一致时，这样的方法就能得到肯定。相反，如果终身德育方法所引出的结果与目的不一致或者没有达到预期的德育效果时，就会影响终身德育的效果，德育方法就需要调整，或者辅之以其他手段的实施。

终身德育方法的选取要符合道德发展的规律性。道德方法是由德育主体具体地实施操作活动所体现的其活动效果，不是取决于方法的目的性，而是取决于方法的合规律性。终身德育方法是人们认识的方法，是人们在德育探求、实验及创造的过程中创造方法的过程，实际上是对德育客体和其他德育规律的认识和熟悉的过程。终身德育的合规律性要符合道德自身的规律，道德起源于人类社会生活的客观需要，起源于人类最初的生产活动。道德在本质上是由人们的经济关系、生产方式决定的，是作为一种社会意识形态反映和服务于社会存在的。人类社会按照自身的规律发展变化，经济关系、生产方式都是按照客观规律发展变化的。因而，道德也必然是有规律地发展变化的。道德的发展除受到社会生产方式的制约，受到阶级斗争、政治生活的影响外，还直接受到文化、教育及上层建筑等其他因素的影响，特别是文化和教育。文化教育越发展，人的文明程度越高，就越利于道德观念、道德情操的养成。上层建筑中的法律、宗教等与道德处于相互作用之中，对社会的道德生活也会起作用。终身德育主体中的个人、组织、集体都是这一方法的主体。个体在活动中体现出的优秀品质和崇高情操，会极大地提高德育方法的水平和质量，进而增强德育效果。终身德育方法的合规律性，体现在符合人类发展的规律性方面。人的发展是一个客观的规律性活动，无视或者违背人的发展规律而实施的道德教育注定是失败的、没有效果的教育。终身德育方法要兼顾到个体身心发展的不平衡性、次序性、阶段性、互补性和个别差异性等，同时也要符合社会发展的规律，考虑到社会发展中人与政治、经济、社会、文化、生态等方面的关系，兼顾到人类种族的延续、充分考量人性的外延，使良好的道德成为人不懈的追求。

终身德育方法的修正性。终身德育是主体作用于客体的活动，在德育实施的过程中，终身德育主体将教育思想通过一定的教育方法传递给受教育客体，受教育客体也会反作用于教育主体，使主体自觉或不自觉地受到他的思想、情感、心理、意志和价值观念的影响，当客体的影响同主体的价值诉求一致时就会使教育方法强化，相反就会使得这种教育方法效果减弱甚至无效。终身德育实施主体对受教育客体实施教育后要及时收集、整理客体所反馈的信息，并依据客体所反馈的不同信息对采用的方法加以强化或是调整，使得教育的方法更适合于教育客体的特点。

另外，终身德育方法的修正性还体现在教育工具、教育手段的调整性上。现代道德教育方法，正朝着人本化和工具化的方向发展。德育过程是道德教育主体实施道德教育于客体，客体通过道德内化为自己行为的过程。在这个过程中道德主体的教育实施过程要借助一定的工具或者场域来完成道德教育的内容。有的人感官发达，对感知的道德工具敏感，相应地对主观感受到的情景感受就更加强烈，因此教育效果也就越好；而有的人听觉感官发达，音乐等有声的教育方式对其影响就更大。所以在终身德育实施的过程中要针对不同的人，选用不同的教育工具，即使是同一人在不同的场域内也要采取不同的教育工具实施教育，一般来说德育活动中凭借的工具越多、质量越好、针对性越强，道德的实施效果就越好。

终身德育方法本身的特点和终身德育要素的特征，对终身德育方法的选择提出了具体的要求。终身德育内容的全面性，要求道德教育方法的综合运用。终身德育本身的多学科复杂性就要求终身德育方法的综合运用。终身德育是一门集多种社会科学学科知识和方法的综合学科，其中涉及心理学、教育学、行为学、管理学、伦理

◆ 第四章 现代西方终身德育有关理论分析 ◆

学、哲学等相关学科的知识，终身德育就是要运用这些学科所揭示的规律来解决人的心灵发展问题。终身德育所运用的规律的发展性和多样性，决定了终身德育方法的多样性。因为体现规律的具体德育客体不同，使用规律的条件不同，终身德育的方法自然就不同，所以说终身德育手段需要多种具体德育方法的综合。终身德育贯穿于人的一生，是关于人的思想状况、心理素质和个人修养养成的系统教育，婴儿期的教育引导、幼儿期的个性养成、青年期的性格完善、中年期的人格完善，甚至到老年的修身养性的教育等。阶段不同，人的道德教育内容不同。终身德育内容的全面性和内容的丰富性要求选择与之相适应的教育方法，针对幼儿要通过言传身教而不是一味地说教和惩罚，对待青年人要关注其个性特征，采取青年人易于接受的沟通式教育，人的阶段性特征，要求我们采取综合性的道德教育方式。终身德育教育方法的综合性不仅是贯穿人一生的道德教育方法的综合运用，更重要的是在人的每一个发展阶段都要采取综合教育方法对个体实施道德教育。在人生的某一阶段中，终身德育既要帮助人处理好人与自然的关系、人与社会的关系，还要教育人处理好人与人、人与自身的关系，不同关系的处理需要采取不同的手段和方法，只有将具体的、多样的德育方法运用到终身德育的教育中来，才能达到终身德育的教育目的。

终身德育的时代性，要求道德教育方法的与时俱进。在人类道德进步和精神发展的过程中，由于对德育的要求在不断地发展，因而德育方法也必然会不断地进步以适应道德发展和道德教育的需要。

方法是理论联系实际的桥梁，良好的理论必须依赖科学方法来实施。理论具有客观实在性和普遍性，而人的活动本身具有特殊性，一般性的理论能解决特殊性的实践问题，靠的是方法的创新性运用。当代社会发展的速度和广度，使得人类道德的发展面临着前所未有的新问题、新情况，固步自封或者因循守旧已经无法解决人类深层次的思想问题，只有克服教条主义和经验主义，对已有的道德教育方法进行创造性的改造，才能适应道德教育发展的现实情况。人类生存的自然环境、生活的社会环境和人自身的精神世界较之过去有了很大的发展和变化，对人与自然、人与社会、人与自身关系的疏导和教育，要根据这些变化实现道德教育手段和方法的创新。如果无视这些变化和调整，把特定历史条件下的德育方法绝对化，拒绝研究新情况，拒绝创新，拒绝与时俱进就会导致终身德育方法僵化，不能适应终身德育理论的发展并最终被淘汰。

伴随科学技术的发展，道德教育的载体也由传统的谈话、开会、理论教育等形式转变为以网络技术、移动通讯、无线电通信等为主要渠道的现代化形式，这其中以传媒载体的受众最为广泛。载体的转换为道德教育的实施和道德教育方法的选择提出了新的要求和挑战。终身德育各项目标的完成，终身德育方法要与时俱进，努力实现其自身的创新，选择引入以新媒体为载体的终身德育方式。

社会环境的复杂性和人的生活的丰富性以及人类思想发展的曲折性都要求终身德育教育方法的多样化。随着社会发展的深入和科学技术领域的纵深发展，原有单一的、集中的、定时的、以某一问题为专项的道德教育模式已不能适应社会发展的需要。改革开放40年来我国政治、经济、社会、文化发展都取得了长足的进步，但社会道德发展却滞后于经济的发展，而这种滞后性正在潜移默化地渗透到人们生活的各个领域，造成了影响人们思想行为的因素空前复杂，对认识和解决人们思想问题的方法诉求也就更加多样。人类思想的形成、发展、变化同其他客观事物的发展一样，是一个曲折起伏、螺旋式上升的过程。影响人的思想产生曲折和反复的因素也是复杂多样的，这就要求我们在终身德育教育过程中根据社会阶段的发展特征、人文环境的不同而选择合适的教育手段，使用恰当的教育工具，因材施教，以适应人的道德发展的曲折性和复杂性。另外，人的个性特点具有复杂性，世界上没有两片相同的树叶，同样也不可能有一模一样的思维和价值观念。人由于自身发展的特点和社会环境的影响不同，个性也不尽相同，这样就形成了人性格的多样化。在组织伦理实施的过程中，既要兼顾个体道德的个性特征和生理发展的阶段性特征，又要重点考虑组织中群体道德的共性和群体中个体道德所形成的组织伦理要素的差异性,以多样化的终身德育方法来补充、解决组织中群体道德教育所解决不了的个性问题。

二 终身道德教育方法创新

方法论的体系结构,与人的活动(认识的或实践的活动)所提出的任务相关,与人的活动对象的性质相关,也与方法所使用的基本工具相关。依照这三个维度,可以把人们所掌握的全部方法划分为不同的层次,从而构建起方法论体系的立体结构。这个体系的第一个层次是哲学方法,它是认识事物共同规律、一般特性的方法,是适用于自然科学、社会科学、思维科学的最普遍最一般的方法,是包括历史的方法、辩证的方法、逻辑的方法等的方法体系。第二层次是通用方法,它在一定范围内普遍适用,为各门具体科学所共有的方法,是认识某一类或各类事物某一方面规律与特性的科学方法(前者如自然科学方法、社会科学方法、科学学方法等,后者如数学方法、系统论方法、控制论方法、信息论方法等)。第三个层次是具体方法,它是人类活动各专门领域的专有方法,依据活动目的、任务的不同以及活动对象的特性不同形成不同的方法与方法组合,是方法体系中层次最丰富、最富有变化的部分。[1]

终身德育方法微观领域和宏观领域的结合。终身德育的最终目的是实现人的内心平静,使人过上幸福生活。终身德育对人的内心的深入和探索是道德教育向微观层面的拓展。人的内心永远处于一种复杂且不稳定的状态,外界环境的纷繁复杂和恶劣多变必然会给人的精神世界和心理带来巨大的冲击和影响。终身德育要实现人的道德实然状态到应然状态的调整,这就要通过心理咨询、心理问卷的形式对道德个体的心理状态进行观测和掌握,并

---

[1] 张耀灿、郑永廷、吴潜涛、骆郁廷等:《现代思想政治教育学》,人民出版社2006年版,第363页。

在此基础上对人可能存在的道德误区进行分析，对道德个体进行心理治疗，并关注道德个体的认知、情感、行为方式的发展，顺利实现终身德育的外化。当今社会人与人的关系愈来愈复杂，愈来愈趋向功利化，这些只是人的心理反应的外化和人的道德实然状态的外化体现，归根结底是人的心理问题没有得到解决。终身德育方法微观层面的拓展就是要细致入微地分析人与人相处中的竞争和协作的关系，从人的心理发展角度来分析人在组织生活中的角色定位，个体道德在组织伦理中的要素特征和具体体现，以完成终身德育方法的创新。

终身德育方法微观层面的拓展是实现人与人、人与自身的和谐，而终身德育方法宏观层面的拓展是实现人与世界、人与社会的和谐。全球化对当代社会的影响是深刻而深远的，它触及的绝非仅仅是政治、经济、社会、文化、生态层面，更触及人的灵魂深处，人们的思想观念、道德素养和个体品格在全球化进程中也面临来自各方的挑战。西方的道德教育多以隐性方式渗透与熏陶，并以博物馆、艺术馆、图书馆、电视、广播等为载体进行道德教育。全球化把世界变成了一个地球村，生活在当中的每个人都是这个场域中的一分子，其道德观念受到来自世界各地的不同文化和价值观念的影响和冲击。在全球化的大背景下，如果单纯地强调传统观念的教育作用而一味地抵制西方道德观念和伦理思想，从理论上来说是不可能实现的，从具体实践看容易让我们陷入种族文化的樊篱难以脱身，其实也是在否定全球化强势推行所带来的发展事实，从而错失民族发展的良机，走向狭隘的民族主义和封闭主义。但是如果过分强调西方道德的价值观，就会演变为全球统一的普世价值，就会误入西方价值体系的陷阱，否定民族性。终身德育就是要在全球化与民族化竞相发展的态势下，坚持面向世界与立足民族相辅相成的终身道德教育方法。

终身德育隐性教育方法和显性教育方法的结合。道德教育的显性方式具有明显的目的性、工具性和国家属性。国家为了培养符合社会发展需要的公民，适应公民社会建设的需要通过学校、社区、

第四章 现代西方终身德育有关理论分析

民间团体、研究机构等对全民开展以课堂教育、专题理论讲座、报告会、大众传媒为手段的正面教育宣传工作，以塑造个体的思想觉悟和道德素质，使个体的情感、意志和行为遵循国家规范。显性道德教育方法主要是把社会规范灌输到人的头脑中，并使其转化为人的认识、情感、意志、信念，而后，外化为人们的日常行为。这一教育方法在道德教育工作中具有不可替代的价值和作用，然而由于灌输是从理论到理论的讲解，是对人的道德的应然状态的语言性描述，缺少实践性的指导和道德个体切身感知的认可，所以在社会性问题频发、传媒极度发达的今天，人们日趋使用批判性的眼光来重新审视显性教育的作用。为了达到良好的道德教育效果必须使隐性教育贯穿于显性教育之中，使隐性教育和显性教育相结合。隐性教育的目的也要服务于显性教育，显性道德教育是一个国家、民族道德教育的标准和行为规范，隐性教育要将显性教育目的作为指导自主道德教育行为的准则贯穿自身发展始终，隐性德育手段要按照显性道德教育预定的教育计划、教育内容和教育方案开展教育。隐性教育是一种间接性、暗示性、渗透性的"无形"教育，隐性教育通过场域的设计和氛围的渲染为受教育者创设一定的社会环境、活动场所和文化氛围，并有意识地引导受教育者去感受和体会，使受教育者在潜移默化中接受教育，得到心灵的感化、情操的陶冶和哲理的启迪，以达到教化目的。终身德育的生活性和人本性要求终身德育方法必须重视隐性教育的功能发挥。终身德育就是人的生活之中时时有德育、事事有德育、处处有德育，德育的生活性和普及性需要隐性教育发挥重要作用。每个人不可能天天听道德讲座，也不可能时时接受道德价值一对一的宣讲，其德性的习得是以实践为手段，在潜移默化中形成的，例如，无处不在的公司文化和时刻萦绕耳畔的公司管理理念等，这些都是组织伦理的隐性教育模式。个体道德的习得和其接触和生活的人文环境有着密切的关联性，"榜样的力量"、"近朱者赤、近墨者黑"都是道德个体受到隐性教育的影响而产生的道德变化。

　　终身德育强调道德教育的人本性，即道德教育的目的和归宿最终是完善人的培养，着眼点是人的幸福生活和由此带来的社会的和谐发展。终身德育的人本性要求终身德育的方法必须发挥隐性教育的强大作用。人的发展是一个隐性的、不易察觉的过程，人的发展特性决定了人的认知能力、判别能力和接受能力具有阶段性和发展性，因此对道德个体的教育来说，满堂灌的教育方法和一蹴而就的教育方式同人发展的持续性和长期性不相统一。道德教育要想得到良好的效果首先得实现道德个体对道德理论的认可和接受，再者就是对这些道德信息的加工、整理。在这一过程中，道德个体的接受是首要的，道德个体能够接受的理论，是同他的道德认知能力相匹配的理论，落后于道德认知发展的理论和超前于道德个体认知能力的理论是无法被道德个体所接受的，所以需要道德教育的实施者在道德教育的实施过程中，以隐性的方式观察道德个体的道德认知水平、道德习俗阶段和道德行为方式，并以道德客体可以接受的温和的隐性教育方式实施道德教育，这是对道德个体的尊重，也是实现道德教育良好效果的基础。

  终身德育是自律教育方法和他律教育方法的结合。终身德育的教育方法重视自律和他律的结合，其中最重要的是自律教育的实现。"在哲学史上，'律'大体上与理性这个词相当，即是指主体借以指导自己行为的原则，自律就是说这个原则来自于个体自身的理性，而他律则是说这个原则来自于个体自身的理性之外。"[①] 关于自律和他律功能的发挥经历了一个较长阶段的争论，也出现了不同方向的转变。有的学者认为道德教育应该重视自律，特别是以法律为准绳和手段来约束和限制人的行为，使其最终能够符合社会道德的要求。有的学者认为道德教育应该重视自省，认为道德教育和法制教育不同，它是人的心灵对事物的是非、曲折的判断，是自我认知的直接反应，所以自省比自律重要。终身德育方法要重视自律和他律的结合。首先是重视发挥他律的强制性、约束性和不可抗性

---

① 李志强：《再谈道德的自律与他律——兼论伦理学理论和道德建设中的若干认识误区》，《湖南科技大学学报》（社会科学版）2011年第5期。

的作用。以法律、规范为手段的他律性规定是终身德育的起点，因为法律和法规所要求的个体应具备的基本道德素质，是个体成为公民和社会成员的前提。一个不遵守法律和规范的人，他的社会性必然会受到社会活动的限制，例如：犯罪的人，其人身自由会受到限制、违反管理规定的人会受到制裁等。

理性是人类的美德，也是终身德育中道德个体解决自身发展问题的一个重要方面，终身德育的他律性还体现在理性对于道德个体自身情欲的调节作用。人的道德发展是一个由内及外的过程，即将道德外化的过程，当人的道德动机转变为道德行为，成为人的现实生活的行为，就会处于外部世界各种行为关系的相互作用中，即处在必然性与偶然性的交叉点上，个体要经过理性的思考来判断自己的行为，并应对此行为所产生的社会后果，进而对自己的道德行为进行公正的判断，做出新的道德判断和道德选择。人的理性影响着人的道德的形成和道德行为的实施，是道德他律的一个方面。他律是终身德育方法的一个重要方面，它使得终身德育能够适应伦理关系要求的道德规范和道德原则，能够使终身德育的教育目标符合社会发展的需要，能够使终身德育内容符合传统习俗和社会舆论的要求，是将人的道德发展同社会需求、他人的需求相结合的有效渠道。

终身德育是对人的心灵进行教育的实践，因此它的核心是对人的心灵的塑造和快乐生活的营造。他律固然能够对终身德育目标、内容的实施提供方法上的引导，但必须是在道德个体主动接受和积极采取行动的基础上的他律，所以他律的基础还是道德个体的自律。终身德育要特别重视道德个体的道德自律。终身德育的道德自律是指道德主体在社会实践中为实现自身全面发展、生活的幸福和人性的自由而自觉地内化并遵循社会道德规范所形成的内在约束，它是道德主体的自我立法、自我约束，是道德主体自己为自己设置的必然性。终身德育的核心是处理人与自然、人与社会、人与自己的关系，核心的核心是人自身。所以终身德育的效果和道德个体的自律性息息相关，终身德育通过道德主体的自律性表现，以理性为道德个体立法，并在自由意志的支配下奉行它，实现的是人的自我确证、自我肯定和自我发展，是人自主掌握世界的一种方式，是人自律性的重要表现。正如康德所指出的"自律性是道德的唯一原则"，道德自律是终身德育完善人、发展人的重要路径。终身德育的自律是将学习型社会建设对人的发展要求内化为道德个体的言行，实现道德个体的自我约束，实现个体道德和社会道德的统一。终身德育的道德自律具有很强的为我性，道德个体通过自我的锤炼实现道德能力的锻炼和道德素质的提升，并以良好的道德风貌来适应社会，在实践中发展自我、完善自我，使道德个体成为全面发展的人。终身德育的道德自律具有社会性。道德自律就是使人们自身形成道德责任感，在道德上实现自我和社会的结合。人在现实生活中，是社会的人，首要的就是要处理好人与社会的关系，所以在生活中人必须要认清自己的社会责任，只有具有社会责任的人才能够融入社会，融入组织，并在社会的发展中寻找自己的位置，实现自我的发展，进而实现自己的社会价值，而这种社会责任感就是来源于个体的道德自律。道德个体的自律可以帮助人们认识到个体价值与社会价值的辩证关系。人的全面发展需要借助集体的智慧和社会提供的平台才能实现，组织的进步需要组织成员的共同参与和努力才能实现，社会的发展和进步需要组成社会的每个成员的共同发展来实现，所以道德个体的自律性发展是社会发展的基础，个体道德的完善是社会公德发展的基础。道德个体要在不断对自己进行道德约束的过程中，提高自身的道德觉悟，实现自身的道德责任、履行自己的道德义务，在自由、自律的环境下实现自我的道德价值。

三 终身德育对传统道德教育方法的选择

传统道德教育方法在三种理论模式中的应用是终身德育在传统道德教育的基础上，适应政治、经济、社会和人的发展需要的产物，它具有传统道德教育的特点和功能，因此实施终身德育所采取的手段也要吸收传统道德教育的方法。

◈ 第四章 现代西方终身德育有关理论分析 ◈

理论灌输法是传统道德教育中进行意识形态教育和宣传的主要方式，是进行正面宣传、教育、启发和引导的道德伦理教育模式。终身德育贯穿人的一生，在人的理性思维形成前，即道德发展的前习俗阶段，必须要用灌输的方式来对道德个体进行教育，使其从主观上认识到社会道德对个体道德的要求，并通过家庭的灌输教育帮助道德个体接受国家和家庭的道德思想。另外，终身德育的阶段性、跨越性和道德个体的道德差异性需要科学灌输方法作用的发挥。终身德育的教育对象具有不同的年龄结构、文化层次、岗位职业、接受能力等，因此终身德育的灌输方法必须从实际出发，从受教育个体的阶段性特征出发，因材施教，因教育阶段的不同而调整内容，重视科学理论的完整性和系统性，在宣讲科学理论的同时，注重立场、观点和方法的灌输，由浅入深地进行教育，避免断章取义和片面地说教，坚持理论与实际相结合。

理论灌输法是正面的、积极的理论信息的注入和吸纳，而疏导教育则是将反面的、消极的思想消解、消除。疏导原意指开通堵塞的水道，使水流畅通。终身德育中的疏导教育法是在社会发展和道德个体发展的过程中，对其思想和情感进行引导和疏通。在人的发展过程中，会遭遇这样那样的问题，也会出现这样或那样的障碍，例如生态发展和人的道德发展的不协调性，人的道德发展和经济发展的不平衡性等，因此面对不协调的发展，人们会出现迟疑和心理的不适。终身德育就是要通过疏导教育法，首先关注和了解人类生存和生活的现实状况，分析此生活条件下所出现的道德和伦理问题，把握人类思想变化的脉搏，找到产生这些认识问题的症结。在此基础上，将理论灌输同疏导相结合，以理服人，运用先进的理论疏导人的思想上的淤积，提高认识，促进思想和行为的进步。对于思想上长期积压和短时间无法解决的问题，终身德育实施者要注重对受教育者的引导，帮助其寻找自身发展的问题，并帮助受教育者调整自身的道德目标，"使个体从无道德的需要发展到有道德的需要，从非道德的需要发展到道德的需要，从低层次的道德需要发展到高层次的道德需要"①。终身德育的人本要求就是要通过人文关怀实现道德教育的以情动人、以情感人，进而消除人们情感的障碍，解决人发展过程中思想的、行为的问题。

传统的比较德育法是开展终身德育不可或缺的方法。终身德育最早的思想起源可以追溯到柏拉图时代，而现代终身德育思想产生于20世纪60年代。无论是终身德育的起源还是当代的发展，国外的道德教育和伦理理论都是其成长的沃土，所以终身德育理论中关于人的幸福的理论、人的道德认知发展的理论都是对国外德育理论的借鉴。但是，道德教育有其自身的阶级性和民族性，在不同的民族和国度开展终身道德教育要使道德与本土的道德要求、习俗和传统相结合，并运用先进理论对其进行指导。终身德育的实施要注重比较德育方法的运用，在对比和矛盾中，让人们认清事物的本质特征，辨别是非，区分优劣，检验认识的正确与错误。不同的人拥有不同的价值观、人生观，因此对待道德的价值取向也不同，当今社会意识形态领域和文化领域交纵错杂，对人们的幸福观、发展观和价值观都产生了重要影响，终身德育就是要在复杂的意识形态领域通过比较和选择，寻找出适合中国国情和中国人民需要的道德取向，实现人的全面发展和社会的和谐进步。

自我教育法就是教育对象自己教育自己，自觉接受积极的影响，完善自己的思想品德和个性特点的自主构建活动。中国自古以来就有重视道德教育的传统，形成了在强化社会教化的同时注重个人道德修养的成功经验，人的道德教育的效果离不开教育者的引导，但教育的效果最终还是要通过人们自身的学习、内省和思想运动来实现。终身德育实施中的自我教育要充分发挥道德主体的能动性，充分激发道德个体的内因在提升道德素养方面的作用，通过人们自身的道德认知和反思来实现人的道德提升。终身德育的自我教育要重视道德个体的自我反思和自省。道德修养方法的自省，乃是一个人对自己的品行、品德和行为是否合乎道德的自我检查，是一

---

① 鲁洁、王逢贤：《德育新论》，江苏教育出版社2000年版，第252页。

个人对自己的行为及其所表现和形成的品德的道德价值之自我检查，因而也就是人所特有的现象。[1] 终身德育就是要通过人的阶段性自省对自己的行为动机、个人道德认知、道德感情和道德意志进行自我检查，通过自我查看、审视和检查实现对自己已有的道德状况的分析和修正，发展人的道德水平。

典型教育也叫示范教育。它是通过典型的人或事进行示范，教育人们提高思想认识的一种方法。典型教育法是将抽象的说理变成通过活生生的典型人物或事件来进行教育，从而激起人们思想情感的共鸣，引导人们学习、对照和仿效。[2] 这一方法的特点是通过具体生动的典型人物和事例，把抽象、乏味的说教变成生动、形象的楷模教育，以引起人们思想情感上的共鸣，使人们进行思考、比较、模仿和学习。终身德育实施过程中要充分发挥典型教育的激励作用和渲染作用，实现个体道德和社会道德的合一。终身德育就是要在德育实施的过程中发现、寻找道德示范的楷模，并将其树立为先进的典型，作为人们学习的榜样，为人们指明自身道德发展的方向，实现个体道德与社会道德的统一。学习型社会中的终身德育尊重道德个体的个性和差异，但是个体道德发展目标和内容是同学习型社会的总体目标和内容相一致的，具有普遍性和共性，终身德育的典型教育法就是要利用这一特性，寻找能够使人实现共鸣的道德示范体并开展相关教育。

---

[1] 王海明：《论自省》，《上海师范大学学报》（哲学社会科学版）2007年第5期。
[2] 郑永廷：《思想政治教育方法论》，高等教育出版社1999年版，第142页。

第五章　国外几种终身德育的实践模式探索

法国、日本、美国是现代终身德育实践颇具代表性的国家，法国在长期的终身德育实践中形成了以学校为主体，社会组织和民间组织共同参与的终身德育社会化模式；日本以终身德育的法制化著称；美国则以自由、自主学习的终身德育学习化模式闻名。

第一节　法国终身德育的社会化模式

法国是启蒙运动和资产阶级大革命的发祥地，有着丰厚的思想文化积淀，这就为法国道德教育的发展提供了养料丰盈的土壤，也为道德教育思想的传播和世界知名思想家的孕育提供了广阔的空间。蒙田、夏洛泰、涂尔干等法国著名思想家对道德教育理论都有深刻见解，并做了精辟的阐述，他们在道德教育领域的成果不仅是法国道德教育的瑰宝，也是世界道德教育领域的珍贵财富。

20世纪60年代末，终身德育理论由联合国教科文组织的会场传播到了世界各地，保罗·朗格朗的故乡法国开启了轰轰烈烈的教育改革。此次改革的重点是要促进终身教育的实施。与此同时，法国国内爆发的以"五月风暴"为标志的社会民主运动也进入了一个新的历史时期，因此以人权为中心的道德教育改革同步展开。在教育和道德并驾齐驱的改革中，终身德育作为一个新的历史产物，在法国初见端倪。伴随着法国民主社会进程的推进，法国的道德教育演化为以培养民主思想和民族精神为核心的公民教育。教育的主体

◆ 第五章 国外几种终身德育的实践模式探索 ◆

也由以宗教为主的教堂活动拓展为以社会、学校、家庭、社会组织等多维一体参与的道德教育活动。这一时期，法国的公民教育按照人的年龄的不同有了清晰的阶段划分，明确了各个阶段道德教育的内容和社会成员在道德教育中的作用，体现了法国终身德育的社会化模式。

一 法国终身德育社会化的沿革和发展

法国是世界上最早实施有组织的成人教育的国家之一，法国将成人教育称之为民众教育。大革命期间，国民公会代表孔多塞提出实施"终身教育"的主张。1792年，孔多塞在其提交的关于国民教育总体计划中指出，应当对走出学校的人进行学校以外的"终身教育"，这种教育"能继续人生的整个过程，避免在学校学到的知识很快被遗忘，要让这些知识在人们头脑中始终保持一种有益的活动；同时，对人民传授他们应该知道的法律、农业研究、经济方法……"[①]。报告提出了终身教育的实施应采取学校教育与校外教育相互协调的思路，这为终身德育社会化模式的提出和发展奠定了基础。

郎之万—瓦隆教育改革（*Le Plan Langevin—Wallon*）是二战后，法国临时政府成立的教育改革委员会提出的，它的命名来自于保罗·郎之万（Paul Langevin）和亨利·瓦隆（Henri Wallon），他们相继担任过教育改革委员会主任。就法国的时代特征而言，郎之万—瓦隆教育改革的提出有着超越时代的先进性和前瞻性，改革强调了发展成人教育的主张，并提出了成人的文化道德教育和职业教育一体化思路。改革提出"法国教育的目标应当是：保证每个人的潜能和能力均得到充分发展，帮助儿童为未来职业生涯做好准备；最大可能地提高民族的文化水平"[②]。从改革目标的确立可以看出，改革最大限度上体现了教育的人本性特点和法国道德教育对人的全

[①] 邢克超、李兴业：《法国教育》，吉林教育出版社2000年版，第338页。
[②] 邢克超：《战后法国教育研究》，江西教育出版社1993年版，第37页。

面发展、充分发展的关注。另外，郎之万—瓦隆教育改革开创性地将人的普通教育划分为了两级五个阶段：第一级为义务教育，包括基础教育、方向指导和方向确定三个阶段；第二级为高等教育，涵盖预科阶段和专业化两个阶段。[1] 改革根据人年龄的不同，确立了人的教育发展和道德发展的阶段，体现了终身德育的阶段性特征，但是这个阶段的划分有两个局限性，一是朗之万—瓦隆教育改革计划只是将青春期之前的发展阶段进行划分，但中年期、壮年期和老年期都没提及；二是阶段的划分单纯以年龄为标准，缺乏全面性和科学性。尽管郎之万—瓦隆教育改革计划有着理论上的局限性，在执行中由于受到当时国际、国内政治、经济环境的影响而夭折，但是其理念的先进性和指导性是不容忽视的，计划所体现的教育改革思路和原则一直影响着法国战后几十年教育改革的进程。

无论是孔多塞国民教育总体计划还是郎之万—瓦隆教育改革，都为法国终身德育社会化的开展奠定了理论基础。终身德育在法国的官方文件中第一次出现是1956年。之后，随着保罗·朗格朗《终身教育导论》一书的出版，关于终身德育的理论成为指导法国20世纪60—70年代终身德育实践的主要指导思想。

20世纪60—70年代，法国终身德育实践在教育的手段和教学模式的选择上有着鲜明的社会性。法国借鉴朗格朗的终身教育理论，主张建立家庭、学校、社会有机联系体，努力实现教育世界和劳动世界的相互沟通，建立一种包括学前教育、青年教育、成人教育和老年教育在内的完整的教育体系。法国这个阶段的终身德育思想明确提出了把人的一生截然分为青少年学习、成年工作两个阶段，超越了郎之万—瓦隆教育改革所提出的两级五阶段的青年教育计划，建立起了完善且相对科学的终身德育阶段划分理论。

法国该阶段的终身德育不仅在教育手段上具有社会性特点，而且在教育内容上也强调社会属性。法国该阶段的终身德育思想强调

---

[1] 注释：郎之万—瓦隆教育改革计划确定的阶段和时间为：第一阶段为6—7岁至11岁，第二阶段为11—15岁，第三阶段为15—18岁。以上三个阶段为第一级义务教育。第二级由第四阶段和第五阶段组成。第四阶段为18—20岁，第五阶段为20—22岁。

◇ 第五章 国外几种终身德育的实践模式探索 ◇

人的各种能力的发挥,注重培养人的"适应性和社会性",从纵向和横向两个方面来促进人的充分发展,教会人学习,主张实施面向社会的、开放的教育。终身德育的教育内容注重人的体质、智力、情感和精神的完善和发展,促进人良好地融入社会,具有较强的社会性。

20世纪70年代以后,法国经济社会的发展增加了对职业工人的需求,1971年职业教育法的颁布更是促进了以职业教育和社会培训为手段的终身德育思想的发展,培训和职业教育也成为了法国70年代后终身教育的一个重要形式,终身教育也成为了法国人民获得自由,特别是获得经济上平等的一种有效工具。

1973年,法国的第一所"第三年龄大学"也称之为"老年大学"成立。第三年龄大学"主要成为旨在提高老人的健康、心理和社会水平,安排适合他们的教学内容的公共机构"[1]。从第三年龄大学的出现,法国的终身教育出现了重要的转向:一是由知识教育转向心理、精神和心灵教育;二是法国的终身教育由学校为主的教育开始转向生活德育,努力实现人生活质量的提高,而非原有职业性所追求的维持生计;三是这个阶段的法国终身教育出现社会化的巨大转向,德育内容在于安排适合他们活动的教学内容,而教学的实施具有更强的社会性,要依托公共机构来实施。

法国"第三年龄大学"的创建不仅为法国的终身道德教育提供了新思路,而且也推动了世界终身德育的开展。效仿法国的教育模式,欧洲各国的第三年龄大学快速兴起,全球各大洲的第三年龄大学已发展到近千所。[2] 1980年,法国正式成立"法国第三年龄大学联合会",联合会的成立促进了法国终身德育的发展,一定程度上推动了法国经济的进步和社会的发展。

二 法国终身德育社会化的内涵和精髓

法国20世纪80年代以后的终身德育思想的目标、内容、阶段

---

[1] 邢克超、李兴业:《法国教育》,吉林教育出版社2000年版,第346页。
[2] 同上。

划分和实施途径都有了新的发展，社会化的道德教育模式基本形成，为培养具有良好道德情操的法国公民起到了积极的推动作用。

把法国公民培养成为既有社会责任心，又能行使个人公民权利的理想公民是当代法国终身德育的核心目标。法国公民从出生到死亡都在接受着爱国主义和政治思想的教育，法国公民道德教育的主要任务是培养法兰西共和国公民应有的思想和价值观，增强公民的国家情感和民族责任。

1989年法国颁布实施了《教育方针法》，规定了法国教育的指导原则、发展方向及要实现的主要目标，在这部法律的推动下，法国成立了全国教学大纲委员会，负责指导和协调各个学习阶段的教学大纲和教育任务，目的是促进法国教育与法国经济、社会和人发展的统一性，因此法国从学前教育阶段到高中阶段都有着明确的道德教育的实施目标和教育任务。

法国确定的学前道德教育的目标是，通过对美感的启蒙，对身体的意识，对灵巧动作的掌握和对集体生活的学习，发展幼儿的语言实践能力和个性，同时还应该注意发现儿童在感觉、运动或智力方面的障碍，并作及早治疗。[①] 由此可见，法国的幼儿道德教育一个重要功能就是帮助儿童实现社会化。发展语言能力是法国幼儿学校的一项重要任务。良好的沟通能力、表达能力和协调能力是儿童参与社会生活的基础和前提。另外，良好的语言表达能力也是儿童表达自己思想、情感的重要手段，并能从他人的语言中察觉他人的感情变化以理解他人，学会与他人的共存与和谐相处。幼儿阶段，法国的道德教育已经融入了爱父母、爱老师、爱他人这些基本道德观念，在儿童的生活中，通过户外活动、系统课程也开始向儿童传输符合法国教义的文化价值观念和基本道德准则，为个体以后的道德发展、伦理观念和国家意识的形成起到启蒙教育作用，因此法国的幼儿阶段教育是为其从事社会化生活奠定基础的关键环节。

小学阶段法国就通过学校的道德教育进行学生的社会责任感培

---

① 邢克超：《战后法国教育研究》，江西教育出版社1993年版，第154页。

◈ 第五章 国外几种终身德育的实践模式探索 ◈

养,要求学生养成遵守团体规则的习惯,并主动积极地参与集体活动,使个人具有初步的团体观念,形成良好的团队意识。法国的学校到初中阶段就已经启动了名为"公民道德教育"的专题教学活动,旨在帮助学生了解国家的历史发展渊源和现有机构构成,接触社会服务事业、感受社会性对成员发展的重要性和个体成员发展对社会的依赖性。初中公民道德教育作为法国公民道德教育的一个阶段,其内部也被分成了四个阶段具体实施不同的道德教育。法国公民教育纲要,提出"初一学生要了解地方级的政治组织和政治基本概念;初二学生应了解省级的政治组织和政治基本概念;初三学生必须了解社会服务事业,感受社会成员的相互依存关系;初四学生应了解中央的政治组织及简单理论,并了解国家经济建设的基本要领"[①],"初一年级的公民道德教育从人的权利和义务的概念出发来构建。初二和初三年级围绕着构成民主社会的价值观念来展开,如平等、团结、自由、安全和正义等。初四年级则突出法兰西共和国、欧洲和当今世界中的公民资格维护"[②],法国中学阶段公民道德教育的实施,目的是培养青年的社会责任感和对待事物的责任心,为他们未来的社会化生活做必要的准备工作。

1998年,法国高中阶段设置了《公民法律及政治教育》课,课程包括法律史、政治制度、共和国体制、劳动法、公共辩论中数字信息的运用、社会重大问题、口头辩论等内容。2000年颁布的公民资格教育大纲规定了高中三个年级的学习主题,依次为"从社会的生活到公民的资格、制度和公民资格实践、经受当今世界变革考验的公民资格"[③]。高一年级侧重"从社会生活到公民资格"教育,主要包括公民资格和平民、公民资格和整体、公民资格和劳动以及公民资格和家庭关系的变革。高二年级特别注重公共辩论能力的培养,侧重制度与公民资格的实践,寻找制度的理论运作和实现

---

① 梁金霞、黄祖辉:《道德教育全球视域》,华南理工大学出版社2007年版,第162页。
② 同上。
③ 同上。

运作之间的距离，分析其中的原因，强调优先考虑提供充分辩论的教学方法，并要求师生共同确定辩论的主题，而学生的研究成果可以通过多种形式呈现。高三年级侧重"经受当今世界变革考验的公民资格"，即面对世界的激烈动荡如何行使其公民资格。①

三　法国终身德育社会化模式特征分析

通过对法国终身德育发展历史和当代法国终身德育内涵的分析，可知法国的终身德育思想具有鲜明的社会性特征，主要体现在终身德育目标的社会化、终身德育实施模式的社会化和终身德育保障措施的社会化三个方面。

法国终身德育目标具有社会性特征。法国终身德育目标是维护法国社会秩序的稳定和政治制度的稳固。"所有国家的教育体系，都是在灌输未来公民政治秩序的基本概念与价值。所以培养未来公民养成一个国家政治价值的系统性教育，就是公民教育的内涵。在这个教育过程中，其任务就是在于使未来公民能够产生维护政治秩序与社会现状的意识。"②法国的终身德育以终身公民教育为核心来实施，目的就是要培养适应法兰西共和国发展需要的公民，以道德教育的手段，让法国公民了解法国的历史、传承法国的文化、接受法国的国制、支持法国的政体运行模式，最终实现统治者对法国政权的全面把控，维持法国现有阶级集团的既得利益和相对平稳的社会环境。

爱国主义教育作为法国终身德育的重要教育内容，是教育法国民众接受法国体制，维护法国社会秩序稳定的重要手段。二战后郎之万—瓦隆教育改革提出了提高民族文化水平的道德教育目标，主要目的是以发展民族文化为手段重塑民族自省和民族精神，以文化带动爱国主义教育也是法国一直以来实施道德教育的重要手段。

当代法国的终身德育强调培养公民的国家情感和国家责任，培

---

① 龙花：《法国公民教育研究》，硕士学位论文，西南大学，2008年。
② 苏守波：《美国现代化进程中的公民教育》，山东人民出版社2011年版，第66页。

第五章 国外几种终身德育的实践模式探索

养法国公民具有法兰西共和国特征的价值观和思想体系,并将这种爱国主义教育贯穿了法国人的一生。法国儿童在幼儿阶段开始接受具有法国教义特征的文化和道德准则教育,小学阶段被施以法国历史主义教育,中学阶段接受法国政治体系教育,高中阶段接受法国公民的权利和义务教育等,侧重的是作为法国公民应该具备的能力和素质的培养。以爱国主义为核心的法国道德教育,通过系统的、分阶段的教育对法国公民实施道德教育,以达到教育的目标,这是维护法国社会秩序稳定和政治制度稳固的重要手段。

法国终身德育目标是实现人的生活社会化和完善人的社会化生活。法国的终身德育目标,以爱国主义为核心,以人的社会化教育为主体开展,目的是实现法国人完善的社会化生活,具有鲜明的社会性。

法国公民的社会化生活,首先强调个体能力的培养和个人素质的养成,使道德个体具备合格的法国公民所应该具有的良好素质。法国对公民的道德素质有着多重要求,它要求公民要有正确的思想态度和端正的行为品行,正如法国道德教育家蒙田所说,培养良好人格是道德教育的根本目的。具体来讲,"哲学以美德为宗旨,美德以本性为指导",作为在社会中生存的主体,法国要求道德个体拥有勇敢、正义、正直、善良的本性并且主张以适宜的方式、在适合的场合表达这些情感。法国公民个体的道德教育在实施过程中,强调对道德个体的尊重、强调个体的自然发展。一种道德情感无论多么高尚、无论多么受到大众的推崇,但是如果对这种道德的接受不是建立在个体的自然兴趣之上,对于道德个体来说不是简单的、适用的道德,它就不是适宜个体的道德,以此为内容开展的教育,也不是有效的道德教育。法国的个体道德强调以自然为旨归,人产生于自然,生存于自然,自然是人类之母,人类对自己的认识也是在探究自然的过程中形成的,人应该以自然为镜子,对镜子照,发现自己与自然关系的不协调、不和谐并改进,建立起与自然万物协调发展的和谐关系,这也正是终身道德思想的主旨和内核。

另外,个体良好的道德养成还包括适应社会生活所必需的个体的素质和道德。团结、友爱、合作、宽容等集体主义精神,是法国要求道德个体在团体生活中应具备的良好品质。公民只有具备了集体主义的素质,才能学会关心他人、关注自身同周围人之间的关系,才能正确面对竞争与合作、团结与协作等团体行为,才能以理性的思维来融入社会和实现自身在社会中的良好发展。提到法国人的理性思维,就不得不提理性主义教育在法国的重要地位。法国人认为"理性"是实现人的道德发展和道德完善的基础,所以"理性"也被称为法国文化传统的重要组成,它构成了法兰西民族的认知论、世界观和价值观。法国学术界和教育界甚至认为,教育的主要目的就是培养法国人的理性能力,即抽象和演绎能力。

公民的社会化生活,还强调个体融入社会生活,同个人、组织和社会建立和谐、良好的社会关系。涂尔干认为,教育的首要任务就是使青年一代社会化,学校应当成为社会统一的工具……这不仅是涂尔干的道德教育思想,也是指导法国进行道德教育一以贯之的重要理论。法国公民的社会化生活教育包括两个方面的内容,一是融入职业的道德教育,二是生活德育。

法国是一个非常重视职业教育的国家,它引领了世界职业教育的发展,因此在法国的道德教育中也非常注重职业道德等与职业息息相关的道德素质的养成,例如勤劳、团结、协作、职业良心等。法国在幼儿教育阶段就提出了要帮助儿童为未来职业生涯做好准备,要教育和培养孩子职业发展所需要的思想、能力和道德观念。法国小学阶段道德教育的一个重要目标就是培养学生的团队意识和团队观念,形成团队协作的良好意识,为未来的团队生活和组织生活奠定基础。法国的道德教育不但对青年应该具备的职业能力和职业素质方面有全面的培养目标,而且在团队精神和团队价值观方面制定了明确的教育目标。法国道德教育强调的团结、平等、自由、正义等价值观念也是当代组织伦理的核心思想。

生活德育是终身德育实现的重要方式,法国公民教育在发展的过程中逐渐剥离了宗教的影响,向学校德育和生活德育双重作用的社会化模式发展。法国生活德育的一个方面是主体道德教育生活化，例如，法国的民主生活教育。民主是法国作为民主国家开展教育的重要方面，法国提出了"建设民主生活"的生活民主塑造形式，即让公民在实际生活中获得民主的"良好体验"，进而养成民主作风。

提及生活，那必然是社会的生活，有交往才能有生活，所以法国生活德育另一个主要的方面是道德养成教育，是融入社会的教育。法国的家庭教育和学校教育都会为学生制定生活准则，要求其按照规则来实施，并在一段时间后就其行为进行评价，首先是学生要对自己的行为做出自我评价，之后老师要将其对学生做出的评价与学生的自我评价相结合，目的是在生活实践中养成学生的良好行为。

法国生活道德的社会融入教育，不仅对学生个体道德的发展、人格的完善有重要作用，而且会影响法兰西共和国的整体发展。法国生活德育融入教育，从融入家庭教育开始，从婴儿一出生，法国人就极力对其进行"爱"的教育，爱是融入家庭的基础，也是家庭和谐的基础。之后，在学生阶段，学生要学会融入同学、融入朋友的生活，法国的小学教育要求学生要遵守团体习惯和规则，要学会尊重他人的习惯和尊严，这样才能成功实现人与人之间的和谐共融；到青年阶段，法国生活融入的教育意识更加明确，法国要求青年人必须参加社会服务事业，学会服务他人，感受服务他们的快乐，享受分享和帮助他人所带来的快乐，以实际生活感受社会成员相互依存关系的重要性，体会完全融入的乐趣。

法国终身德育实施模式的社会化。法国人在道德教育的实施和管理方面具有高度的政府性和组织性，这也是法国终身德育实施模式社会化的基础。国家对道德教育实行统一集中管理，可以很好地利用政府的资源、行政力量来整合社会资源、调动社会力量共同作用开展公民终身道德教育。

法国终身德育实施主体呈现社会化特征。家庭作为学生道德生活的第一个场域，父母言传身教对孩子道德的影响巨大，因此法国历来重视家庭德育对学生人格养成的作用。法国人一旦进入学校学习，将面临多样的教育实施主体的教育，主要有学校同校外公民教育机构的合作，学校同企业的合作、学校同公共利益集团的合作和学校同地方行政机构的合作四个方面。校外公民教育机构参与公民道德教育，目的是有效拓展道德教育的空间。校外公民教育机构能够为学生特别是特殊群体的学生提供更多的服务，例如为残疾儿童提供的帮助，协助家庭困难同学解决现实困难等。法国公民教育机构对法国学校的道德教育是一个很好的补充。企业对法国公民道德教育的贡献，在于通过工作实践帮助学生建立职业所需要的基本素质和职业认同，这是单纯的学校教育无法实现的。学校同公共利益集团的互补不仅可以实现学校教育为公共利益集团的科技创新和人才引进提供便利，更在于公共利益集团为学校的道德教育投入大量的资金和支持。学校同地方政府的合作可以有效地实施公民的政治教育，政府是国家政治体制运行的实施主体，学生直接参与或者间接接触政府的实际运行，可以让学生直观了解国家的政治运行模式，提升学生参与政治的积极性、主动性，为培养未来适应法兰西共和国的公民做准备。

  法国终身德育实施的方式也呈现社会化。法国的终身德育贯穿于法国继续教育的全过程。社会培训、青年培训、进修培训和第三年龄大学等多种培训方式是实施法国道德教育的主要形式。法国的大学远离教育中心，也称大学广播电视教学和全国远距离教育中心，这是利用多媒体实施道德教育的机构。以文明和古老著称的法国，有着深厚的人文底蕴，法国的博物馆和展览馆林立交错，成为了实施道德教育特别是进行爱国主义教育、民族主义和历史传统教育的宝贵资源。法国国立工艺博物馆，是法国最早的成人教育机构，现已在国内100多个城市设立了地区教育中心，该机构拥有授予国家文凭的权利，在法国享有较高的声誉。

  法国道德教育的主体和道德教育方式都呈现出社会化的特征，它不仅是法国传统教育遗留的宝贵财富，同样也是现代文明条件下，法制不断完善，为其教育实施提供保障的结果。

  首先，法国有着完善的成人教育立法体系。法国通过立法来规定成人教育和终身教育的内容、目标、实施方式等。1959年的《社会培训法》、1971年的《继续职业培训法》、1989年的《教育指导法案》,皆对政府、社会团体、家庭在青少年公民教育中的地位、作用和权利义务作了全面而具体的规定,它是法国社会组织参与公民教育的法律保障。[①]

在职业教育不断完善立法体系的同时,教育法也公布了道德教育社会化实施的内容。1983年国民会议投票通过《高等教育法》,并于1984年颁布实施。教育法规定高等教育的组织要同职业界相互联系,职业界代表参与职能部门教育计划的制定。1986年参议院通过的《德瓦凯高等教育法案》第三条专门就学校的对外关系作了说明,指出所有科学、文化和职业公立高等学校均可以相互或同其他公立或私立高等学校签订合作公约。进入21世纪法国又先后制定了《大学2000年规划》和《第三千年大学计划》等系列规定来激发法国大学的活力和竞争力,鼓励其参与社会和国际竞争,提升其学生的社会化能力。

纵观法国终身德育的社会化模式,它在充分调动政府资源、借助社会力量、开展生活化德育等方面,为世界各国开展终身德育提供了可借鉴的有益经验。但是法国终身德育思想由于其自身历史和经济社会发展的局限性,也存在有待完善的方面,主要是终身德育的阶段性教育欠平衡。良好的阶段性教育效果的实现,要求每个阶段的教育内容要有自身的独立性,同时也要具备同各个阶段链接的共通性。法国的终身德育是以学校为主开展的教育,因此法国终身德育对个体中年之前的道德教育有着非常精细的阶段划分。例如,少年阶段和青年阶段,法国的终身德育又将其分成了两年或者三年为一个体系的短期教育阶段,这样的划分可以很好地对学生实施与他们年龄相适应的,与当时社会特征密切结合的,与时代发展相统一的道德教育,能够很好地发挥终身德育因时、因事、因势开展道德教育的优势。但是,中年阶段及以后的教育虽然有第三年龄大学

[①] 王定功:《青少年道德教育国际观察》,上海交通大学出版社2012年版,第94页。

作为承载主体来实施,但是在教育内容规划、教育计划制定等问题上缺少系统性和全面性。

第二节　日本终身德育的法制化模式

日本的终身德育实践模式是建立在其特有的政治、经济、社会、文化基础之上的,同美国、法国的终身德育实践相比,它闪烁着东方道德教育的光芒,但是同亚洲其他民族的道德教育相比,又有着独特的思想内涵、方法体系和发展规律。日本在终身德育发展过程中,形成了特色鲜明的法制化模式。

一　日本终身德育法制化的沿革和发展

日本终身德育法制化的发展进程经历了一个较长的历史阶段。日本的道德教育历经四次改革和转变,即"东洋道德西洋艺"阶段、军国主义道德之路、面向21世纪道德教育新方针、自发性道德改革四个阶段。[①] 有的专家认为单是第二次世界大战后,日本的道德教育就进行了四次改革,第一次改革是开设社会科以代替战前的修身科;第二次改革是增开特设道德教育时间;第三次改革是确立道德教育的首要地位;第四次改革是强调个性培养和道德方法改革。本研究吸纳了学者关于日本道德教育阶段性划分的理论,完成了以标志性的文件和法律文书的颁布为参照系的日本道德教育法制化进程的纵向梳理。

20世纪60年代中期,终身教育思想在国际上兴起的同时,日本几乎也在同一时间传播。在推广的过程中,日本政府把终身教育理论作为重大的教育改革指导方针加以重视并实施,形成了法律和规范指导下的终身教育模式。日本的终身德育发展是在长期的教育改革和发展过程中逐渐发展、成熟的。"教育敕语"以及《道德教育基本纲要》《文教政策大纲》《道德教育基本纲要》

---

① 王丽荣:《当代中日道德教育比较研究》,广东人民出版社2007年版,第9—10页。

《理想的人》等一系列道德教育文书的颁布和实施，都是日本德育法制化进程中的重要象征性事件，同时也标志着日本在不同的历史发展阶段对道德教育的关注，凸显了不同时代日本道德教育的重点和内涵。

19世纪60年代到20世纪初，日本提出了"东洋道德西洋艺"的口号，这也是近代以来在日本社会出现的道德教育法制化的第一次尝试。"东洋道德西洋艺"从本质上来说是对日本本土文化的保护，它坚持了日本传统的皇国道思想、神国主义观念、武士道精神和儒家伦理以及佛教国家思想。

20世纪60年代末，日本中央教育审议会发表了《理想的人》咨询报告，提出了时代所期待的理想的日本人标准，即日本人要成为"面向世界的、开放的人"，"能适应时代环境，处理好各种关系的人"。个体的人应该是"自由的、有个性的、尊重自己的、具有坚强意志的、怀有敬畏之念的人"，作为家庭成员的人应该是以家庭为爱的场所、以家庭为休憩的场所、以家庭为教育的场所、建设开放型的家庭，作为职业的人应该是热心工作、为社会福利事业作贡献、具有创造性的人，作为国民，应该是具有正确的爱国心、对天皇怀有虔诚之心并努力发挥国民性。《理想的人》所提倡的"为了社会的全体福利"、"基于社会连带意识的社会服务精神"、"埋头工作的劳动积极性和对于所属社会的忠义"成为了那个时代日本人的美德，特别是强调对天皇的敬畏和爱戴，这也成为了复活军国主义教育的精神动力，虽然受到各方的反对，但是法令所体现的社会本位色彩却影响了以后日本道德教育的实施。

20世界70年代末到80年代初，日本提出了面向21世纪的道德教育新方针。面对新技术革命的挑战以及世界教育改革的热潮，日本加快了改革步伐。1971年6月日本中教审向文部省提交了《关于学校教育的综合的扩充整顿的基本措施》的报告，该报告是日本比较完善的教育改革计划，它对日本学校设置、课程设置和教育内容作了规定，特别提出了促进终身教育发展的思想。

1984年日本成立了直属内阁总理大臣的咨询机构，即"临时审议会"。临时审议会探讨了面向21世纪的日本道德教育模式,并提出了教育改革的目标和原则。日本提出的面向21世纪的教育目标包括:重新认识人类社会和人类文明的发展进程,并据此重新评估教育的应有状态和重新认识教育的使命与目标。对人的培养,日本强调培养心胸宽广、体魄强健和富有创造力的人,培养具有自由、自律和为公共利益服务精神的、面向世界的人。在教育的形式上,强调向终身德育体系过渡。为了适应社会变化,临时审议会要求在日本建立起富有活力的社会,以满足人们日益提高的学习要求,即建立起向终身学习体系过渡为核心的新教育体系,进而实现终身学习的社会。在此基础上,日本政府还修订了中小学《学习指导纲要》,明确提出不同学校阶段道德教育的重点,日本的分阶段道德教育思想被首次提出。

20世纪70、80年代,是日本终身德育法制化的发展期。进入80年代,为适应经济、社会发展的需要,日本提出实现终身学习社会,建立终身学习体系的战略目标。日本前首相中曾根康弘于1983年12月提出教育改革七条设想,概括起来为,教育要展望21世纪适应日本社会对人才的需求,培养具有社会公德、崇高理想、强壮体魄的个性化、多样化的创造性人才。

进入90年代,日本颁布了推进终身教育的专项法律《生涯学习振兴法》。此后,推行终身教育便成为日本社会的一项具有法律义务的活动,而终身教育作为一项经常性的日常工作,亦开始在日本的全国各地——无论县城乡、机关还是学校,有条不紊地持续开展起来。与此同时,日本中央审议会发表了题为《关于21世纪我国教育的应有状态》的咨询报告,强调21世纪的教育要培养儿童的生活能力,并通过学校教育和家庭教育来共同实施这一教育的目标。生活能力强调的是人与他人、人与社会的共处能力。

另外,日本文部省还公布了《关于充实地域终身学习机会方策的答申报告》,报告强调创造一个在各自人生的任何阶段都能够自由地选择学习的机会,强调以社会人为对象的回归教育,并主张通过志愿学习活动、青年校外活动来实施人的道德教育。

◇ 第五章 国外几种终身德育的实践模式探索 ◇

纵观日本道德教育的法制化，经历了一个较长的历史阶段，但终身德育的法制化却是20世纪60年代以后，朗格朗终身教育思想提出后才发展和完善起来的。由于日本政治、经济、社会和历史的原因，日本终身德育法制化有着其自身的特点。

二 日本终身德育法制化的内涵和精髓

日本学校道德教育一直都采用阶段性教育形式，小学、中学、高中都有相应的教育内容、教育目标和教育重点。日本学校的阶段性道德教育构成了日本人终身德育的主要组成部分，而且学校的道德教育阶段划分和教育内容的确立也遵循了终身德育阶段划分的主要依据。日本的道德教育强调了四个方面的内容，即：关于自身的方向、关于和他人的关系、关于和自然以及崇高事物的关系、关于和集体以及社会的关系。用终身德育的价值理论来分析日本道德教育内容体系的四个维度，就是强调终身德育的个体价值、社会价值、生态价值和组织伦理，所以日本的道德教育虽然未明确提出终身性，但是从其道德内容的建构、道德教育实施方式和实施的形式来看，均具备了终身德育的特性。

日本终身德育实践的法制化体现为日本终身德育目标设定的法制化。日本的终身德育目标由终身德育的总体目标和分目标组成，这些目标的确立具有法制化特征。日本终身德育的总目标即日本教育的七项原则，"培养具有社会公德、崇高理想、强壮体魄的个性化、多样化的创造性人才"。为了保证总原则的指导性和合法性，日本将其列入日本临教审的咨询报告中，并就七项原则进行了系统、全面的说明，提出了重视个性、国家化、多样化和信息化的总体教育原则，实现了日本终身德育总体目标的法制化、制度化。

在七项原则基础上，日本修订了《学习指导要领》，将培养具有独立思考、判断和行动能力的人，培养具有国民必需的基础知识和基本技能、有丰富个性、能生存于国际社会，并能主动适应社会变化的人，培养具有丰富的内心世界和坚忍不拔毅力的新一代作为日本终身德育学校教育的主要内容。为保障日本终身德育总体目标的实施，日本修订了中小学《学习指导纲要》、公布了《高中学习指导要领》。《学习指导纲要》所规定的小学、初中、高中道德教育内容构成了日本终身德育的分目标，教育目标以纲要的形式予以确立，能够保证教育的延续性和可持续性。小学阶段的分目标确定了诚实、正直的个人品质，确立了友善、礼貌、感恩的待人态度，确立了喜欢自然、珍重生命的个人与自然的关系，确立了关心祖国文化和传统、树立爱国心、尊重社会公德的个人与集体和社会的关系。目的是培养出具有"坚忍不拔精神"和丰富内心世界的人，构建起个人无限丰富感性的内心世界。中学阶段的分目标，就是要培养尊重人性的精神和敬畏生命的思想；培育继承传统文化并致力于创造富于个性文化的人；培育致力于民主社会、国家之形成与发展的人；培育在实现和平的国际社会上有所贡献的人；培养有主体性、道德性的日本人。高中阶段的道德教育强调启发学生自己的探索能力和自我实现能力；培养学生的国家意识和社会意识；为学生灌输日本的主体精神；培养学生的自律精神、社会团结精神和责任感；教育学生尊重人权、平等待人、树立其为创造美好日本而努力的理想。

  日本终身德育的实施也遵循了法治化的轨迹。首先，通过法治化手段，加强道德教育教学管理。1987年日本文部省在"关于改善教育课程标准"的咨询报告中，提出了加强道德教育建设的意见和建议，指出了不同学校阶段道德教育的重点，强化了学校作为道德教育主体的作用，对道德教育教材的选择、道德教育教学管理、教师的道德教育能力提升等问题也给出了指导意见。其次，实现终身德育教育内容和教育方法的法制化。日本中央教育审议会提出了《关于整备终身学习的基础》为题的咨询报告。在此强调了终身德育在终身教育中的核心地位，同时也对终身德育的教育目标、教育手段和教育实施主体进行了分析，提出了具体要求。咨询报告强调人的终身学习要着眼于生活、提高职业能力和充实自我；终身德育的教育手段应该多样化、应该给受教育者选择适合自己的方法。在咨询报告中，终身德育突破了以往日本道德教育由学校单向为主的

◇ 第五章 国外几种终身德育的实践模式探索 ◇

施教模式，开始向国家、都道府和市町村多个实施主体转变。

纵观日本的终身德育发展历程，无论是道德教育分阶段的目标设置，还是道德教育"关于自己的事、有关与集体以及社会的关系"，日本的终身德育法制化为日本社会的转型提供了动力支持。对于日本在现代化建设中所取得的成绩，无论是日本学者还是国外学者，在捕捉其主要原因时，都看到了由忠诚、勤劳、节俭、献身等道德品质所凝结而成的日本伦理精神的作用，而这些精神的传承和发展依托的是日本的终身德育法制化的实现。在日本现代化的精神结构或者说价值观结构中，"支配日本产业发展的价值观绝非是单纯的、一元的，而是一个价值观群或价值复合体（value complex）"①。在这一价值复合体中，价值观之间有着逻辑上的关联，也有对立冲突的可能性，在这种统一和冲突的复合体中，人们要理清自己的价值观念和价值取向，必须要经历终身德育的洗礼，并在日本经济、社会发展的过程中，实现自身价值与社会价值的统一，实现个体价值为社会价值服务，同时社会价值的完善和发展也能充分考量到个体的发展和完善。日本的道德教育通过培养日本民族化的集团主义来实现日本现代化的精神结构。日本的终身德育通过民族主义、集体主义和集团主义的教育为日本现代化发展提供秩序保障。同时，又通过提供动力支持来实现日本的现代化，对日本经济现代化的发展和稳定发挥了作用。

日本的终身德育法制化促进了日本政治、经济、社会和文化的发展。第二次世界大战作为战败国的日本，其政治、经济和文化都受到了巨大的冲击，"国体之精华"在现实面前失去了说服力，日本民众对天皇的无条件拥护与遵从开始出现分歧和立场的动摇。日本民众产生了心理上的恐慌，他们一直推崇的思想都是错误的，日本全国上下处于思想的混乱状态。西方社会指出，日本军国主义分子长期以来一直用国家神道宗教欺骗民众，以达到发动战争的目的，战争的残酷、亲人的流离失所和日本惨重的经济、人员伤亡也

---

① 饶从满：《教育的比较视野》，安徽教育出版社2012年版，第39页。

让日本民众看到了军国主义的真实面孔。因此在国内外双重压力的促使下，日本在《关于停止修身课、日本历史和地理课的备忘录》中，明令禁止了教授充满军国主义毒素和迷信神道色彩的修身课。日本国内禁止"四大指令"[①]的贯彻、执行，彻底摧毁了天皇制法西斯主义教育体制，这是日本由战争转向建设、由军国主义走向民主国家的开端，它在短时间内为日本发展政治、经济营造了较为和平的国际环境，也为日本的自我发展开拓了空间。

三 日本终身德育法制化模式特征分析

日本的终身德育实践建立在日本特有的经济、社会发展基础之上，日本的终身德育法制化思想有其自身的独特性、连续性、人本性和他律性。

日本终身德育法制化的实施具有个体、民间组织、学者和政府四位一体的特征。日本教育改革的推进有着自下而上的规律性，即教育改革因道德个体的诉求而提出，由学者的专业分析和知识传导为纽带，实现民间诉求和政府的连通，政府进而通过立法和制度来促进和夯实道德教育的实施。20世纪60年代以后，经历过两次世界大战洗礼的日本民众，从战争的疮痍中恢复过来，并逐渐实现了思想上的觉醒，人们开始越来越多地关注社会、关注伦理、关注自我的发展和自身精神的满足。但是，日新月异的社会发展，使得人们的思想和观念同社会的发展现实出现了剥离，因此他们开始探索适应时代需要的道德教育形式和内容，这样就使得伴随经济、社会发展而不断发展、完善的终身德育受到了人们的青睐。学者看到了人们炙热的诉求和对自身全面发展的期盼，因此他们通过报告、专著、研讨会的形式，把民间的思想在上层阶级传播，上层阶级再将

[①] 四大禁令指的是战后在推进日本教育非军事化、民主化的过程中，先后颁布的《关于教员和教育行政官员的资格审查、任免的备忘录》《关于废止政府对国家神道、神社神道所进行的保证、支援、保全、监督及弘扬活动的备忘录》《关于停止修身课、日本历史和地理课的备忘录》，这几份备忘和教育非军事化和教育民主化的教育管理政策一起被称为占领军的"四大指令"。

◆ 第五章 国外几种终身德育的实践模式探索 ◆

这些教育思想传递给政府。一项政策的制定和执行离不开政府的支持，政府在终身德育政策的执行过程中起着关键作用。日本终身德育思想来源于民间，实施的主体是民众，得到了政府的同意并付诸实施。日本的终身德育就是实现了个体、民间组织、学者、政府四个方面的完全统一，这一特征保证了终身德育思想的不断发展，也促进了其道德实践的不断完善。

日本的道德教育以完善的人为培养目标，建立终身德育体系。比较日本在不同发展阶段所实施的道德教育，有一个共同点就是"无论何时，日本的道德教育都在强调人格的发展和人性的完善"。无论是日本的《教育基本法》，还是文部省颁布的《道德教育手册纲要》，再到之后的《道德教育的问题》《理想的人》咨询报告等都强调了道德对于陶冶人格、培养富有人性的人的重要性。就国家层面来讲，日本的终身德育强调人终其一生都要"忠诚"，效忠于天皇，效忠于日本本土，效忠于日本的统治阶级；就社会关系上来讲，日本崇尚武士道精神，推崇真理、正义，关于社会上不同人的需求，在《理想的人》咨询报告中，提出了时代所期待的理想的日本人标准——"面向世界的、开放的人"，"能适应时代环境，处理好各种关系的人"。就个体道德来讲，日本的终身德育注重对个体人格的尊重，努力培养道德个体的独立性、宽容度，提高学生道德情操，培养其是非、善恶的辨别能力，进而实现道德个体的身心健康。日本的终身德育是以道德个体单个的完善和发展为目标、以培养忠诚的日本人、开放的人、面向世界的人为标准，以实现人与社会的和谐、人与人的和谐为目的，形成日本道德教育个体、组织、国家等不同层次的终身德育体系。

日本终身德育法制化具有自律与他律相结合的特征。日本开展终身德育一个重要特征是制度与法制的建立。制度化的标志是1988年文部省进行的机构改革，其结果是新设立终身学习局，撤销原社会教育局，而在终身学习局下设社会教育课，从而理顺了社会教育与终身教育的关系，并在行政体制内确立了终身教育的主导地位。法制化的具体体现则是1990年《生涯学习振兴法》的出台，

◇　学习型社会建设中的终身德育研究　◇

这为开展终身德育的各项活动提供了法律依据，也是日本的终身道德教育取得成效的关键。但是道德教育，不同于传授知识的理论教育，也不同于注重动手能力的实践教育，它是对人的心灵进行引导和塑造的教育，所以道德个体对良好的道德观念的追求是实现人的道德完善的内因。以法律主导的终身德育的他律性和以人的内因主导的自律性相结合构成了日本终身德育法制化的又一显著特征。

日本的终身德育重视连续性，认为只有在连续之中，人才能成为人，民族才能成为强大的民族。日本终身德育法制化进程的连续性，体现在对天皇权利的拥护和对国家精神的传承。在日本，天皇是这个国家最高权力的象征，"不管是把天皇与国家当作一回事，还是把天皇解释为国民团结的象征，天皇制是日本所特有的制度，我们必须注意这种制度是不见于其他民族之中的"[①]。日本的"东洋道德西洋艺"纲领，就是坚持了日本传统的皇国道思想和神国主义观念，强调的是天皇的权力和忠诚的国民思想的传承。1890年日本颁布教育敕令，教育敕令的颁布标志着天皇军国主义教育体系的完成，其中将"忠孝"二字定为"国体之精华"强调国家道德之本就是培养忠臣孝子。1951年，日本参院制定的《国民实践纲领》，确定"国家道德的中心在于天皇"。当代的日本道德教育也将天皇作为日本民族的象征，国歌作为日本凝聚民族力量、展现民族精神的工具，开宗明义就提到"吾皇圣明、泽被万代"，可见日本道德教育贯穿始终、一成不变的核心思想是"万世一系"的天皇制，是对天皇的忠诚和效忠。

日本政体和国体的特征决定了日本终身德育主导思想的多变性和反复性。日本的终身德育思想具有法律的强制性，在一定时间内对加强日本国民的道德素养、促进国家的发展和整个日本社会的文明程度起到了举足轻重的作用，但是由于执政党来自于不同的组织，代表不同的利益集团，因此在政策和法律的制定和实施方面带

---

① ［日］中村元：《东方民族的思维方法》，林太、马小鹤译，浙江人民出版社1989年版，第301页。

有严重的功利主义色彩，政策是为执政党服务的，缺少执行力，所以梳理日本道德教育发展的历史发现，一项废止的法律政策又重新起用，或者转换为另外的名称而具体实施。另外，日本不同的法律和规范的制定属于不同的部门，所以教育的部分法律条款没有得到应有的重视和较好的发展。例如，日本的教育基本法，原则上是指导日本教育改革的基本大法，但在具体的运行中却出现了具体法的制定没有遵循教育基本法的法律条款，导致了教育基本法的名存实亡。

日本终身德育法制化进程中不乏制度的完善，却缺少具体的可实施性的意见和建议。1981年日本中央教育审议会提出了《关于终身教育》的咨询报告，要求"整个社会要广泛地立足于终身教育的思想，尊重个人为提高自己所作的努力，并给其以公正的评价，亦即向所谓的学习社会的方向努力"。但是在具体的执行过程中，报告却仅仅将人的终身德育划分为三个抽象的阶段教育，分别为：成人以前的教育、成人期的教育和老年人教育。每个阶段的教育目标、教育内容和实施方式、教育手段等都没有更深入的分析和研究，这就使得日本的终身德育只是停留在规范和法律的层面，在执行层面上缺少可操作性。另外，日本虽然通过法制化的建设进程提出了终身德育的相关思想，但是在具体的操作过程中，却重点强调终身德育的学校道德教育问题，而忽视学校以外教育场域作用的发挥。例如，《道德教育基本纲要》《中小学道德实施纲要》《教育基本法》《道德教育手册纲要》等都是围绕学校道德教育的实施进行的立法和修法工作。在道德教育实施主体问题上，日本政府特别强调教师和教育工作者的作用，其次家庭也是日本道德教育实施主体中的重要一环，但是社会、国家在道德教育中的主导作用只体现在法律和法律文件中，在道德实践中却很难看到其作用的发挥。

第三节　美国终身德育的学习化模式

美国是一个以民主和自由著称的国家，一度曾引发了关于"美国有没有道德教育"的疑问。实际上作为资本主义的头号强国,美国有着明确的道德教育目标、多样化的道德教育手段和行之有效的道德教育模式来维护其资产阶级的利益和制度。美国的终身德育就是将道德教育贯穿于公民终身教育之中,对公民进行政治观教育、道德品格教育和社会责任教育。美国的终身德育以公民不同渠道的学习为载体,形成了特色鲜明的终身德育学习化模式。

一　美国终身德育学习化的沿革和发展

美国是世界上最早推进终身教育的国家之一,其中也包含着终身德育的思想。终身教育兴起的20世纪60年代,也正是美国的民权运动和反对种族隔离运动的盛行期,因此这个阶段美国的道德教育以平等为主要内容。1963年底美国总统肯尼迪遇刺身亡,约翰逊接替总统职位。约翰逊本身的生活经历推动了其"大社会"思想的产生,他开始关注美国黑人和少数族群公民权的保护,并决定对贫困宣战。总统平等和民主的思想推动了这个时期美国道德教育思想的发展。1965年约翰逊向国会递交了《初等和中等教育法案》,法案在国会得到了通过,法案一方面是追求人人教育机会均等,另一方面是保障弱势儿童的教育质量。法案旨在为贫困儿童、残疾儿童、印第安儿童、被忽视儿童和少年犯提供教育均等的机会,为未达到同等教育水平的成人提供终身接受均等教育的机会,为家庭贫困儿童所在的当地教育机构提供财政援助。另外,国会通过的《第94—142号公共法案》是美国20世纪70年代最重要的法案,它对美国残障人士的受教育权给予了认可,其目的在于保障所有残障儿童能够接受最合适的免费公共教育。民权运动过后,美国又迎来了声势浩大的女权运动,各个团体和组织开始要求他们在社会和教育中的权力,女权运动和民权运动成为了20世纪60年代两个重塑美国人价值体系的社会运动。前者追求的是同工同酬的平等权利,后者追求的是教育的平等,这正是那个时代美国道德教育的核心即为每个人提供平等机会。民权运动和女权活动推动了终身教育和终身德育思想的发展,家庭妇女开始走上工作岗位,黑人获得了平等的劳动机会，但是由于以往教育的不平等导致他们对工作岗位的不适应，因此继续教育和成人教育成为了这个时代教育的一种主要形式。"美国高等教育机构进一步向成人敞开了大门，特别是向半工半读者提供不授予学位课程的大学至1972年已占全美大学总数的一半以上，这一态势甚至一直延伸到现在。"[①]

20世纪60年代到70年代的美国，学校道德教育值得关注的是道德教育理论和实践的研究。价值澄清模式、道德认知发展理论就产生在这个阶段。如前所述，劳伦斯·科尔伯格的道德认知发展理论把人的道德认知发展进行了阶段划分，提出了道德教育的目的是促进人各个阶段的发展的理论，具有显著的终身德育的特征。

1976年美国《终身学习法》（Lifelong Learning Act），又称《蒙代尔法》（Mondale Act）由议会通过。学习法指出美国社会的加速发展和科学技术的革新使得人们十分珍惜生活时间，人们对生活质量的要求不断提高，美国追求终身教育以适应政治、经济、社会和技术变化的需要是美国终身教育产生的历史背景。学习法还指出了终身德育的主要任务和目的，即开发全体人民的潜能，增进人民的幸福，提高人民适应岗位的技术能力和培养人民参政议政的能力和素质。学习法强调终身教育对退休人员的重要性，将终身教育的受众范围扩展到了人的老年阶段。学习法还就终身德育的实施方式、终身德育的保障机制等问题作了系统说明。《终身学习法》是美国推进道德教育终身化的一个重要立法。

20世纪80年代是美国道德教育的转型期，1980年的美国总统大选出人意料，共和党极端保守派代表罗纳德·里根以巨大优势战胜民主党人吉米·卡特，改变了自1932年以来共和保守派特别是极端保守派在美国政治生活中失势的局面。"这次大选是保守主义和共和党的重大胜利，是联邦政府经济和社会政策从自由主义转向保守主义的漫长历史性转变的转折点，标志着一个时代的结束。"[②]

---

① 吴遵民：《现代国际终身教育论》，中国人民大学出版社2010年版，第222页。
② 陈平：《美国道德教育发展研究》，南京大学出版社2011年版，第292页。

◇ 学习型社会建设中的终身德育研究 ◇

1981年国家教育优异委员会（The National Commission on Excellence in Education）发表报告《国家处在危险之中：教育改革势在必行》（A Nation at Risk：The Imperative for Educational Reform）。报告指出，"我们的国家处于危险之中。我们曾经所向披靡的贸易、工业、科学和技术发展正在被他国超越……如果一个不友好的国家试图把我国今日现存的低劣教育成绩加于我国，我们会认为此举意味着向我们宣战……我们所关切的……不仅是国家工业和贸易的前景，还有人民的智力开发、道德规范和精神力量，这些交织起来才能支撑我们的社会。"[1] 报告表达了对美国教育，特别是道德教育的担忧，呼吁要实行教育改革。《国家处在危险之中：教育改革势在必行》报告所表达的是对学校道德教育发展的要求，1980年修订的《中学后继续教育法》表达了成人继续接受道德教育的方式、渠道和模式，即实现人的终身德育。《中学后继续法》强调建立人人平等、自由开放、能够适应经济、社会发展需要的终身德育模式，强调发挥校外社会机构的教育作用来实施终身的道德教育，这就为终身德育社会化学习的实施奠定了基础。

20世纪90年代，美国道德教育进入明确的教育目标设定年代。由于对道德教育的忽视所导致的美国青少年犯罪、赌博、吸毒等一系列社会问题的出现，使得美国人开始重新审视自己的道德教育。进入90年代，美国分别颁布了《美国2000：教育战略》（America 2000：An Education Strategy）和《美国2000年教育目标法案》（Goals 2000：Education America Act）两个在美国教育史上具有重要意义的法案，这两个法案的颁布推动了美国终身德育学校学习化模式和终身德育职业化模式的实施。90年代的美国道德教育明确提出了要同犯罪和毒品做斗争的任务，并提出了八大教育目标，旨在为美国人提供希望和机会。其中，目标六要求到2000年，美国所有学校都要实现无毒品和无暴力，把学校建设成为纪律严明、秩

---

[1] The National Commission on Excellence in Education, A Nation at Risk: The Imperative for Education Reform, Washington D. C: U. S. Government Printing Office, 1983, pp. 5、6.

序井然的学习场所,为学生的道德养成提供良好的学习环境。为了确保终身德育学习模式的有效实施,目标还规定了教师队伍建设的相关要求,教师作为道德学习的施教者必须拥有良好的素质和教育管理的能力。目标同时也强调了家庭作为个体情感培养的重要场域,在终身道德教育中要发挥促进作用。

二 美国终身德育学习化的内涵和精髓

道德是否可教曾经是哲学界争论的问题,按照苏格拉底"美德即知识"、"美德即智慧"的论断,那么道德就是可教的,美国人认为"与其讨论道德是否可教,不如讨论道德是否可学"[①]。道德可教的主体是教师,学生是被动地接受和强制性的执行,而道德可学的主体是学生,学生自愿地接受自己所认可的道德思想,体现了道德主体的自主性和自愿性。在美国人看来道德是可学的,在长期的道德学习的实践中形成了美国独具特色的道德学习化模式。

美国终身德育的学校学习。终身教育是美国教育体系中的一个重要方面,美国的大学里,有正值芳华的青年学生,也有精神矍铄的老人,美国学校道德教育也就有了终身性。就终身德育的阶段性来说,学校道德教育是终身德育的一个重要阶段。美国学校的道德教育内容务实而丰富。爱国主义、公民意识、民族情感是美国学校道德教育的核心也是国家爱国主义教育的要求;学会协作、关心他人,处理好与他人的关系是美国学校道德教育社会层面的要求;培养学生的责任心、陶冶自身情操、发展自我道德是美国学校道德教育对学生个体道德培养的目标。美国学生在学校的道德学习有两种方式,正式学习和学校活动。美国中小学阶段起就开设正式的道德教育课程,例如"西方文明"、"道德哲学"、"艰难的选择"等与道德判断、价值选择有关的课程。美国三分之一的高校都开设了"公民教育"等课程,美国《公民教育中的实践承诺》(NCSS)认为,公民教育可以通过课堂学习实现公民道德的培养。另外,美国

---

① 许桂清:《美国道德教育理念研究》,中国社会科学出版社2008年版,第21页。

的人文社会科学课程都渗透了道德教育的内容。"虽然社会科课程在公民教育中占有主要的地位,但公民价值观可以、也经常来自于文学、科学、艺术、其他课程和学生的课外活动,并且学校不是公民教育唯一代理人,社区对学生公民素质培养也负有责任。"[1] 美国是一个重视道德实践的国家,因此美国学校十分重视有益于发展学生个人道德的学校实践活动,所以美国学生的道德观念不仅可以从课堂上学到而且可以从学校的社会实践中习得。美国学生的道德学习方式丰富多彩、生动活泼,具有很强的社会实践性。生活体验是美国学生学习道德的重要方式,美国高中学生在学习之外经常参加学习、演讲、访问、调研、募捐、展览等体验活动,在生活中体验道德教育的理念。例如:学生到美国的国家纪念馆、博物馆、展览馆参观等,这不仅可以让学生了解祖国的历史,更能激发他们的爱国情感和民族自豪感。另外,学校仪典活动也是美国学生学习道德的重要方式,例如节日庆典、文艺演出、升旗仪式等。"美国规定大、中、小学必须定期举行升国旗仪式。几乎各个学校所有的班级都悬挂国旗,许多集体活动都以唱国歌和向国旗宣誓作为开始,课程中也充满爱国主义的内容"[2],美国学校为了培养遵纪守法的社会公民,学校经常组织学生到地方法院旁听案件审理,并在学校内设置模拟法庭,组织学生对具体的法律问题进行辩论,在法律实践中增强学生的法律意识和法律观念。

美国道德教育的社会学习。美国的道德教育一直以来都十分重视社会教育的重要作用,特别是注意发挥社会上的个人、组织、部门的作用来共同开展道德教育。美国课程发展指导协会(简称 ASCD)就曾于 1988 年起草、完成了《学校生活中的道德教育》报告,指出"道德成熟的人"所应该具备的六种品格特征,并就培养负责任、肯努力、有毅力、有同情心、有信心和团队精神的公民课程改革进行了尝试,该组织对美国道德教育改革

---

[1] 陈平:《美国道德教育发展研究》,南京大学出版社 2011 年版,第 263 页。
[2] 梁金霞、黄祖辉:《道德教育全球视域》,华南理工大学出版社 2007 年版,第 139 页。

◈ 第五章 国外几种终身德育的实践模式探索 ◈

起到了重要的推动作用,也帮助学生确立了道德学习目标。1992年成立的品格教育协作组织(CEP)提出了"关心社区"计划,目的在于"培养本国年轻人的公民美德和品格,以创建一个更具同情心和责任感的社会"[①]。除了社会组织特别是学术组织的推动,美国人的终身德育社会学习一个重要的组成形式是榜样学习,例如学习英雄的励志故事、政要的演讲等。

美国政府在推动道德教育实践方面发挥了重要作用。首先,地方政府组织学生到营地开展教育活动、为学生提供生活咨询和心理咨询等工作。另外,个别的州为了实现好学生道德教育的社会学习,还特别为社科教师开展政治制度的教育和培训工作,增强教师对美国的政治组织模式的理解和认可,通过教师的授课,将其学到的理论传授给学生,实现学生道德的间接性社会学习。美国道德教育社会学习的另外一个重要方面就是要通过社会实践学习提升全民的社会责任感和公民意识。美国社会学家詹姆斯·科尔曼在20世纪80年代就提出"全国青年计划",目的是要青年通过社会服务履行青年的"社会责任",改变青年的自我沉溺和无社会责任感的道德状况。之后,美国的很多州把学生的道德社会实践扩展到了人的一生,认为人应该一生都在从事道德实践活动,即"为他人服务是一项终身的承诺"[②]。培养每个社会公民服务他人的意识、养成公民服务他人的习惯,服务型社会本身就是社会道德建设的一个重要方面。

美国道德教育的家庭学习。家庭是道德教育的基石,父母是孩子道德教育的第一任老师,因此家庭学习对学生的道德养成具有重要作用。首先家庭教育会影响人的一生,杜威强调实践是最好的老师,而家庭生活就是人一生的实践,这种实践将会影响人的一生。家庭生活中父母日常行为中所体现出的价值取向和人生观会直接传递给孩子并发展成为孩子的人生价值观念,因此往往家庭观念强的

[①] 朱晓宏:《复归与重构——当代美国道德教育理论与实践的变革》,山东教育出版社2011年版,第145页。

[②] 同上书,第184页。

◇　学习型社会建设中的终身德育研究　◇

父母培养的孩子也有较强的家庭观念，反之亦然。另外，家庭作为人生活的第一场域给人创造了适应社会生活的第一课堂。学生在家庭生活中学会承担责任，父母对家庭的责任和付出是学生们对责任的最初体验，与此同时学生作为家庭的一分子也要分担父母的家务、照顾生病的家人、维护家庭和睦，承担家庭责任。学生在家庭生活中养成良好习惯，如，早睡早起、卫生整洁、勤劳朴实等；健康的饮食、定期的锻炼、健康的心理也是在家庭环境中养成的。学生在家庭生活中学会与他人相处。诚信守时、互助友爱、敢于担当的美德是在家庭交往中习得的；人与自然、人与社会和人与自身关系的和谐也是在家庭观念的引导下产生的。学生在家庭生活中学会尊重和关爱他人。里考纳是美国品格教育的代表人物，他向父母提出了"养育好子女的十妙计"（Raising Good Children：Ten Big Ideas），即：道德是尊重，尊重的道德培养是缓慢的且贯穿成长阶段；培养相互尊重；树立好榜样；用生动的方式教育子女；帮助子女学会自己思考；帮助子女承担责任；子女自立与父母管理之间的平衡；爱子女；在家庭生活中培养子女品格的发展。在里考纳看来，"尊重"是十条妙计中首要的道德核心，是在世界所有宗教和文化中都可发现的黄金规则的核心，"所有父母，无论其信仰是什么都有义务教给子女尊重的道德"[①]。

美国终身德育的宗教学习。美国是一个宗教化程度很高的国家，大大小小的宗教派别达300多个，因此宗教在美国人的终身德育中发挥着重要作用，特别是天主教、基督教的教堂和犹太教的教会在美国一直承担着价值教育的责任。当一个人还是胚胎时就伴随着母亲到教堂祈祷和祷告，生命也是在牧师的祷告声中结束，所以说宗教教育成为美国培养个人道德修养和完善个人品格的主要方式。美国的宗教学习主要有两个渠道，一是学生通过学校的宗教课程或者宗教活动。美国学生可以到开设宗教课的私立学校学习，学校会开展比较全面、系统的宗教教育。美国的公立学校对学生开展

---

① 陈平：《美国道德教育发展研究》，南京大学出版社2011年版，第380页。

宗教活动也是不反对的。二是通过社会上的宗教活动进行人的终身道德教育。美国的宗教教育具有较强的排他性和本土化特征。美国大多数基督教走读学校都执行了"促进基督教教育方案"（Accelerated Christian Education program，ACE）。"该方案重视个人的学习并为学生提供便携书（称作 ACEs）以适应他们自己的学习进度"[①]，"通过严格的意识形态教育，ACE 的课程材料促进了爱国主义和社会保守主义的发展，谴责了社会主义、自由主义和人文主义，甚至强烈地暗示天主教徒和犹太教徒是道德低能儿"[②]。宗教教育对美国的道德教育具有重要的影响作用。美国作为一个多党制国家，"宗教超越宗教之外，往往又被政党所信奉和尊重，往往扮演着一种'道德权威'和'政治良心'的角色"，"美国能够在众多的社会公害中保持大体上安定的局面，教会在其中起的作用是不能忽视的"[③]。

三 美国终身德育学习化模式特征分析

美国道德教育学习化模式体现了政府的主导。美国道德教育学习化模式的政府主导首先体现在政府对终身德育建设制度的完善，其次体现在基金的支持，最后是国家元首对道德教育的关注。美国在终身德育学习化模式的建设中通过国家的行政力量制定了较为完善的终身德育制度和法案以保证终身德育的执行和延续。无论是政府的《美国 2000：教育战略》的确立，还是克林顿政府的《2000 年目标：美国教育法》的生效，再或者是小布什政府的《不让一个孩子掉队》法案的实施，都是通过国家法律的权威来实施的，是国家元首政治力量支持的结果。奥巴马上任后，"在不增加财政赤字的前提下，2014 年政府将为教育事业投资 710 亿美元，较 2013 年

---

① 陈平：《美国道德教育发展研究》，南京大学出版社 2011 年版，第 285 页。
② 同上。
③ 唐棠双：《试论美国宗教教育在其思想政治教育中的作用》，《经济与社会发展》2004 年第 5 期。

提高5%"①。另外,美国道德教育的教育思想具有延续性,道德教育实践活动不会因为领导人的更替而出现松动。《美国2000年教育目标法案》是对《美国2000:教育战略》的延续和发展。目标法在教育战略所规定的六条目标的基础上将其扩展到八个目标,使得教育的组成要素更加完善。虽然两部法案是在不同的总统执政期间,但后者还是延续了前任总统的教育政策,确保了道德教育的延续性和长期性。

政府拨款是美国政府引导道德教育方向的主要方式。美国是一个重视教育投入的国家,"在历年的国家总体(联邦、州、市地政府三家平均)支出比例上,教育居第二位,仅次于国防支出"②。政府运用专项经费来加强教育者的培训和教育。美国政府强化家庭教育在学生教育中的重要作用,个别州开展了涉及家长的教育和教师培训,并拨专款设立家庭教育资源中心或者用于聘用专职的家庭和学校关系的协调员。美国大众对美国品格教育重塑美国人的价值,帮助学生明辨是非标准有着较高的期望,因此为了赢得大选,美国政府将大量经费用于品格教育。"自1994年开始……每年拨款400万美元予以支持。目前,美国政府用于品格教育方面的拨款已经达到22亿美元"③,政府的财政支持推动了美国品格教育的发展,地方管辖下的公立学校,为了获得联邦政府的教育经费,不得不朝着品格教育学校的示范标准去努力。到1998年,美国的50个州中有48个州达到了品格教育学校所规定的标准。④ 简而言之,美国道德教育的成效同政府的政策导向、经费支持和政要推动密切相关,政府在终身道德实践中发挥着重要作用。

美国终身道德学习化模式体现了道德教育的全面性、全方位

---

① 楚明珠:《美国2014年财政预算案优先投资教育》,《世界教育信息》2013年第10期。
② 柳海民:《近十年来美国教育经费投入的研究》,《比较教育研究》1994年第6期。
③ 朱晓宏:《复归与重构——当代美国道德教育理论与实践的变革》,山东教育出版社2010年版,第148页。
④ 同上书,第149页。

◈ 第五章 国外几种终身德育的实践模式探索 ◈

和全覆盖。美国终身德育的学习化模式体现了教育内容的全面性。从国家层面来讲，美国的终身德育实践凸现了美国对爱国主义、民族主义和美国精神等主体价值观念的重视和教育；学会关心他人、学会帮助他人、学会融入社会的和谐生活，强调了人的道德教育的社会层面的内在要素；而实现人的品格发展，强调人的良心、陶冶自身情操则是对人的个体道德发展的具体要求。终身德育的学习化模式的内在要素包含了个体道德、社会道德和国家道德的各项内容。如此全面而系统的道德教育任务，不是仅仅依靠学校单一的道德教育实施主体所能完成的，需要发挥学校、家庭、教会、社会组织等道德教育实施主体的合力。其中，具有专业知识背景的教师运用有效的教育方式和实用的教育内容引导学生道德发展的方向；家庭通过家庭成员的道德示范效应来帮助学生养成良好的个人习惯和待人接物的良好素质；宗教信仰在对人的道德进行规范的过程中，通过对人所希望的超然世界的自我假设，融合人对事物的美好期许和希望，引导人们自觉地去履行宗教所施加于人的规范。

除了学校、家庭、宗教对道德教育学习模式的影响，社会组织对美国终身德育的发展也起到了积极的推动作用。美国有大量关心道德教育的团体和组织，他们热衷于公民道德教育，致力于促进青少年教育的发展。如，全国家长和教师协会，这一组织一直以来都在推动家长参与学校的教育工作，另外该组织配合学校的道德建设开展了形式多样的活动，让学生在实践中获得道德。在美国大量的专业团队、民间研究机构和基金会也都对道德教育的发展发挥着作用。如前面所介绍的美国课程发展指导协会、品格教育协作组织等，他们通过开发课程计划方案、评估课程标准、监督开发课程的实施而介入到学校的道德教育活动之中。总之，不断扩大道德教育的实施主体以回应社会对道德教育发展的要求，在多元的社会文化中，寻求道德教育的核心价值体系，并通过多维主体实施教育，扩展道德教育的途径，增强道德教育的效果，是美国道德教育的一个显著特点。

美国终身德育实践的发展是内动力和外动力共同驱动的结果。美国经济、社会发展这一外动力和美国社会自身无法解决的道德问题这一内驱动力的联合作用是推动美国终身德育的双驱动力。任何道德的发展都受到同时代的经济和社会发展的影响，而某一时代主导的道德观念一定是同时代的经济、社会发展水平相一致的。20世纪50年代以来，美国的教育经历了六次改革浪潮，每一次改革都是对当时尖锐的社会问题的反馈，是调整教育以适应经济、社会发展需要的具体体现。这六次改革浪潮都包含着道德改革的内容。20世纪60年代是黑人追求平等、妇女追求权利的年代，这就决定了美国这个阶段道德教育的主旋律是"平等、权利"，在这一核心道德引导下，对特殊人群和弱势群体的道德关怀和关注便成为了平等教育的一个重要组成部分。70年代的美国道德教育关注受教育者离开学校后的职业教育，因此这个阶段的美国道德教育更关注职业道德的养成。进入80年代，当时社会外在环境恶化所引起的校园内吸毒，多元文化融合引发了校园道德的冲突。美国教育强调教育质量的提升和道德教育目标的重塑。90年代以后美国的道德教育更加注重公民教育同个体道德教育的结合，首先是尊重道德个体的道德发展，其次是强调道德教育的统一性，强化公民教育。90年代美国道德教育强调个体和统一，主要是出于不失美国民族性和自由性，全球化的发展，推动了国家和民族间的联系，为了在多元的文化中保持自己的独立性就必须实现个体和国家的统一，在道德教育方面就体现为个性和民族性的统一。

第六章 我国学习型社会建设中的终身德育理论

20世纪60年代后,终身教育思想传入中国。20世纪80年代初期,终身教育、终身学习、学习型社会建设的观念开始在中国广泛传播,并以政策、法规的形式将其制度化和法制化。终身德育作为中国学习型社会建设中的一个重要环节,它直接关系着学习型社会建设的成败和中国民众德育水平的整体状况,就中国学习型社会建设中的终身德育进行研究,是进一步完善公民道德建设水平、建设民主国家、实现中国治理能力和治理水平现代化的现实需要,是实现"两个百年"奋斗目标和中华民族伟大复兴中国梦的时代要求。

第一节 学习型社会建设中我国终身德育的目标追求

"思想政治教育的目标,就是教育的领导管理者,根据党和国家在特定历史时期的纲领、路线,根据社会发展和人的发展的客观要求,对思想政治教育所应达到的效果而指出的指标要求。"[①] 它是我们在一定时期内实施教育活动所要达到的预期效果。中国学习型社会建设中终身德育的目标,就是根据学习型社会建设中创造新

---

① 平章起、梁禹祥:《思想政治教育基本理论问题研究》,南开大学出版社2010年版,第104页。

生活、享受新生活的个体目标，充满活力、不断增值的组织目标和全面发展、持续发展的人本目标，通过开展全面的、阶段性的、贯穿人一生的道德教育，培养出具有健全人格、道德品质良好的学习型社会建设者。道德教育目标的要求就是要使人们能够全面发展、过上幸福生活，并通过德育的教育功能营造出人与自然、人与社会、人与人、人与自身和谐共融的良好社会风尚和社会伦理。终身德育目标不是单一的个体目标，而是一个有机的组合体，并且各个目标之间有着其内在的联系和内生关系。终身德育目标，是终身教育主体、客体、媒介等诸要素相互作用的产物，它对终身德育起指导和制约的作用。因此在对终身德育诸问题的探讨中，必须深入分析和研究终身德育的目标结构。

一 终身德育目标确立的依据

中国的终身德育以人的全面发展、幸福生活和社会和谐为目标。终身德育不仅对人的人生态度、价值观、情感、信仰和整个人一生的心灵发展有重要影响，而且对社会的和谐、国家经济、政治、文化和生态的发展都会产生显著的影响。对终身德育效果的判断应建立在对人的道德应然状态和实然状态理性分析的基础上，确立满足受教育者和社会发展双重需要的终身德育目标。

中国学习型社会建设对道德的要求是终身德育目标确立的根本依据。学习型社会建设是一个深刻的理论问题，更是一个结构复杂的现实问题。学习型社会要建立的不仅仅是知性的社会，更是道德文明的社会，因此道德学习就成为了学习型社会建设的一个重要内容。一定的社会政治、经济、文化和生态水平是同这一时期的道德发展状况紧密相连的，社会的整体道德发展水平是社会经济状况的反映，同时又是社会进一步发展的条件。学习型社会建设毫无疑问将带来社会群体受教育程度的提高和个体知识文化水平的提升。人才和知识作为生产力必然会带动社会政治的进步、经济的发展、文化的繁荣和生态的优化，而这些发展要沿着正确方向和合理的轨道运行就少不了道德的指导和约束。一个没有道德约束的人其发展必

◈ 第六章 我国学习型社会建设中的终身德育理论 ◈

然是片面的、不健康的;一个没有道德规范的社会也将是秩序混乱、道德沦丧、经济衰败的社会。道德作为调整人与自然、人与社会、人与人以及人与自身关系的准则,在学习型社会的构建中能够发挥巨大的调节功能,形成良好的人际关系和社会氛围。

学习型社会建设对人的发展的要求,是终身德育目标确立的客观依据。学习型社会培养的人不是片面的、异化发展的人,而是全面的、健康发展的人。"人的发展是在一定社会条件下从自然人向社会人转变和发展的过程,是逐步增强人的社会性,使其成长为合格的社会成员的过程。因此,人的发展不仅包括体力和智力的发展,而且包括社会化所需要的思想道德品质的发展。"[1] 人的发展与完善是人类一切认识与实践活动的出发点,也是人类在教育过程中一直追寻并努力实践的重心。"把一个人在体力、智力、情绪、伦理各方面的因素综合起来,使他成为一个完善的人",学习型社会就是要通过学习拓展人的视野、净化人的灵魂、提升人的思想境界,改进人的世界观、价值观和人生观。学习型社会建设中全面发展的人的培养需要充分发挥社会对人的培养和教育作用。人是社会的产物,在社会中生存,人的品格的发展也受到社会环境的影响。一个安定、团结、和谐的社会环境必然会带动人的品格向着平和、互助和关心他人的角度发展,而一个动乱、人人自卫、个个自私的社会环境也必然将人带进自私自利、斤斤计较、在组织中迷失自我的深渊。学习型社会所确立的人的全面发展、社会和谐共融的道德环境为人的全面、健康和可持续发展提供了环境保障。

学习型社会建设中驱动合力的激发是终身德育实施的动力。学习型社会是全民参与的社会、是人人学习的社会。激发和带动全民共同参与到学习型社会建设中来需要强大的驱动力和凝聚力。终身德育通过教育目标、教育方法和教育内容的确立关注道德个体的道德发展和道德提高,这是对以往道德教育的突破,同时也是积聚建

---

[1] 张耀灿、郑永廷、吴潜涛、骆郁廷等:《现代思想政治教育学》,人民出版社2006年版,第252页。

设力量的有效手段。传统的道德教育最关注的往往是社会的整体道德状况，却忽视了作为道德主体的个人的道德发展。终身德育从人本主义入手，把学习型社会建设的目标确定为个体道德发展，这既是对个体道德发展的重视，更是对个体的尊重。对个体道德和组织伦理的关注既基于对当前社会状况的分析，又立足于对未来社会伦理发展趋势的科学预测，体现了道德的实然和应然状态的结合，为人们勾画出了美好的、和谐的道德发展前景，使得人们产生强烈的价值期望和道德共鸣，这必将激发人们强大的使命感、责任感和道德认同感，增强人们同心合力、排除艰难共同致力于学习型社会建设的信心。此外，终身德育体系中，学会生存、学会生活、学会发展的价值要求是统一的，体现着受教育者、教育实施者利益的一致性，体现着个体道德、组织伦理和社会道德的一致性。这使得各个道德主体的力量得以凝聚，形成强大合力，为学习型社会建设共同目标的实现而努力。

二 终身德育目标确立的原则

终身德育目标确立的原则，是终身德育目标在教育实施过程中的规律性反应，是教育目标确定的一般规律，它既从一定侧面反映了教育目标的特点，又从一定程度上折射出教育方法的要求。终身德育目标的确立必须遵循受教育主体的发展规律，从道德教育主体的实际和社会现实出发，确保终身德育的各个教育目标能够同学习型社会建设的总体要求相一致。

发展性是终身德育目标确立的核心原则。事物的静止是相对的，而运动是绝对的，任何事物都处于不停的运动当中。人作为一个独立的个体，体征的稳定是相对的，而思想和情感等的变化却是绝对的。人的发展同事物的发展一样，永远处于螺旋式发展、曲折式上升的状态，因此人对事物总的观点和看法也是在变化和调整中，终身德育作为调整人的价值观和世界观的教育手段，也必须伴随着人的调整而发展，以满足人的发展需要。

政治、经济、社会、文化和生态的变化和发展，需要终身德育

◈ 第六章 我国学习型社会建设中的终身德育理论 ◈

目标的确立具备发展性。社会活动是政治、经济、社会、文化和生态的总体运动反映，它是一个极其复杂的综合体，道德是社会生活的重要组成目标。道德教育目标由长远目标和阶段性目标构成，一定阶段的教育目标与这一时期的政治、经济、文化、生态发展相一致、相影响。政治、经济、文化、生态目标的调整将引发阶段内具体道德教育目标的变化和调整，因此，终身德育目标不是一劳永逸的，而是变化发展的，是根据事物发展的客观实际而进行适时调整和修订的。

现实性是终身德育目标确立的根本依据。终身德育目标是人应然道德的反应，是超越实然状态的道德，但它不是脱离实际、远离现实的道德。终身德育目标的确立必须要遵循两个现实，首先是人的发展阶段的现实。《礼记·曲礼上》云，"吾十有五志于学，三十而立，四十而不惑，五十而知天命，六十而耳顺，七十而从心所欲，不逾矩"。人发展的不同阶段，所处的实际环境和自身需求也各不相同，所以终身德育目标的确立要符合人的发展阶段的现实，否则教育就失去了其有效性和针对性。其次，终身德育目标的确立必须与社会现实相适应。教育是为一定阶级服务的，终身德育也具有自身的阶级性。西方国家进行终身德育的目的是使教育主体能够自觉、自愿地接受西方的社会制度，以保持统治阶级利益的存续。而社会主义国家的终身德育，要满足广大人民群众发展的现实需要，为不断巩固社会主义意识形态服务。

终身德育目标的制定也要考虑教育主体所处的社会实际。经济决定意识，意识是经济的反映。终身德育是现阶段经济状况的整体反映，因此道德教育也不能够脱离经济成为虚无缥缈的空中楼阁。社会是道德的承载体和产生的源头，来自于社会的道德也必须服务于社会的发展，道德通过其传导作用宣扬和发展社会中的善，通过规范和引导功能来否定和扼杀社会中的恶，以保持社会的良性发展。文化是社会的鉴定器，一定的文化表达的是人类所能达到的历史发展水平，因此社会的文化程度昭示了社会的道德水平，同时文化还能够通过潜移默化的作用来造就人的心理和道德品格。生态环境影响着人类的道德发展水平，良好的生态环境能够促进人的道德发展，不好的生态环境就会对人的道德发展产生不良的影响。所以终身德育目标的确立还要同当时、当地的政治、经济、文化和生态发展状况相一致，努力实现道德规范的良性发展。

一致性原则是终身德育目标确立的基本原则。终身德育目标确立的一致性原则，首先体现在终身德育各层次目标上。终身德育由多层次子目标构成，各子目标相互一致，共同发挥合力，共同作用于终身德育的总目标。同时，各子目标的确立也同总目标相一致，保证总体目标的科学性和完整性。终身德育目标确立的一致性还体现在教育目标同教育要求相一致。学习型社会建设实际为终身德育目标的确立提出了比以往德育目标更具体的要求，因此终身德育目标的确立要充分考虑到学习型社会建设的需要，只有这样才能使终身德育目标满足学习型社会建设的道德需要和学习型社会建设对人的全面发展的要求。

整体性原则是终身德育目标确立的重要原则。终身德育目标是一个完整的有机体，由整体性目标和若干个子目标组成。整体目标作为一条主线贯穿于各分目标中，把各个子目标串联成为一个相互联系的目标体，并规定着各个子目标的方向和性质。各子目标紧紧围绕整体目标展开。他们之间又相互渗透、相互影响，子目标的确立将影响到整体目标实施的效果，只有总体目标和子目标达到完全的统一时，终身德育的整体教育目标才能完成，若总体教育目标同子目标南辕北辙，则总体教育目标和子目标的德育效果都会削减，因而不能够达到各自独立时的效果，所以只有总体目标和子目标相互协调，才能形成教育合力，使终身德育的目标明确而准确，并真正形成道德教育目标整体。终身德育目标的确立还要重视子目标的全面性，防止顾左右而言其他，并且要使每一个子目标都能成为整体系统的有机组成部分。

终身德育目标确立的整体性原则，要求终身德育目标本身的整体性。个体道德、组织伦理、社会道德，是终身德育组成的三个有机要素，个体是组织的基础，组织是社会的构成，缺少任何一个方

◈ 第六章 我国学习型社会建设中的终身德育理论 ◈

面,终身德育的主体都不会完整。人与自然、人与社会、人与人、人与自身,这四层关系是终身德育规范和调整的范畴,它们是终身德育链条中的一环,它们的密切性和联系性是一个完整的体系,不可割裂。

三 终身德育的目标结构

学习型社会建设中的终身德育目标具有不同的层次,不同层次的目标形成一定的关系及结构,即目标结构。终身德育的目标结构由总体目标和分目标组成,具体来说是由个体目标、社会目标和现实目标等要素构成。

第一,和谐社会是学习型社会建设中终身德育的总体目标。和谐社会是社会处于一种各要素相互协调、相互促进的状态下。"我们所要建设的社会主义和谐社会,应该是民主法治、公平正义、诚信友爱、充满活力、安定有序、人与自然和谐相处的社会。"[①] 学习型社会中的终身德育的总体目标是实现人际关系的和谐、人与生态的和谐、人与自身的和谐。

人际关系的和谐是指人与人之间能够保持适当和良好的关系。个人能够在集体允许的范围内,最大限度地发挥自己的个性,发展自己的能力;集体能够在社会规范的范围内,适度满足个人的基本需求。个人作为不同的社会角色构成体,首先要实现家庭和谐,在情感法则的指导下实现夫妻关系、亲子关系的和谐。家庭和谐是组织和谐与社会和谐的基础,也是实现人自身和谐的必备条件。人作为社会组织中的成员,组织的和谐是实现人的现实价值的重要手段。组织的和谐是组织的每一个成员将个体目标同集体相统一的结果,组织的和谐可以提升组织的工作效能、增强组织中个体的归属感。和谐组织关系下所产生的社会价值能够增强个体和组织的荣誉感和成就感,使得个体能够和集体建立更进一步的依赖关系,促进

---

① 胡锦涛:《在省部级主要领导干部提高构建社会主义和谐社会能力专题研讨班上的讲话》,《领导决策信息》2005年第4、5期(合刊)。

个人和组织的发展。社会和谐是家庭和谐、组织和谐、人自身和谐的统一体。社会和谐实现的是人机会的均等和地位的平等。和谐社会的构建不仅需要政治制度、经济制度和社会制度等"显性制度"的大力支撑，还需要公民道德、社会伦理、精神心理和社会心态等"隐性制度"资源的有效供给。[1]

终身德育的和谐关系构建包括人与自然的生态和谐。马克思指出，"自然界，就它本身不是人的身体而言，是人的无机的身体。人靠自然界生活"，"人是自然界的一部分"[2]。也就是说，人的发展与自然和谐是一体的，人与自然的和谐并不意味着要以牺牲当代人的文明成果为代价去被动地适应自然，也不是要让人重归自然去过原始状态的生活，而是要在保证人及其社会合理发展要求的基础上，实现人与自然的和谐。人与自然的和谐就是要试图阻止影响社会合理发展和进步或使社会倒退的因素，要对违背历史发展规律的人类活动进行调整，实现人与社会的正常发展，对当代社会不合理发展的实践活动进行纠偏。一方面，生态和谐要求人要按照自然规律对生态环境进行改造和建设，使生态环境更适合于人类的生存与发展；另一方面，人要主动调整生产、生活方式，形成既能满足人的可持续发展需要又能保持良好生态环境的生产方式和生活方式，即生态化生产方式。

终身德育的和谐更重要的是指人内心的和谐。终身德育所实施的组织和谐、社会和谐教育归结到一点就是最终实现人的内心和谐，促进人的健康发展，加强人与人之间的关怀，引导人们正确对待自己、他人、自然和社会，正确对待变化发展的客观物质世界，理性思考自己所处的社会经济环境，正确对待困难、挫折和荣誉，努力塑造自尊自信、理性平和、积极向上的社会心态。心态和谐往往是通过社会价值体系构建体现出来的。社会心态的变化与社会价值观的变化交织在一起，社会心态的变化最终必然向个体的价值观

---

[1] 河南省社科联社会心态嬗变与和谐社会建设研究课题组：《社会心态嬗变与和谐社会建设研究》，河南人民出版社2008年版，第1页。

[2] 《马克思恩格斯全集》第42卷，人民出版社1979年版，第95页。

◈ 第六章 我国学习型社会建设中的终身德育理论 ◈

聚焦，价值观又规定着社会主体的处世态度和行为取向，转而引导、牵动社会心态的变化，因此人的和谐心态反映的是人的和谐价值观。终身德育就是要通过教育实现个体的心态调试，形成健康、良性、和谐的社会心态结构，充分发挥和谐心态的精神塑造功能、活力激发功能、矛盾化解功能，引导人们建立和谐的社会价值观念，最终实现社会和谐。

第二，促进人的全面发展是学习型社会建设中终身德育的终极目标。学习型社会建设中的个体道德目标是建立在人的认知能力和个体道德基础上的，是人不断完善和发展的反映。个体道德是由道德认知能力、道德情感、道德内化能力、道德践履能力和社会道德品质构成的一个多维立体结构。其中，认知能力是人直观上感受情感、认识事物和对事物做出初步判断的能力，认知能力的强弱和对是非、功过的判断能力直接决定了人对事物的第一印象，即第一次道德感知，它直接决定着人从情感上对事物的认知，是道德情感的基础。道德情感是个人道德意识的构成因素，是指人们依据一定的道德标准，对现实的道德关系和自己或他人的道德行为等产生的爱憎好恶等心里体验。这种道德体验会依据自己感受的好恶对事物做出评价，即在某种情绪状态下对某种道德关系和道德行为做出是否合宜的正当判断。道德情感也会在某种情绪控制下，强化或者削弱个人对某种道德义务和道德实践的认识，同时道德情感也具有信号的功能，它以个体特有的情绪信号，例如表情、动作等，向他人传递道德行为价值的信息，或从他人独有的情绪形式表达方式中获得其对自己道德行为有价值的信息。道德内化能力，是指个人根据自身的道德情感做出的道德认知内化为自身道德的能力。人的道德情感和道德认知是人对事物的感性认识，将感性认知转化为自己的价值认同和道德观念需要理性思考这些情感信息，并结合道德个体以往的实践经验进行，是对事物所传递的道德信息进行去其糟粕、取其精华的过程，是将道德教育资料转变为道德个体主动接受的自我价值和道德观念的过程。道德践履能力，是将内化道德外化的能力。道德个体将其所接受的道德观念通过自己的行为向外界传达和传递，即为道德践履能力，它是将道德转化为行为的关键。个体道德的构成就是道德活动实施的过程，在学习型社会建设的过程中，终身德育有普通的个体道德所具有的目标，同时也有自身独特的目标。

完善人格的培养是学习型社会中个体道德的一个重要方面。"人格"作为一个科学的概念，为心理学、法学、社会学、历史学、伦理学、哲学等许多学科广泛地使用。各个学科都从特定的角度来研究人格，因而对其有着不同的理解和诠释。心理学侧重个性理解；伦理学侧重道德修养、道德境界的理解；法学则侧重人的尊严和法律权利的享有。思想政治教育视域下的人格，"就是让人经由教育和自我教育所获得的具有内在统一性和相对稳定性的思想、品德、心理的有机综合"[①]。"人格与人的整体素质意义相近，都包括人的思想素质、政治素质、道德素质、心理素质、智能素质，以及在这些素质基础上形成的创造素质，甚至还包括人的生理素质和健康素质。"[②] 人格是一个复杂的结构体，它是一个人整体状况的直接反映，学习型社会建设中的终身德育在个体道德的培养上首要的是人格的养成。

学习型社会建设中终身德育对完善人格的培养有两个层次的理解。一方面，道德人格作用于学习型社会中的终身德育。高尚的道德人格形成良好的道德群体，不同的道德群体共同作用形成道德社会，高尚的道德人格对良好的社会道德形成产生重要影响，良好的社会道德会促进更加高尚的个体道德的形成。另一方面，社会通过社会道德规范作用于道德个体来规制个体的行为，引导个体人格的完善。个体对生活环境的适应和改造是按照自身的道德标准意识、道德责任意识和道德目标意识来实施的，学习型社会建设中的终身德育从人与自然、人与社会、人与人、人与自身的关系入手，对人进行和谐教育，这些教育的开展对环境促进人格的养成发挥了积极作用。

[①] 平章起、梁禹祥：《思想政治教育基本理论问题研究》，南开大学出版社2010年版，第116页。

[②] 同上书，第116—117页。

◈ 第六章 我国学习型社会建设中的终身德育理论 ◈

学习型社会建设中的终身德育强调组织伦理在社会道德建设方面发挥重要作用。组织伦理所强调的组织内个体的平等是人格完善的一个重要方面，每个人无论地位高低、长相美丑、财富多寡都应该享有平等的权利，都应该得到社会的尊重和他人的认可。平等是人格的一般特性，是个体所普遍具有的，但是不同个体具有不同的品格，品格有其独有性，它是人在道德上区别于他人的显著特征，是个人所具有的独特的受道德规范的特性，是一个人较为稳定的精神内核，一定的人格就会产生一定的生活态度、精神状态和行为倾向。同一个人在不同的人生阶段和生活环境下，其所拥有的道德人格也会有所调整和变化，所以终身德育根据人的不同发展阶段而对人实施道德教育，将其贯穿人的一生，这正是对人的不同阶段品格完善的重要贡献。

第三，满足幸福生活的追求是学习型社会建设中终身德育的现实目标。无论是个体全面的发展还是社会的和谐进步，最终的落脚点都是人的现实生活。个体的全面发展为人过上幸福生活提供内因保障。一个人健康的体魄、感知幸福的能力、发展认知的能力和自我反思的能力都是构成人的幸福生活的内在要素。一个没有幸福感知能力的人、一个不懂得珍惜、不知道自我反思的人就不可能过上幸福的生活，因为幸福最重要的是人内心的感觉和感受。社会的进步促进的是构成人的幸福的外在要素的发展。社会进步为人的幸福生活提供良好的社会环境、为人的幸福生活提供外在的保障，所以说人的发展、社会的和谐反映的是人的幸福生活。

现代富足的物质让人失去了感受贫穷的机会，也就让人缺少了珍惜的切身体会；丰富多彩的社会生活点燃了人类生活的激情和热情，却也让人少了冷静思考的能力；一味地奋斗和努力，让人只顾向前，却忘了目标的本真就是自我的幸福；纷繁复杂的社会关系，让部分人缺少了理性思考、客观分析的能力；国际关系和世界政局的变化和调整让少数人缺少了对世界本具有的和平、和谐的命运共同体的认知。终身德育是在这样的国际、国内环境下，在人的自我发展出现困境的现实状况下提出来的。终身德育通过不同阶段的教育内容的实施来帮助人们理性思考、认识世界和回归自我的本真，以帮助人们在复杂的环境中过上内心幸福的生活。

学习型社会建设中的幸福生活，就是要实现自我的同一性。同一性是指"个体心理或人格成熟的标志，是指一个完整人、成熟个体的主观概念，即人格发展的一致感、连续感、统合感、包括社会与个人的统合、个体的主体方面与客体方面的统合、个体对历史任务的认识与个体愿望的统合等"[1]。个体同一性的实现是人类认识自我、思考自我、发展自我和反思自我的过程，它的考量方式和劳伦斯·科尔伯格的道德认知发展理论的评价标准一致，是以人的心理发展程度和人的人格成熟度为标志的，而不是年龄。同一性告诉人们"我是谁、我要是谁、我怎么才能成为谁"关于人的发展的疑问。人对自我的认知和分析可以帮助人们建立科学的发展目标和清晰的发展路径，更易于人的幸福生活的实现。自我的同一性是人最佳的心理状态，是同一性危机解决的精神和谐状态。如果躯体、自我和社会都运行良好，个体将有一种心理的幸福感，并伴随有一种内在的把握、一种何去何从的方向感和确定的预期感以及自我的整体一致和连续性。自我的同一性具有社会同一性和个人同一性多个维度，强调的就是个人与社会、自我与环境之间的相互依存关系，同时也是自我与社会文化相互作用和反映的关系。自我的同一性从时间的角度分析，它是人的过去、现在和未来的统一，是帮助人类实现人的性格和心理稳定性的核心环节，这种心理的同一和稳定本身就是生活幸福的因子。

学习型社会建设中的幸福生活，就是要实现人的心灵的满足。幸福是一种主观感受，它是随着道德主体情绪和情感的变化而变化的，是人的心灵的直观感受。生活幸福首先是要实现人心理对幸福的满足。人作为社会链条上的一个环节，时刻都在和不同的个体发生着这样或者那样的关系，一个人的满足感和幸福感除了自身的感受能力外，最关键的就是外界所给予的让其感知的内容，也就是说

---

[1] 杨绍刚：《西方道德心理学的新发展》，上海教育出版社2007年版，第320页。

第六章 我国学习型社会建设中的终身德育理论

人的感知对象必须是让人感到幸福的事件、因素等。人要实现心灵的满足，感受幸福生活首要的是得到社会的尊重、得到他人的价值认可；人心灵的满足需要适当的物质基础作为保障，一个饥寒交迫的人在得到食物的瞬间会感到高兴，却不能幸福，所以说一个人的幸福必须是以国家富足，自己丰衣足食为基础；人的心灵的幸福要以自身的全面发展和完善为保障。

第四，营造良好社会风尚是学习型社会建设中终身德育的社会伦理目标。社会风尚，是指一定时期在全社会范围内或较大群体中，许多人自觉或不自觉地崇尚和追求并普遍被接受的价值观念、心理倾向、行为习惯的总和。社会风尚实际上指的是社会道德风尚，即社会生活中实际通行的对人们影响较大的道德观念、荣辱标准、道德行为习惯等的综合体。在政治趋向多级、经济走向多元、文化趋于多样的全球化背景下，人类的观念和价值观受到了来自各方的冲击和影响。观念的碰撞、文化的交流和思维的开放为良好社会风尚的形成提出了前所未有的挑战，这就需要一个统一的、与时俱进的教育模式来引领人类的道德发展。终身德育通过多元的道德教育主体（个人、家庭、学校、组织、社会），阶段性的教育内容开展人的道德教育实践活动，这就保证了终身德育既具有时代性又兼顾传统性，既保证了教育的有效性又保证了教育的及时性，既实现了教育的针对性又达到了教育的目标性。

一定时期的社会风尚是多元复合体，由主流道德风尚和其他多元形态的道德认识共同组成，它们之间相互影响、相互作用、相互渗透、相互斗争。如果把社会风尚作为一个整体来看，它又是一个复杂的矛盾统一体。其中既包含统治阶级对整个社会的道德要求，又包括被统治阶级的一些道德诉求；既包含建立在现实基础上的新道德的内容，又包含过去时代的旧道德的遗留；既包含科学文明、知荣弃耻、尊奉道德、催人奋进的健康内容，又包含落后愚昧、消极颓废、败坏道德、颠倒荣辱的错误东西。其内部正反两个方面此消彼长、独立统一，决定了它的整体面貌，推动着它的不断演变。这种情况，是社会道德多元化的一种表现，归根到底是现实生活中人们之间利益多元和利益冲突的反映。① 终身德育的个体道德梳理、集体伦理分析和社会道德营造为多元的社会构成体和利益组织提供了道德教育应该解决的主要问题，达到了终身德育为学习型社会建设营造良好伦理氛围的目的。

四 终身德育的目标关系

学习型社会建设中终身德育的总体目标、终极目标、现实目标和伦理目标是四个不同层次的目标，但又具有内在联系。

终身德育的总体目标是学习型社会建设中终身德育带有全局性、普遍性、根本型的目标，是比现实目标和伦理目标更高的目标，是终极目标的结合体。它对其他目标的确立起着主导、支配作用。首先学习型社会建设中的终身德育总体目标决定着其他目标的形成。终极目标、现实目标和伦理目标是总体目标的具体化分解，是由总体目标转化而来的。有了提高学习型社会建设中终身德育的总体目标，才有个体全面的道德发展，才有幸福生活，才有良好的社会风尚。终身德育的总体目标决定了终身德育的根本性质，因此也决定着终极目标、现实目标和伦理目标的性质。有什么样的总体目标就有什么样的与之相对应的子目标。再次，社会总目标的实现与否决定着其他目标的实现效果。人的全面发展是和谐社会环境中的发展，是适应社会需要的发展，是同构筑和谐关系相一致的发展；人幸福生活的实现也是以和谐社会环境为基础，以和谐的社会关系为前提的。良好社会风尚的形成必须依托良好的社会环境来实现，而良好的社会环境本身就是良好社会风尚的构成要素。所以说终身德育的终极目标、现实目标和伦理目标必须符合终身德育的总体目标才能发挥教育的作用，才有可能获得强大的社会支持与社会动力，逐步得到实现。

终身德育各子目标之间是相互依存、相互影响的关系。子目标

---

① 平章起、梁禹祥：《思想政治教育基本理论问题研究》，南开大学出版社 2010 年版，第 113 页。

依托于总体目标而存在，各子目标之间又有着千丝万缕的联系。个人的全面发展是幸福生活的一个重要方面，如果本身的发展都受到限制或者无法实现，幸福就无从谈起，个体的发展包括个体伦理的发展，多个个体道德构成社会道德伦理，所以说个体道德直接影响着社会风尚的形成和发展。幸福生活，是人一生的追求，这种追求必须以符合社会道德为基础，破坏社会道德的个体发展是不被社会所认可的，是无法真正实现的发展，所以终身德育的现实目标是以伦理目标为基础的目标。另外，社会风尚是个体发展、幸福生活的基础。一个良好的个体发展环境和生活环境直接影响生活的质量，道德风尚的水平直接决定个体发展的水平和幸福生活的水平。所以说，终身德育的各子目标间是相辅相成的关系，当各子目标一致时就会促进各个子目标的发展和总体目标的发展，当各子目标不一致时就会影响各子目标效果的实现，最终影响总目标的实现。

第二节　学习型社会建设中终身德育的有关内容

学习型社会建设中的终身德育包含复杂的内容体系。从宏观目标上来讲包括人的个体道德、组织伦理和社会公德等各个方面；从时间的维度来考量包括婴儿期、幼儿期、青少年期、成人期、老年期的道德教育；从道德教育的实施渠道来讲包括自我教育、家庭教育、学校教育和社会教育几个方面。总之，终身德育涵盖了人一生道德认知发展的所有方面，构建起了人的道德发展的阶段性构架，确定了人阶段性道德教育需要完善的内容，是学习型社会中道德教育所要解答的问题的集合。

一　终身德育阶段划分的理论依据和原则

人受教育阶段的划分应该遵循四个原则，即：社会习惯原则、身体发展原则、特定的精神机能或行为标准原则、整体的精神结构的变化为标准的原则。目前，指导人的阶段划分的理论有：劳伦斯·科尔伯格（Lawrence Kohlberg）道德认知发展理论、艾里克森（E. H. Erikson）的人格发展八阶段理论、日本持田荣一关于终身教育的阶段划分理论和罗伯特·哈维格斯特（R. J. Havighurst）的人生六个阶段划分理论，这四个理论分别从心理学、教育学和生理学等角度对人生阶段进行了划分，为我国的终身德育阶段划分提供了理论依据。

科尔伯格从人的认知发展规律入手，以人的道德判断为基础，形成了道德发展的三习俗、六阶段理论。科尔伯格道德认知发展的三习俗、六阶段理论，是终身德育个体道德、组织伦理、社会道德确立的依据和发展标准。当人类个体道德、组织伦理和社会道德接受普遍的伦理原则指导时，人类将建立起法律体系规范下的以公正、人权平等和尊重他人为普遍原则的道德标准。在普遍伦理原则指导下的个体将会懂得道德的本质，并将其外化为自己的行为，将人的全面发展作为目的，以实现人的幸福和社会和谐。

道德认知发展理论为终身德育理论的阶段划分提供了认知发展规律上的依据。科尔伯格认为，人的发展阶段的划分不是以年龄为依据，而是以人的道德认知的发展为依据，所以在做终身德育阶段的划分时要充分考虑到道德发展各阶段中人的道德认知和年龄之间既相互联系又不完全一致的关系。另外，对待同一事物，不同的人认知不同，这是由每个人心中所固有的形成道德的编码所形成的。人对价值、选择、制裁、动机、规则、权利和权威的心理描述和认识不同，因此对同一问题会产生不同的判断。

艾里克森通过临床观察提出了人格发展八阶段理论，即婴儿前期、儿童早期、学前期、学龄期、青少年期、成年早期、成年中期和成年后期八个阶段。艾里克森的人格发展八阶段理论认为人的本性最初无好坏之分，在这种情况下，可能有两个方面的变化，一是向着善的方向发展，一是朝着恶的方向变化。人格的发展是个阶段性的过程，每阶段都有主要矛盾和任务，人若解决了一个阶段的主要矛盾，完成了这个阶段应有的任务，那么便可顺利通过这个阶段，进入下一阶段，否则，就会产生心理危机，出现情绪障碍和病

◈ 第六章 我国学习型社会建设中的终身德育理论 ◈

态人格。

持田荣一关于终身教育阶段的划分突破了传统的教育体制、教育模式。他主张在充分利用人类资源的发展过程中,使婴幼儿教育、儿童教育、青少年教育、职业教育、成人教育、中老年教育密切地联系起来,使个人利益与集体利益得到统一,努力争取达到全面开发智能的理想境界。持田荣一从教育学的角度分析认为,人的生理发展、行为改变都是随着年龄的发展而变化的,这些变化的目标就是完善人格的养成。

哈维格斯特的综合适应发展理论指出,人类不是天生就有一种能指引我们生活的本能,要在人类社会中顺利生活,个体就必须学会自我学习、摸索。这个学习过程应该伴随人一生,随着生命的开始而开始,也随着生命的结束而结束。哈维格斯特的理论基本上是以整个一生的生理变化发展,以及赋予人格发展方向、力量和财物的社会期望两方面为根据的。[①]

以上四位学者为终身德育的阶段划分提供了可借鉴的理论依据,但是就终身德育的特殊性来讲,它的阶段的划分还必须要从受教育者、培养目标和行为表现三个角度来进行深层次分析。由于人生存环境和生活氛围的不同,人的生理、心理和自我的发展是不同的,在借鉴他国关于人的发展阶段划分时,必须充分考虑中国独特的自然环境、人文环境、社会环境的影响。

第一,终身德育的阶段划分要充分考量受教育者的道德认知水平和心理特征。道德认知包括人必须掌握的一系列道德概念和道德观念,以及从这些道德概念和观念中逐渐形成的观念体系,道德认知的核心因素是道德判断能力。终身德育的阶段划分必须要考虑不同群体的道德认知水平,这样才能保障终身德育实施的效果。道德认知水平决定道德判断水平,道德判断水平决定道德行为方向。一个道德处于前习俗水平的人,其道德发展的出发点是自我中心,不

[①] [美]施陶德(Staude, J. R.):《心理危机及成人心理学》,于鉴夫、周丽娜译,华夏出版社1989年版,第6页。

考虑行为对其他社会成员的影响和损害，认为规则和社会期望是自我之外的东西，因此在做道德判断时不是依据社会的道德而是依据自己是否受到惩罚，在行为上就必然表现为对自我利益的绝对追求。终身德育是要为每个人创造一个和谐发展、全面发展和持续发展的社会环境，其中人的心理的和谐是环境和谐的基础，人的心理的发展也是人的全面发展的基础，人的心理持续的完善是人体征、素质和认知水平持续发展的前提。人的心理状况既是人的各方面发展的基础，同样也是人下一步发展的潜意识反映。

第二，终身德育的阶段划分要以培养受教育者良好的人格为目标。人格的发展是个系统性过程，从呱呱落地起到人的生命结束，人的个性总在不断的发展和调整中。良好人格的形成要求人的每一阶段的人格发展必须同那个阶段的人的体征发展、智力发展相适应。同样，在一定的历史条件下，一个人特别是成人的人格发展还必须同一定历史条件的自然环境、社会环境和人文环境相协调。终身德育阶段的划分要根据不同阶段，人格发展要素的不同和发展水平的不同而制定发展阶段计划。良好人格的养成不仅需要阶段性的、符合人发展规律的教育内容和教育方式，更需要实现不同阶段间人格发展的良好衔接。从婴儿阶段起，人所受到的教育就将会对其后期社会关系的发展、对其处理人与人之间的关系有影响，而人的逻辑思维能力和观察能力在婴儿阶段就奠定基础。但是这些能力如何贯穿人的一生，并在以后的各个发展阶段中不断地提升，重要的是实现这一阶段和下一阶段的有效衔接。良好的衔接既能继承前一阶段人格发展的优势又能为以后各个阶段人的发展奠定基础。

第三，终身德育的阶段划分要以年龄和行为表现双向特征为标准进行衡量。人的认知和道德发展能力同年龄相关，又不完全为年龄所决定。一般情况下人的道德认知和心理发展随着年龄的发展而发展，但是也不能一叶障目地认为年龄越长，人的认知和发展能力就越强。对人的认知和道德能力的判断要通过日常行为来判断。学习型社会建设中的终身德育必然面临着人的道德发展的不平衡，个体道德在不同发展阶段不平衡、区域间的道德发展也存在着差异、民族间的道德认

◈ 第六章 我国学习型社会建设中的终身德育理论 ◈

同也有所不同、国家间的道德取向各异,因此,终身德育内容的确定不仅要考虑年龄这个统一性的问题,还要考虑个体的行为表现这个个性的问题。由于道德的差异和不同,人的行为表现也必然不同,这就为终身德育内容的确定提供了参考依据。

科尔伯格、持田荣一、艾里克森关于人的阶段划分的理论是学习型社会建设中终身德育阶段划分的理论基础。但是以上三位学者是在排除环境、社会和人对人的影响因素基础上对人的发展阶段进行的划分,划分的条件是单纯人的发展体征特点和人心理的发展历程。另外,以上三位学者对人的发展阶段的划分,还剔除了人的发展的反复性和复杂性,从理论上阐述了人应该具有的发展状态和阶段,不是现实生活阶段一定能够达到的状态。例如,根据科尔伯格的道德认知发展理论,一个为了私利而触犯刑法的人,他的道德认知应该是处于前习俗阶段。在接受法律处罚的这个阶段中,他的道德认知会随着监狱开展的教育和自我反思而有所提升,道德认知阶段也会进入习俗水平或者更高。但是习俗水平不是稳定不变的,不是到达某个阶段后就会径直进入下一个阶段。人的道德认知具有反复性和复杂性,学习型社会中的终身德育要考虑到人的道德发展的这一特征,考虑到社会、环境、他人等自我之外的因素对道德的影响。

"不仅人在不同时期、不同年龄具有不同的生理、心理结构,面对人际关系、社会交往的范围和对象不同,道德选择的路径和道德调节的矛盾不同,必然会有不同的道德研究。"[1] 学习型社会中终身德育的阶段划分要考量人的生理发展、心理发展、品格发展的特点,同时要兼顾政治、经济、社会、文化、生态对人的道德发展的要求,综合制定阶段划分方案和内容,具体来说:一是基于人这个客观存在体的自然发展规律,其中包括身体机能发展的规律、人的品格养成的规律和社会发展所施加于人的外在规律性。二是基于人这个生物存在体在发展过程中同社会、自然环境和人文环境的交

---

[1] 汪荣有:《青年道德教育论》,中国社会科学出版社2004年版,第5页。

互作用，寻求需要和动力的满足。三是基于人的社会需要，人作为社会的产物，他的社会需要性是客观存在，终身德育从人的现实需要和现实问题出发，实现人对幸福生活和自身发展的追求。

学习型社会中终身德育的阶段划分要考量人的生理发展、心理发展、品格发展的特点，同时要兼顾政治、经济、社会、文化、生态对人的道德发展的要求，综合制定阶段划分方案和内容。

二　终身德育的阶段划分及其教育重点

（一）婴幼童期的道德教育

不同学者对儿童阶段的划分也不同，列维托夫认为，从出生到一岁为婴儿期，儿童从一岁到三岁叫作托儿所时期和先学前时期，儿童期应该是学龄前期，儿童期为3—7岁。终身德育将0—2岁确定为人发展的第一个阶段，即婴儿期。人从生命开始就已经具有了由于生理需要而产生的欲求，例如饥饿时通过啼哭引起养育者的注意获得食物。生理需要的满足能够让婴儿体验到身体的安宁和安全，便对周围环境产生一种基本的信任。反之，若婴儿的需要不能很好地被满足，就会对周围环境产生不信任感。信任与不信任是人格第一阶段的首要问题，也是以后各阶段发展的基础。此时期婴儿无助感最强，如果能得到父母及成人的爱抚和有规律的照料，则会产生基本的信任情感，达到他的第一个社会成就，形成自我同一性的雏形，同时导致人格中希望品质的形成。婴儿期，家庭是教育的主体，婴儿的社会性活动以家庭为场域展开，父母的亲密程度、父母对孩子的关爱程度直接决定了孩子对爱的感知能力和释放能力。这个阶段的父母要给孩子尽可能多的关注和关爱，通过行为传达给婴儿爱的体验，教会婴儿关爱他人，父母之爱、家庭之爱是国家之爱的基础，所以这个阶段的儿童教育对儿童健康心理的形成有着重要作用。和谐的家庭关系能够给孩子安全感，并产生对他人最原初的信任和依赖。而矛盾丛生的家庭环境，往往孩子性格内向、不愿意和人交流、胆小怕事，也会影响其以后对婚姻和家庭的态度。自然生态是婴儿生活的外在环境，这个阶段婴儿和自然的关系还是以婴儿被动地接受为主，婴儿在生活中享受自

◈ 第六章 我国学习型社会建设中的终身德育理论 ◈

然的给予，其实是和自然融为一体的阶段，他们在父母的陪伴下到自然界中去感受空气和阳光。

2—6岁为幼儿期，幼儿的自我中心倾向增强，开始想要按照自己的意愿来行事，并努力通过各种行为来实现自己的主张，但这种主张是让周围人反感的，这就是对成人意志的反抗。在这个阶段的教育中，家长要细致观察幼儿的变化，及时对孩子的反抗行为予以终止，并对他们的主张和意愿进行修正，以疏导的方式帮助幼儿顺利度过这段时光。这个阶段的孩子情绪已经开始出现分化，并长期处于不稳定状态，幼儿对待周围环境和事物的态度不是取决于客观现实，更不能像大人那样冷静地思考，而是以自己的情绪好坏来对事物做出反应。同时，幼儿的自主性也在这个阶段得到增强，在自我中心意识的指导下，幼儿产生要达到目的的主动感，但在达到目的的过程中与别人，特别是成人发生矛盾冲突，由此产生罪疚感，主动感与罪疚感的冲突构成了这个阶段的心理危机。对于幼儿的这段心理危机，父母应该给予循序渐进的引导并以足够坚定的态度来改正孩子的不良行为，这个时期的危机就能得到积极解决，意志品质将在人格中形成。反之，若对孩子管理过严或惩罚的标准不够公正则会使孩子产生羞耻与怀疑。

自我中心、情绪性和现实性是幼儿呈现出的三个主要特征。在这些特征的发展过程中，幼儿也完成了其基本性运动机能的发展和社会性行动的发展。基本性运动机能的发展，使得幼儿生理上从幼儿期逐渐向儿童期转变，在这个过程中儿童的行走和行动能力得到发展、语言表达能力和对文字的掌握量逐渐增加，同时儿童的情绪发展也趋于稳定。到5岁时，幼儿的情绪分化为和成人相当，愤怒的次数逐渐减少，幼儿期人的社会行动具有明显发展。幼儿从独自活动到联合游戏最终达到合作游戏。这是幼儿社会行动发展的轨迹。3岁以后，幼儿当中出现带头的幼儿，有目的的组织和集体产生，例如，为了合作完成游戏而出现的集体，这个集体中有一位社会行动发展能力强的幼儿带头，来指挥游戏活动的开展。幼儿社会行动发展能力为幼儿成长后的集体生活和组织生活奠定了基础，同时为儿童的协作、配合能力的萌芽和发展提供了机会。这个阶段儿童所玩的游戏完全按照各自的规则来进行，所以同一个游戏，不同的人来玩就会有不同的规则："玩的结果没有一个人输了，而同时却谁都赢了，因为他们在受到集体的刺激，参加一项每人都有利的集体游戏时，目的是为了通过游戏追求自己的乐趣。所以这时期儿童的社会性行为和专心于个人活动这两者之间全然是混同起来，还缺乏分化。因而在游戏活动中，还不存在真正的合作。"[1] 这个阶段的幼儿和自然有着天然的密切联系，婴儿往往把自然当作自己的朋友，和路边的野花交谈、向郁郁葱葱的大树招手，等等。在幼儿阶段之前，人与自然是浑然一体的，人与自然的和谐关系是在人的初始阶段就决定的，但是以幼儿期为界，人与自然的关系在一定程度上开始出现分化。

6—12岁是一个人正式教育经历的开始，在终身德育的阶段划分中，我们称之为"学龄期"。这个阶段的儿童对事物的认知主要依靠直观思维，缺少对事物的分析，仅仅把感知作为获得信息的方式。作为直接感知的结果，儿童开始获得自己性别角色的认同，开始关注自己的性别，并从穿衣、行为、生活和伙伴的选择上体现出自己的性别特征。这个阶段也是孩子的坚强品格养成期，进入小学阶段，儿童开始第一次正式面对竞争、面对任务，为了完成课业任务或者老师分配的各项工作，坚持不懈地努力，并最终完成，这是孩子坚强品格养成的第一步。这个阶段的终身德育的重要任务，是培养儿童的团队意识和团队精神，养成儿童初步的爱好和兴趣，养成儿童对社会规则的遵守等。小学阶段孩子任务的完成，不再是独立的，而是要同团队成员良好的协作、配合才能完成，儿童的团队意识在这个阶段开始萌发。教育者通过班级、小组等组织概念的灌输，引导儿童树立组织和团队的意识；通过班级管理的各项规定的执行和老师作为团队管理者的角色扮演，让学生们开始进入到一个完全的组织社会中，开始着手以和团队成员协作的方式来完成社

---

[1] ［瑞士］皮亚杰、海尔德：《儿童心理学》，吴福元译，商务印书馆1980年版，第90页。

◆ 第六章 我国学习型社会建设中的终身德育理论 ◆

任务；通过以校风、班风为单位的组织伦理，潜移默化地影响、加强学生的组织观念，强化学生共享的情感，初步确立学生个人和集体的关系，并建立起初步的集体利益要高于个人利益的社会观念。与此同时，在学龄期的后半期，儿童间的对立和冲突增强，随后伴随年龄的增长，朋友关系日益稳定，对立和冲突也就会减少。儿童中期，也是儿童的自我意识强烈期，不同的个体对同一个问题的态度、观点和具体行为方式的不同，就会造成他们之间的冲突和矛盾。随着儿童后期的到来，儿童的个人兴趣、爱好逐渐养成，伙伴和朋友的关系在以组织为单位的基础上逐渐发展为以共同兴趣爱好和行为为基础，所以他们之间的对立和冲突也会减少。由于这个阶段中儿童社会交往范围的扩大和社会交往关系的广泛，儿童受周边社会关系和人文素质的影响程度增强。这个阶段的游戏超越了幼儿期的游戏，为个体参与组织活动提供了简单的模式，"有规则的游戏是社会上通行的惯例，代代相传，保持不变，不以参加者的个人意愿为转移……游戏既是儿童为了玩耍的需要，又是儿童独占性的'特有的游戏'，成为促进儿童社会生活的一项最有效的游戏活动"[①]。这个阶段的游戏儿童都普遍遵守统一的规则，并相互监督彼此遵守这些规则，游戏过程中，儿童公平竞赛的集体精神得以发展。与此同时，随着社会性相互协作的进展，儿童间达到了相互间基本尊敬的新社会关系，从而导致一定程度的自律。互敬互惠的一个重要产物是公正感，这种公正感往往是从抛弃父母的意见中获得的（例如当父母不自觉地有不公正的行为时）。早在7、8岁时，公正道德感超越服从的道德感，随着年龄的增长，超越程度也逐渐增强。这个阶段的道德教育需要发挥学校和家庭的双向作用，目的在于教会学生按照社会的标准为善，教会他们保持善行的规则和权威。儿童要学会生活，即同周边的人共同生活，学会在组织中扮演自己的角色、过好自己的生活。

---

① ［瑞士］皮亚杰、海尔德：《儿童心理学》，吴福元译，商务印书馆1980年版，第89页。

(二) 青春期的道德教育

青春期是儿童向成人过渡的时期，其心理特征是自由、独立、希望、自信与不安、孤独、紧张、苦恼并存，生理特征是生理发展已经成熟，性角色认同随着自我意识的确立而确立。有学者把青年期也叫作离乳期，一是肉体上的离乳，即意味着维持生命的摄食行为已经由自己主动地进行；二是心理上的离乳，即同母亲断绝心理的联系，从家族中独立出来形成独立的人格。心理的离乳意味着青年在自我发展的同时，也增强了内心的独立性，保守自己的生活领域，产生一种不受任何人侵犯的强烈冲动。青年人成功离乳，可以增强其责任意识，而离乳不成功的人成人后仍将依赖别人来做决定，遇事没有主意、下不了决心。青春期后半期，人呈后因袭的道德性[①]，即人依据自己接受的道德原则进行判断，这种内向化的道德原理不是以自己为中心的，具有社会的普遍认同。

12—23岁是青春期，也是人的身体、知识、品格全面发展的时期。这一时期，人的身体、认知、心理较之婴幼童期都得到了更好的发展。生理的成熟带动了人的性角色的确立，性角色作为青年自我认同的一个部分而被确定。青年关于自己是谁，在社会上应占什么地位，将来准备成为什么样的人，以及怎样努力成为理想中的人等一系列问题的探索为青年的个人价值观、目标、发展方向和生活意义等问题获得了内在的成长动力。终身德育在这个阶段的主要任务，是通过学校教育帮助青年在社会中寻求自身的角色定位，但是在这个阶段中也往往出现青年角色的混乱，青年无法正确认识自己、无法明确自己的责任更无法承担自己的角色等。处于青春期的人希望尽可能地脱离家庭的束缚，过上自由、自我的生活，但与此同时，由于他们社会角色的多元化导致了他们自我约束力的提高。例如，作为家庭中的一员，约束是相对较松懈的，但作为学校、组织、单位的一个成员，他们有义务遵守组织的各种规定，并履行规

---

① 持田荣一的道德内向化理论采用了科尔伯格的道德性发展的三个水准。第一水准：前因袭的道德性；第二水准，因袭的道德性；第三水准，后因袭的道德性。

定所赋予的责任和义务，这主要是由社会责任和良心来驾驭的人的道德状况。科尔伯格认为，人的青春期发育完成，人的道德基本上介于习俗水平的第三、四阶段，即后因袭的道德性[1]，青年按照自己和别人的标准为善，关心别人，愿意遵守对人有益的规则和权威。终身德育要通过有效的方式来协调青年同自然、同社会的关系。这个阶段的青年还处于完全消费人和半消费人的阶段，他们同自然的关系是消耗自然而非改造的关系，他们和自然产生的原始感情还很密切，所以他们热爱自然、亲近自然、保护生态，通过自己的行为努力保护环境不受损害。青春期的个体进入社会化发展阶段，在社会环境中通过耳濡目染向他人学习，通过观察和模仿获得自身的社会性，因此，这个阶段青年的个体适应性随着环境的变化而不断增强。

（三）成人期的道德教育

23—30岁为成人期，艾里克森认为人的成人心理的主要特征是亲密与孤独的独立。进入这个阶段，人的社会性已显成熟，大多数人进入了社会生活期，他们开始和社会上形形色色的人建立密切的关系，形成同事、同行、朋友等关系。其中，随着生理上的成熟，这个阶段最令成人向往的是甜蜜的爱情生活，人和人之间最为亲密的个人关系建立，随之安定的家庭生活结构确立。终身德育就是教育道德个体要学会爱、学会体谅、学会善解人意，才能保证家庭生活的幸福。

持田荣一把人的23岁到30岁这一阶段称为成人期。这一时期，人的身体、认知、心理较之青春期都得到了更好的发展，实际上已经开始作为一个社会成员来进行生活，终身德育通过组织作用、家庭作用和社会作用的发挥，进一步加强成人的社会性教育，引导其成熟处理人与人之间的关系，在家庭生活中终身德育强调要有爱另一半的能力，有理解和觉察对方内心的能力，而在工作中要

---

[1] 后因袭的道德性（postconventional morality），青年期的后半期，依据自己接受的道德原理进行判断，而且这种内向化的道德原理，不是以自己为中心的，是具有社会性、正常性所承认的普遍性。

有一定的技术、有和谐的同事关系、有协作与竞争的意识、有遵守规范行动的自我约束力等。从个人品格来讲，终身德育注重成人已经具备了安定的情绪和较为稳定的人格。

（四）中年阶段的道德教育

人到中年，认识事物的能力、认识环境的能力、控制自身的能力、承受压力的能力都较之以前有了较大的提高。但是人的发展像一个抛物线，人到中年无论是生理还是心理都会达到抛物线的最高点，"人届中年，感知觉、记忆早已发展成熟，想象丰富，思维的独立性、批判性、灵活性以及创造性等品质都发展到了相当高的水平，学习经验比较丰富……"① 之后，伴随着中年危机的到来，人的发展会沿着抛物线的发展方向而滑落。随着年龄的增加，中年人身体大不如从前，工作上也面临着退休，子女成年后也将成立自己的家庭而离开父母，家庭结构发生变化，如果个体没有自我调适好，就会产生巨大的心理压力，进入更年期时情绪出现烦躁、忧郁、悲观，心理不平衡、苦闷、烦恼增多。中年期是人的转折期，首先是人的精神世界开始逐渐变得稳固，甚至日益僵化。此外是兴趣爱好出现转变，原有的兴趣开始弱化，而已经在青春期消失的童年特征再次开始出现。这个阶段的人容易生活在回忆中，对现有生活不能满意和如愿，因此很少能够享受乐趣。他们开始由人生的强盛期转型衰弱，这个转变不仅是生理的，更多的是精神的和心理的。

终身德育就是要帮助中年做好自我调适，实现其内心的和谐，达到自我的统一，过上幸福的生活。中年阶段超越了以往阶段的无限遐想，面对问题更加务实，更注重现实。中年人对尊重、对权力、对自我实现有着强烈的需要，而接近权力巅峰却要即将退休的现实，使得他们认为很多想做的事还没有做，从而产生焦急、烦躁的情绪。终身德育就是要教育中年人重新审视自我生活，做好中年生活目标的调整，看到生活的方向性，做好自我调适，把离开岗位

---

① 程学超：《中年心理学》，山东教育出版社1991年版，第57页。

第六章 我国学习型社会建设中的终身德育理论

作为新的阶段生活的开始，把工作的重点转移到指导年轻人工作上来。终身德育要引导中年人处理好人自身与责任的关系。中年人的生活阶段也被称作责任阶段。人在青年阶段就已经掌握了监控自己行为所需要的认知技能，因而他们在相当程度上已经达到了个人的独立性，他们进入了责任阶段。终身德育要引导个体运用自身在之前阶段就已经具备的良好的认知技能去处理与社会关系责任密切相关的问题。终身德育要处理好人与自身的关系。人到中年一般易生多种消极情绪。中年人所处的环境、地位、所肩负的责任、人际关系的复杂性以及由此而产生的冲突是中年人社会关系危机的重要方面。例如，子女不称心、工作不理想、个人价值被否定、人际间的内耗、真心不被人理解，等等。终身德育就是要塑造他们和人相处时平和、融洽、协调的情感。中年人具有高度的社会责任感，他们对祖国、对事业、对生活有着高度的责任感，充满了政治的热情，同时，又具有现实性。终身德育就是要从当今社会现实入手，寻求国家利益和个人利益的结合点，实现个体道德和社会公德的良好结合，根据中年人更注重精神需要和社会性需要的特点，终身德育通过这个阶段的教育来实现人的精神满足，使个体具有快乐感、满足感。终身德育通过基本价值观念和道德准则的教育，使中年人实现对自己的调节和支配，并用以评价别人，这种业已形成的价值观和思维的批判性、独立性使中年人能够理智地控制自己的情绪情感，从而使情绪情感有较强的稳定性。

终身德育要调节人的自我动机和社会需求的一致性。中年人的需要是多种多样的、极其丰富的，其中也有不合理、不符合社会需要的，终身德育要求人的需要符合社会的要求，中年人不论是出自个体与种族的生理需要，还是出自于自尊与自我实现的社会需要，都必须以社会利益为准绳，服从社会的发展，符合社会的需要，以维护社会的正常秩序，促进社会的正常发展。如果有损他人、有碍社会发展的需要膨胀就必须坚决节制，以免给自己和社会带来危害。

(五) 老年期的道德教育

关于老年阶段的划分，不同的组织、学者划分有所不同，一般认为 60 岁以后进入老年期，其实随着经济社会的发展，人们的老年阶段已经推迟到了 75 岁之后。目前世界卫生组织提出老年人划分的标准为：60—74 岁为准老年人（老年人前期或年轻的老年人），75—89 岁为老年人，90 岁以上称长寿老人。王兴华提出了"人生第二春天"的理论，他认为进入 60 岁后是人生的第二个春天。持田荣一把 60 岁到人的死亡这段时间都归于老年阶段，这个阶段人的体质和健康状况开始逐渐衰弱，人也进入一个新的角色的调整期，首先是家庭角色的调整，除了抚育子女成长外，还要履行祖父母的新任务；另外，工作角色也有所变化，职业生活的闲暇时间增多，作为工作单位的老一辈，开始承担起教育和训练年轻人的工作。壮年一过，人开始正视自己的一生，正视过去的成功与失败，冷静地对待死亡，对待事物更加宽容、冷静。一般来讲"老年人具有良好的心理效能状态，就是心理健康，其主要表现是：有自知之明，思、行一致；心中有目标，能强化正确动机；积极向上，有兴趣；情绪稳定，能适度控制喜怒哀乐；对困难和挫折有合理的反应，能正确对待；有和谐的人际关系，能进行自我教育，并保持主客观的平衡与协调"[1]。但是由于自身身体、生活和工作的调整，有部分老人也存在不适应的情况。

老年人的道德教育目的在于引导人修身养性、调适心理、让人过上内心安静、祥和的生活。终身德育帮助老年人实现内心的平和。到了退休年龄，人往往喜欢"向后看"，躺在自己的功劳簿上不愿意离开，守旧、攀比、依赖、高期望值等心理状态会主导老年人的思维观念，有些老年人持有一种原始的平等观，不患寡而患不均，有一种攀高的心理定势，总喜欢与"大把收入"者和"位高权贵"者相比，觉得自己吃亏，因而产生了不公平感和极度情绪，产生心理上的不平衡和不满。终身德育要传导正确的价值观，确立

---

[1] 陈福星：《老年教育概论》，山东人民出版社 2004 年版，第 21 页。

◈ 第六章 我国学习型社会建设中的终身德育理论 ◈

评价个人得失的准则和衡量是非的标准。人的成败不是以财富的多少和地位的高低为标准,而是以一个人一生所感知到的心灵的满足和精神的充实为依据。到了老年阶段,人要正视自己的成功与失败,正确对待自己的一生,做到宠辱不惊,以真实、平静、平和的心态对待变化的社会环境,在工作上将自己的主要精力转换到扶持年轻人的成长上来,做到离岗不离心,以包容和宽广的胸怀来处理好离岗后的各项工作。

终身德育发挥教育功能,帮助老年人实现社会角色的转换。人进入老年就意味着要离开工作岗位,社会交往范围也相应地缩小,社会归属感和社会地位也随着工作的变动而出现弱化,这就极易引起老年人心理上的不适应,失落、冷漠、孤独、焦虑感等心理问题也随之出现,形成"退休综合征"。终身德育帮助老年人实现心灵的平静,使其适应新的生活方式,学会快乐生活。由于社会角色的转变,生活重心也应由工作转换到家庭中来,履行好祖父母的角色,在生活中享受快乐,营造和谐的家庭氛围。终身德育要帮助老年人从心理上重返社会。社会的范畴广泛,由不同的场域构成,工作场域是人从青年到老年这一中间阶段的主要活动范围。终身德育要充分激发老年人热爱祖国、贡献社会的激情,充分利用老年人广博的知识,发挥老年人成熟、老练、沉着、稳重的个性特征,指导老年人退休后再次参与社会发展、融入社会,帮助其实现自我的价值、发挥自我能力。

第七章　我国学习型社会建设中的终身德育实践探索

我国学习型社会建设中的终身德育实践强调学习型组织、学习型社区和学习型社会建设中关涉道德教育的部分。学习型组织强调公民职业道德教育和组织伦理教育的终身性，而学习型社区和学习型社会则强调公民社会公德教育的终身性。组织伦理和公民道德教育是构成道德教育的重要组成部分，但是为了凸显中国终身德育的独特性和政府导向性，本章仅就独具中国特色的学习型政党和学习型政府的终身德育实践进行研究。学习型政党的终身德育实践强调政党道德建设的长期性、延续性和一贯性，即党从成立之初起就高度注重自身的道德建设，而且其内容随着经济、社会的发展而不断地调整和完善，适应了社会发展变化的需要。党员干部的终身德育则注重党性的培养，根据党员干部岗位、职位的不同而进行分阶段的道德教育，使道德教育贯穿党员党内生活始终。国外终身德育的理论成果和实践经验，对我国科学发展观指导下的终身德育实践探索具有重要的借鉴意义。社会学习终身德育理论和终身德育的社会实践模式为我国终身德育实施主体的多样化提供了指导；人本主义终身德育理论和学习化终身德育实践，是我国以人为本终身德育目标确立的参考系；实用主义的终身德育理论和终身德育的法制化模式，为我国加强学习型政党和学习型政府建设的制度化和法制化提供了实证参考。

第七章 我国学习型社会建设中的终身德育实践探索

第一节 科学发展观指导下的终身德育实践

科学发展观是中国特色社会主义理论体系的最新成果,也是中国共产党在分析中国经济、社会发展的阶段性特征的基础上,对政治、经济、社会、文化和生态发展所提出的新要求。终身德育作为服务于政治、经济、社会、文化和生态发展的道德教育形式,它的发展也必须符合服务主体发展的要求,要在科学发展观的统领下实现受教育主体的发展和完善。科学发展观指导下的终身德育必须坚持以人为本,实现道德教育的全面、协调、可持续发展。科学发展观指导下的终身德育实践同样要坚持终身德育价值体系的指导,并且在实践中要注意借鉴国外终身德育的实践经验,形成独具中国特色的终身德育实践模式。

一 终身德育是以人为本的德育

道德是人类区别于动物而特有的精神存在,人类道德的存在保持了社会发展的稳定性和人发展的科学性。道德产生于人,服务于人,又在人的相互交往中得到发展,因此道德教育就必须坚持以人为本。中国终身德育的目的在于服务人。终身德育在自身体系建设过程中,以人的根本需要为出发点。社会的发展将给人们的生活带来新的变化,同时也会产生新的矛盾,这种矛盾不可能在短时间内通过外力完全消解。因此,要实现人的健康和全面的发展,就必须要对人的心理和精神进行调节和疏导,这就是终身德育所要承担的重要任务。

中国终身德育的目标是实现人的全面发展。人才是一个国家的核心竞争力,国家的竞争也就是人才的竞争。科技的进步、社会的发展,要求人们必须终身接受教育,不断提高自己的水平,不断完善自己的人格,回归人的本质,做一个全面和谐发展的人,这就是科学发展观对道德教育的根本意义。终身道德不能远离了"做人"这个中心话题,"学会做人"、"学会生活"、"学会发展"是终身德育的核心价值所在，包含着浓厚的人本主义色彩。终身道德教育的使命就是通过完善个体品德实现个体道德和个体品格的完善；通过组织伦理发展社会的人、组织的人，实现人的社会化；通过人的精神世界的教育实现人的内心和谐和全面发展，从而促进人与自然、人与社会、人与自身的协调发展。

二 终身德育是全面发展的德育

终身德育贯穿人的一生。作为一个独立的人、组织的人、社会的人和世界的人，人的角色时常发生变化，适应人的不同角色、不同阶段而产生的终身德育内容具有全面性。中国的终身德育从关系视角分析，实际上是人与生活周边的事物发生联系，例如，道德是人与他人关系的阐述，组织伦理是人与群体关系应遵守的准则，社会公德是人与社会的关系行为准则，爱国主义情怀和民族主义精神是人与国家一衣带水、相互依存关系的反映。从终身德育的内容构成来分析，又包括职业道德、社会公德、家庭美德等教育范畴。

中国终身德育的全面性还体现为教育模式的多样性。随着社会的发展和科技的进步，人类思维更加理智，获取信息的渠道更加畅通。传统的"灌输"、"说教"等教育方式需要同更加灵活、生动的教育方式相结合才能发挥其应有作用。我国现在所实施的终身德育就是要充分调动一切可以调动的力量来开展人的道德教育，学校、家庭、社会仍是传统教育的主体。此外，工会、社会团体和公益组织也是传递核心价值观、开展道德教育的主体。科技的发展可以让人们选择更加自由和便捷的道德教育模式。面对面的、教师对学生的教育模式也在被网络道德教育、新媒体道德教育所充实和发展，课堂道德教育也逐渐被参观、志愿服务等道德实践所补充。中国终身德育的全面性为道德教育效果的提升和受众对道德教育接受程度的提高奠定了基础。

三 终身德育是协调发展的德育

我国的终身德育要协调好传统道德教育和现代社会发展的关

系。传统的"仁"、"义"、"智"、"礼"、"信"思想，是中华文化的瑰宝，也是当代社会道德发展的指导思想。我们不能否认传统道德教育对当今社会发展的推动作用，但是斗转星移、时过境迁，历史发展的洪流已经把人们推向了更具时代特征的历史阶段。"存天理、灭人欲"、"三纲五常"这些封建社会的产物已经无法适应当前人的全面、自由发展的需要和社会民主、平等、开放的需要。在终身德育实施的过程中要协调好传统道德和现代社会的关系，取传统道德之精华，去传统道德之糟粕，服务人类和社会的发展。

我国的终身德育要协调好阶段性道德教育和道德教育内容的关系。终身德育的实施是根据人的发展的阶段性确定道德教育的目标、重点和实施方式。由于各阶段道德教育实施主体不同，各阶段的道德教育如何实现无缝衔接和思想统一成了终身德育要协调的一项重要内容。例如，要处理好家庭教育和学校教育的衔接，学校教育和职业教育的衔接等。终身德育还要协调处理好道德的开放性和民族性的关系。

终身德育要实现道德教育的可持续发展，必须坚持道德教育的生活性、开放性和包容性。道德的原动力来源于生活，道德教育的生命力也来自生活，生活是道德产生的土壤，终身德育的可持续发展必须以生活德育为着力点。人的思想困境、精神状态的形成全部来自于现实生活的影响和作用，因此终身德育要以生活德育为重点。当今深化道德教育改革的重要思路之一，就是使道德教育生活化，即道德的教育与学习应该从受教育者的实际生活出发，关注人的现实生活需要，使主体通过生活体验来理解社会的道德要求。德育的过程就是生活的过程、实践的过程。当今社会是一个开放的社会，没有哪个民族或国家能够脱离全球化的境遇而独自存在，与社会发展相适应的道德也必须具有开放性和包容性。全球化的发展和各民族的融合，需要一个开放的道德体系来指导道德行为，固步自封、唯我独尊的唯我道德论已经很难在开放的世界中得到广泛的认同。

第二节 学习型政党建设与终身德育实践

中国共产党是学习型政党，它在学习创新中领导中国人民开创了政治、经济、文化、社会、生态五位一体现代化建设的新格局。学习是中国共产党的本质属性，学习是中国共产党能够在风云变幻的国际形势中始终保持先进性和革命性的基础，学习也是中国共产党在国内深层次改革浪潮中取得傲人成绩的先决条件。党的十八届三中全会提出了建设学习型、服务型、创新型的马克思主义执政党以领导落实全面深化改革的战略部署。中国共产党的学习不仅是知识的学习、文化的学习、实践的学习，而且是道德的学习。

一 学习型政党建设的时代背景及道德要求

中国共产党是在世界多极化、经济全球化和科技进步日新月异的时代条件下领导社会主义现代化建设的党，肩负着在中国特色社会主义道路上实现中华民族伟大复兴的中国梦的历史使命。国际形势的发展、国内社会的改革、现代科学技术的应用，都对政党道德建设提出了新的要求。

学习型政党建设是国际形势发展的需要。经济全球化加深了世界经济的关联性，提升了国与国之间联系的紧密性。在全球化浪潮的冲击下，任何一个国家都不可能游离于世界经济之外而独立存在，国际关系出现了前所未有的交叉和利益连锁。一个负责任的大国形象不是单纯依靠强大的经济实力和先进的武器装备所能够建立的。作为领导新兴国家的执政党，中国共产党国际地位的确立和大国地位的巩固需要展现一个大党的风范和气度。大局意识、国际主义的胸怀是中国共产党在处理国际事务中一贯坚持的原则。在全球化的大背景下，要使中国特色社会主义赢得与资本主义相比较的优势，要牢牢掌握加快我国发展的主动权，就必须大胆吸收和借鉴人类社会创造的一切文明成果，吸收和借鉴当今世界各国，包括资本主义发达国家一切反映现代社会化生产规律的先进经营方式和管理

◈ 第七章 我国学习型社会建设中的终身德育实践探索 ◈

方法。马克思主义学习型政党必须高瞻远瞩、深谋远虑,具有宽广的视野。这就要求广大党员、干部,特别是领导干部要坚持以党的基本理论为指导,多了解一些国际社会的基本情况,坚持用马克思主义的宽广眼界观察世界,正确把握时代发展的趋势,努力从国际国内形势的相互联系中把握发展方向,从国际国内条件的相互转化中用好发展机遇,从国际国内资源的优势互补中创造发展条件,从国际国内因素的综合作用中掌握发展全局,不断增强各项工作的战略性和前瞻性。①

就国内形势来讲,我国党员干部面临着从未有过的复杂局面。中国的政治、经济、社会、文化和生态体制改革正在向纵深方向发展,改革所触动的利益错综复杂,改革所应对的局面异常复杂。正如恩格斯所指出的,"一切以往的道德归根到底都是当时的社会经济状况的产物"②,反过来"物质生活的生产方式制约着整个社会生活、政治生活和精神生活的过程"③。面对市场经济逐步建立、生产方式、生活方式、分配方式和利益关系的多样化和复杂化,有的党员干部被一己私利蒙蔽了头脑,走向了犯罪的深渊;有的干部缺少对群众利益的关注,引起了民众的强烈不满和反对;有的领导干部缺少对事物发展规律的把握,盲目崇洋或者完全排外,使得自己的思想观念被西化,成为别人的口舌,或者推崇完全的独立和自主,否认一切外来事物,造成国家经济损失;有些党员干部处理问题手段单一,方式粗暴,不但不能调节群众间的矛盾,反而会成为民众和政府之间误会、矛盾的导火索,有损党员干部在群众中的形象。这些"缺少"看似是能力问题,其实是态度问题和思想道德问题,即对党的执政性质和党的执政基础认识不清,对党的执政目的和执政任务认识不足,"执政党在运用所掌握国家权力处理本国不同利益群体间关系的过程中,确定党的理论、路线、纲领、方针、

---

① 习近平:《关于建设马克思主义学习型政党的几点学习体会和认识》,《学习时报》2009 年 11 月 17 日。
② 《马克思恩格斯选集》第 3 卷,人民出版社 1995 年版,第 435 页。
③ 《列宁选集》第 2 卷,人民出版社 2012 年版,第 424 页。

政策等一切执政理论及实践活动,都必须从人民的利益出发,把为人民谋取利益当做最根本目的,为人民掌好权、不断实现最广大人民的根本利益"①。因此要不断加强党员干部的道德教育工作,使其认清形势,明确自身责任,树立群众观点,解决群众难题。加强对党员的道德教育,增强党员的责任意识和责任观念,强化党员的党性修养,强化党员的群众观念,提升党员干部的政治素养。

学习型政党建设是中国共产党自身发展完善的需要。中国共产党的产生、发展和壮大本身就是不断学习的结果,中国革命者将马克思主义引入中国,其本身就是学习。马克思主义不是放之四海而皆准的真理,也不是在时间维度内一成不变的定律,而是同各国实际相结合的、民族化、时代化的产物。中国共产党在社会建设和发展的过程中,将马克思主义基本理论同中国特色社会主义革命建设和发展实践相结合,形成了有中国特色的社会主义建设理论,这是党不断学习的成果。中国共产党作为中国特色社会主义事业的领导者和建设者,政党的政治素养和道德水平也直接影响着中国特色社会主义建设事业的成败、影响着全面建成小康社会的历史进程。进入21世纪,执政党面临来自对外开放和国内改革的双重压力,不学习就要落后、不学习就要挨打、不学习就容易迷失方向,学习已经成为中国共产党保持其政治性、先进性和纯洁性的根本保障。毛泽东在《中国共产党第七届中央委员会第二次会议上的报告》中说到,可能有着一些共产党人,他们是不曾被拿枪的敌人征服过的,他们在这些敌人面前不愧英雄的称号;但是经不起人们用糖衣裹着的炮弹的攻击,他们在糖衣炮弹面前要打败仗。②当西方世界的糖衣炮弹以迅雷不及掩耳之势向我们袭来时,我们有些党员动摇了、有些干部堕落了,有些人开始躺在自己的功劳簿上享受奢华的生活,有些人开始利用职务之便捞取非法利益,有些人甚至成为了异化势力进行和平演变的工具。因此,"我们要建设大党,我们的干部非学习不

---

① 秦宣:《本质在坚持执政为民》,《高校理论战线》2002年第9期。
② 杨礼宾、成云雷:《简明廉政文化词典》,山东人民出版社2015年版,第159页。

◇ 第七章 我国学习型社会建设中的终身德育实践探索 ◇

可。学习是我们注重的工作,特别是干部同志,学习的需要更加迫切,如果不学习,就不能领导工作,不能改善工作与建设大党"①。当意识形态的进攻超越经济和武力的威胁时,我们的学习也要从科学、技术和知识转入到道德领域。当前,由于受到自由开放市场的冲击和西方意识形态的影响,社会公德出现了一定程度的下滑,这就使得道德重塑成为党的重要课题。学习型政党建设就是要发挥共产党人的政治优势,学习和践行社会主义核心价值体系,重塑高尚的道德标准、培育崇高的道德情操,带领社会道德品质整体攀升,实现民族伟大复兴。党在十七届四中全会上明确指出:"党员、干部模范学习践行社会主义核心价值体系,是建设马克思主义学习型政党的重要任务。"② 加强党员的作风建设、思想建设和政治素养教育,让我们的干部坚持用马克思主义的宽广眼界观察世界,正确把握世界发展脉搏,理智剖析国际社会发展的阶段性特征,增强自身党性修养教育,提升自身拒腐防变能力。

面对国内外执政环境的变化,面对国内改革开放与社会主义市场经济的深入发展,我们的政治体制、经济体制和文化体制改革不断深入推进,但是未来所面临的经济、政治、文化和社会建设任务仍然很艰巨,环境依然很复杂,这就要求党的执政观念、领导方式和工作机制进行适时调整。学习型政党建设就是要通过开展党员干部的道德教育和党性教育,提升领导干部的创新能力和改革进取的思维,增强领导干部的思想理论水平、依法执政水平和把控复杂局面、解决棘手问题的能力。

二 学习型政党的本质和道德建设实践

彼得·圣吉曾指出,中国的学习型政党理论是对学习型组织理论的丰富和发展。国内关于学习型政党理论的研究成果丰富,学者们从不同的角度对学习型政党的内涵进行了深入研究。借鉴学习型

---

① 《毛泽东文集》第2卷,人民出版社1993年版,第179页。
② 《党的十七届四中全会决定学习辅导百问》,学习出版社、党建读物出版社2009年版,第9页。

组织的相关理论,学习型政党的内涵可概括为,"学习型政党是全体党员和各级组织具有持续增长的学习力的、能让全体党员进行创造性学习并在学习中体会到工作和生命意义的、能使整个组织获得快速应变能力和持续创造能力的政党"①。蒋仁勇从终身教育的视角审视学习型政党的内涵,指出:"学习型政党是一种人人学习、不断学习、与时俱进、持续创造的政治组织。它具有三层意义:第一层意思是指,它是拥有全员学习、终身学习、终身教育的理念与机制的政治组织;第二层意思是指,它是拥有不断增长的学习力与创新力的政治组织;第三层意思是指,它是一个追求卓越,不断进步的政治组织。"②《当代中国共产党建设学习型政党研究》一书中从基础规定、现实规定和价值规定三个维度对学习型政党内涵进行了诠释。"从基础意义上看,学习型政党最基本的特点就是强调全体党员和各级组织进行新的学习,离开了学习,就无所谓学习型政党。二是其现实规定,从现实意义上看,学习型政党在当下一个最核心的特点就是强调全体党员和各级组织经由新的学习不断拓展适应社会变化的能力,脱离能力,就脱离了现实需要性。三是其价值规定,从发展意义上看,学习型政党致力追求的是经由新的学习让全体党员活出生命意义、政党逐步接近奋斗目标、社会不断走向全面进步,离开了价值,就失去了发展的合理性。"③《当代中国共产党建设学习型政党研究》提出的关于学习型政党的理论,超越了在外部环境和实施模式上进行的研究,将终身德育作为政党和党员自我存在、自我发展的方式。考察中国的学习型政党的本质也要从中国共产党的本质规定性、历史继承性和时代性三个维度综合把握。

综合分析学习型政党的理论体系,其内涵包括四个维度:一是学习型政党是终身学习的政党,强调党的终身学习性;二是强调学习对党的能力提升的重要性,把终身学习提升到党的执政兴国能力

---

① 连玉明:《学习型政党》,中国时代出版社2004年版,第118页。
② 蒋仁勇:《建设学习型政党研究》,红旗出版社2004年版,第53页。
③ 谢春红:《当代中国共产党建设学习型政党研究》,人民出版社2009年版,第83页。

第七章 我国学习型社会建设中的终身德育实践探索

上来;三是强调学习对党自身建设的重要性,学习是执政党自身发展、壮大和卓越的基础,也是党员成熟、发展和完善的手段;四是强调学习对政党发挥创造力的重要性,学习是保持党的创造力的内生动力。以上四个维度的分析,其中穿插着一个隐性的连接,即党员干部的官德和道德。党员和党员干部作为学习型政党建设的主体,应该具有良好的道德素养和高尚的官德。

中国的学习型政党建设,不仅是知识的学习、能力的提升,更重要的是政党终身党性的培养和党员道德教育的终身化。政党终身党性教育,就是要将党的执政理念、执政目标和执政方针贯穿于党的整个发展历程,并指导党的执政实践。中国共产党的终身党性教育就是理想信念教育,目标就是要建立马克思主义学习型政党。

马克思主义学习型政党是中国共产党将马克思主义关于政党建设的基本理论同中国共产党建设实际相结合的产物,它旗帜鲜明地界定了中国共产党建设的道德基础即以马克思主义的基本理论为基础,以无产阶级的道德观为指导。道德是由统治阶级的阶级立场所决定的,资本主义国家政党的德育观是同其阶级剥削的实质相联系的,目的是维护统治阶级的利益。党章规定:"中国共产党是中国工人阶级的先锋队,同时是中国人民和中华民族的先锋队,是中国特色社会主义事业的领导核心,代表中国先进生产力的发展要求,代表中国先进文化的前进方向,代表中国最广大人民的根本利益。党的最高理想和最终目标是实现共产主义。"这就要求中国共产党本身应该具有群众的观念、无产阶级的立场、与时俱进的视野、创新的精神和世界的眼光。

中国共产党的终身道德教育要以服务人民为主线,以社会主义核心价值体系为引领,锤炼道德品行,改进工作作风,切实发挥模范带头作用。群众是历史的创造者,同样也是历史的承载者,伴随历史的发展人民群众对中国特色社会主义文化的需求、对世界文明和社会公德的诉求日益提高,中国共产党的道德教育就必须要坚持人民的立场、强调人民路线,发展立党为公、执政为民、全心全意为人民群众服务的优良传统。党的道德建设必须坚持中国特色社会主义伟大旗帜的引领作用，党绝不能走改旗易帜的邪路，要坚持中国特色社会主义道路、理论体系不动摇，把中国特色社会主义共同理想和中国梦作为中国人民的坚定信仰。

党员作为自然人和社会人，其道德素质具有自然属性和社会属性，但是同人民群众相比，党员的道德又具有政治性。党员的政治性首先体现在科学的世界观、人生观和价值观的取向上。党员作为中国特色社会主义事业的建设核心，其道德教育必须坚持社会主义核心价值体系的引领。用中国特色社会主义基本理论来指导道德实践，目的是培养党员正确的价值观，强化党员对国家的路线、方针、政策的道德认同，坚定党员对中国特色社会主义的道路自信、理论自信和制度自信。党员的道德教育必须坚持马克思主义辩证唯物主义和历史唯物主义世界观的指导；树立以集体主义为核心，全心全意为人民服务的无产阶级人生观；在坚持党的核心价值理念的同时，树立与时代发展相应的新价值理念。

共产党员的道德水平具有继承性和发展性。任何道德都是在前一阶段道德基础上发展而来的，因此道德具有对前一阶段社会风尚和社会道德的继承性，同时道德又是对现在和未来一段时间社会意识形态的应然状态的希冀，因此道德具有很强的发展性和待完善性。党员的道德教育需注重时代发展对党员道德发展的新要求，保持党员道德教育的时效性和阶段性，注重党员终身党性教育，目的是帮助党员提高思想素质、矫正政治倾向，提高理性思考、科学分析问题的能力；提升党员驾驭复杂问题的能力，教育党员用马克思主义的基本立场、观点、方法解决发展中的社会问题，帮助党员培养创造性的思维能力和思维方式。

党员道德教育要加强党员的道德修养教育。道德教育具有外在性和客观性，道德修养具有内在性和主观性。内因是事物变化的根本原因，没有高度的道德修养的自觉性，再好的外部条件也不能起到决定作用。道德修养的基础是实践，即结合自己的本职工作和职业道德的要求进行道德修养的锤炼。只有在实践中自觉地提升自我

第七章 我国学习型社会建设中的终身德育实践探索

修养,广大党员才能不断地以新的道德水平和道德觉悟参与实践,才能在工作中达到更高的境界。

官德对整个社会主义精神文明建设有着重要的引导、示范、管理作用,因此党的领导干部要身体力行、率先垂范,做公民道德的遵守者、做社会规范的执行者、做个体道德的示范者。加强执政党组织建设特别是干部队伍建设更需要加强干部的"官德",注重以德治官。所谓以德治官,就是要提高官员的道德操守,施行以德管理。"在官员本人身上,'直接的道德教育和思想教育'应该'从精神上抵消'他的知识和'实际工作'的机械成分,——这就必须培养他的人道精神,使'行为上的冷静沉着、奉公守法以及和善宽厚'成为'风气'。"[1] 无德,就会使干部异化,而且无德是一切腐败之源。干部是党和国家事业成败的决定因素,干部一旦道德失范,不管他有多强的能力,不管他曾做过多少好事,都严重损害执政党的威信,损害党和国家的事业。[2] 邓小平同志曾尖锐地指出:"为了促进社会风气的进步。首先必须搞好党风,特别是要求党的各级领导同志以身作则。党是整个社会的表率,党的各级领导又是全党的表率。"[3] 官德有着一个基本的主线,即要以人为本,以人民群众为本。但是由于社会发展所处的历史阶段不同,官德的内涵也不尽相同,"'官德'——从政者的道德原则和道德品质,这其中又包括'君道'与'臣道'两个主要部分"[4],当代关于官德的阐述有了不同的范畴界定,《中国官德:从传统到现代》指出:"'中国官德',在传统意义上使用主要指君德和臣德,在现代意义上使用主要指领导干部道德,不包括'政德'。"[5] 因此,官德不应该是一成不变的伦理范畴,也不应该用限定的道德教育内容来固化其教育内涵,应该随着时空的转变对官德教育进行适时的调整,这

---

[1] 《马克思恩格斯全集》第3卷,人民出版社2002年版,第68页。
[2] 熊辉:《加强执政党的道德建设》,《学习与思考》2003年第11期。
[3] 《邓小平文选》第2卷,人民出版社1994年版,第177页。
[4] 肖群忠:《君德论〈贞观政要〉研究》,甘肃人民出版社1995年版,序言。
[5] 李建华:《中国官德:从传统到现代》,四川人民出版社2000年版,第3页。

是从官德教育的宏观层面分析。从微观层面来讲，官员作为官德教育的道德主体，其道德思想、观念和心理状态在内外因的共同作用下会发生一定的变化。例如，由于贪腐罪而陷入囹圄的人，在其刚刚进入领导岗位时，是满怀热情、饱含激情地想把工作做好、做出成绩的，但是随着岗位的调整和官职的提升，在外在利益的诱惑下，个别领导干部意志开始出现动摇，最终走上了不归路。无论是从微观层面，还是宏观层面考量，都要求官员的道德教育必须实现终身化。这个终身化包含两个方面的含义：一是终身官德教育应该贯穿官员为政的整个历程，让官员时刻接受教育，警钟长鸣。二是官员的终身官德教育应该随着官员岗位的不同、所处地域的不同而选择针对性较强的教育内容。

中国现阶段官员的终身官德教育起点是重新确立实事求是的思想路线，坚持马克思主义群众观。坚持走群众路线，反对僵化、反对故步自封；反对官僚主义、形式主义，一切从实际出发，从最广大人民群众的根本利益出发。实事求是就是一切从实际出发、从社会发展的实际出发、从人民群众需要的实际出发；反对僵化、反对故步自封；坚持马克思主义的群众观强调党的性质和党的群众基础，要求官员在执政过程中要体现人民的基础性作用，要"为民"；"形式主义"、"官僚主义"、"享乐主义"和"奢靡之风"，这"四风"违背了党的性质和执政方向，人们深恶痛绝。能否处理好"四风"问题事关党的事业兴衰、人心向背。党的终身道德教育就是要加强"为民务实清廉"为核心的群众路线教育，只有坚决反对官僚主义，以为民谋利取信于民，以务实为政造福于民，以清廉从政赢得人心，才能真正树立起为广大人民群众所认同的执政形象。

"为民"是领导干部核心价值观的根本取向，干部德育要求党员干部无论何时何地、处理何事都要坚持以人为本、立党为公、执政为民的官德理念。"一切为了群众表明群众是目的，为群众是官员的道德动机，一切从人民群众的利益出发而不是从个人和小团体

◈ 第七章 我国学习型社会建设中的终身德育实践探索 ◈

的利益出发,这也是道德责任,也是评价官员善恶的最根本标准。"①坚持"为民"的价值取向,就是要把为人民服务作为自身的价值追求,把为人民谋利益作为根本目的,把为人民做贡献作为人生宗旨,真正做到权为民所用、情为民所系、利为民所谋。人民群众是历史的创造者,是社会发展的最终决定力量。只有始终保持党同人民群众的血肉联系,才能赢得广大人民群众的信赖和拥护,立党、立国、执政才有坚实的群众基础,因此为民是我们执政的基础和落脚点。"为民"就要求领导干部心里装着群众,时刻想着群众,始终秉承"群众利益无小事"的服务意识,想群众之所想,急群众之所急,紧紧依靠群众,坚持从群众中来,到群众中去的工作作风。"为民"就是把人民对美好生活的向往,作为党员干部的奋斗目标,中国共产党无产阶级的性质就决定了中国共产党的全部使命和责任始终是为最广大人民的根本利益而奋斗。现阶段中国共产党的历史使命就是要全面建成小康社会,努力实现中华民族伟大复兴中国梦,牢牢扭住经济建设这个中心,使发展成果更多更公平地惠及全民,以保障和改善民生为重点,解决好人民最关心、最直接、最现实的利益问题,更好地保障人民在政治、文化、社会等方面的权益,促进人的全面发展。

"清廉,就是要坚持严于律己、廉洁奉公,时刻把党和人民的利益放在首位,严格遵守党纪国法,坚持高尚的精神追求,永葆共产党人的浩然之气,切实做到拒腐蚀、永不沾。"②"清廉"是领导干部保持其先进性、革命性和政治性的道德基础。对于领导干部来讲,要将廉政教育贯穿其一生,并且针对其不同的执政阶段和不同的岗位而实施不同的教育。清廉成为官员一生的官德价值取向。"一身正气,两袖清风"是中国老百姓对官员廉政建设的渴望和期许,作为无产阶级政党,老百姓所期盼的清廉精神应该成为党的各级领导干部树立正确的世界观、人生观、价值观、权力观、利益观

---

① 张梦义、喻承久:《官德论》,武汉理工大学出版社2006年版,第32页。
② 李斌雄:《为民务实清廉:植根于党的思想和行动中》,《中国教育报》2013年8月30日。

和地位观的依据。领导干部的思想道德教育就是要增强领导干部的理想信念，明确党和国家赋予他们的社会角色，使他们积极承担起社会责任。通过思想道德教育，领导干部具有大局意识，奉献精神，舍小家保大家，做到"权为民所用、情为民所系、利为民所谋"。在权力、金钱、美色诱惑面前，领导干部要毫不动摇，坚守原则，拒绝拜金主义、享乐主义，不被"糖衣炮弹"击垮，做人民心目中的好领导，为人民办实事、办好事。官员的廉政教育必须要重视官员的道德自制。"世之廉者有三：有见理明而不妄取者，有尚名节而不苟取者，有畏法律、保禄位而不敢取者。见明理而不妄取，无所为而然，上也；尚名节而不苟取，狷介之士，其次也；畏法律、保禄位而不敢取，则勉强而然，斯又为次也"①，"见理明而不妄取"的自律，是党员干部弥足珍贵的品德修养和思想境界。人类精神的自律是道德的基础，作为领导干部一定要按照国家对领导干部的道德要求标准和规章制度来约束自己，使自己的言行符合社会规范。人的道德自律性不是与生俱来的，而是在生活实践中逐渐形成的，道德自律的生活性和发展性强调的是道德自律的终身性，即人的道德自律是一个发展和完善的过程，它将伴随人的一生。党员干部的官德教育就是要通过不同阶段的教育使得领导干部充分认同和接受无产阶级的道德观和道德准则，并在日常行为中将其内化为自身的道德标准，将廉政的道德义务转化为廉政的良心，从内心上增强领导干部的自律意识，理性用权的精神，并注重领导干部的道德自省、自警和自励，反对官僚主义，反对谋求私利，维护民主集中制，正确用好人民赋予的权力。

"务实，就是坚持勤奋工作、埋头苦干，对党和人民的事业高度负责，坚持不懈地带领群众艰苦创业，扎扎实实地做好各项工作。空谈误国、实干兴邦。"② 务实就是讲究实际、实事求是，"实"就是现实需要和当前实际。中国共产党的务实精神就是要注

---

① 王连锁：《为政守廉镜鉴》，第二军医大学出版社 2014 年版，第 114 页。
② 李斌雄：《为民务实清廉：植根于党的思想和行动中》，《中国教育报》2013 年 8 月 30 日。

◇ 第七章 我国学习型社会建设中的终身德育实践探索 ◇

重人民群众的实际需要,就是要分析党的现实政策和实际面临的情况和问题。无论是现实情况还是实际需要都是对当前情况的分析和解剖,因此具有现实性和发展性。发展性即终身性,只有坚持终身学习才能与时俱进地了解世界,才能用发展的眼光来审视执政中遇到的各种问题。古有云,名与实对,务实之心重一分,则务名之心轻一分。有的领导干部做事讲排场、摆花架子,空喊口号而没有实际行动,这将损害党在人民群众心中的地位。终身德育通过系统、全面的教育使我们的党员干部时刻排斥虚妄,拒绝空想,引导领导干部追求充实而有活力的人生。

三 学习型政党建设的道德修养方式

中国的学习型政党建设选择、吸收、借鉴了彼得·圣吉关于学习型组织建设的理论,并在长期的建设实践中形成了自身的特色,即:统筹内外的系统思考,人本主义的心智模式,发展、完善的自我超越,符合社会发展趋势的共同愿景和集中、全员的组织学习。

系统思考是第五项修炼的核心。作为一个学习型的政党来说,它的修炼核心也应该是系统思考。"系统思考的复杂性有两种,一种是包含许多变数的'细节性复杂';另一种是'动态性复杂'。"[①]动态性复杂作为系统思考的工具要求执政党必须把党的任务、目标、方针和政策放到变化的、动态的过程中进行考量。"细节性复杂"会使执政党在处理问题时能在复杂的局面中寻求和剥离出对自己发展有益的信息指导自己的系统思考。中国共产党的发展是具体的历史的动态范畴,这就决定了学习型政党的建设也是具体的历史的,是在世情、党情、国情不断动态变化的形势下,结合中国实际而制定的党在各个时期的学习总目标、总任务。

中国共产党人深刻认识到了国际、国内形势的复杂性,特别是看到其对党的建设、党员道德和公民道德的重大影响,从国际、国

---

① [美]彼得·圣吉:《第五项修炼——学习型组织的艺术与实务》,郭进隆译,上海三联书店1998年版,第421页。

内发展的信息中寻求和剥离出产生这些问题的原因,利用"细节性复杂"思考工具寻找对自己发展有益的信息指导自己的系统思考,进而确立起合乎中国社会发展实际的路线、方针、政策和纲领。

"'自我超越'的修炼是学习不断厘清并加深个人的真正愿望,集中精力,培养耐心,并客观地观察现实。它是学习型组织的精神基础。"[1] 学习型政党的自我超越由党自身发展的超越和党员个体发展的超越两个部分组成,其中党员个体的自我超越共同构成党的超越,执政党的每一次超越又会为其成员的超越性发展提供新的平台和空间。

中国共产党 90 多年的光辉历史就是不断追求、推进和实现马克思主义中国化的历史,也是中国共产党不断超越自我,实现新发展的历史。从毛泽东思想到邓小平理论,从"三个代表"重要思想到科学发展观再到群众路线实践教育活动,党的每一次历史性活动都是在以往党的建设成果基础上产生的新的创造,是马克思主义中国化的新发展,同时也是对以往理论的超越。"实事求是"是中国共产党的思想精髓,但是如果不将这些精髓理论发展和完善,不实现对这些理论的超越就会出现理论与历史的剥离和脱轨。从"解放思想、实事求是",到"解放思想、实事求是、与时俱进",再到"解放思想、实事求是、与时俱进、求真务实",党的这一核心思想的发展脉络折射出党在自身的发展进程中所实现的自我超越。

"心智模式"是根深蒂固于心中,影响我们如何了解这个世界,以及如何采取行动的许多假设、成见,甚至图像、印象。[2] 中国共产党人本主义的心智模式是在我们的心灵深处所潜藏的根深蒂固的以人民群众为本的信仰与观念,是共产党在对待人民问题上为自己所设定的预判想法。以人为本、群众路线是我们党一脉相承的优良传统。"全心全意为人民服务,一切以人民利益作为每一个党员的

---

[1] 邹宏仪:《新词流行词辞典》,河海大学出版社 2005 年版,第 33 页。
[2] [美]彼得·圣吉:《第五项修炼——学习型组织的艺术与实务》,郭进隆译,上海三联书店 1998 年版,第 9 页。

第七章 我国学习型社会建设中的终身德育实践探索

最高准绳"①的群众路线,实现了我们改革为了人民、改革依靠人民、改革成果为人民所享的基本方略,是我们党全面落实改革开放和现代化建设伟大成果的基石;我们党"代表中国最广大人民的根本利益"②,这是对建设什么样的党、怎样建设党的科学回答,也是我国改革开放和社会主义市场经济深入发展的理论基础;"以人为本、执政为民是我们党的性质和全心全意为人民服务根本宗旨的集中体现"③,凸现了为谁发展、怎样发展,坚持了问政于民、问需于民、问计于民的群众路线,正是在这一理论的指导下,我们取得了全面夺取小康社会的新胜利。以人为本的心智不仅要求我们党的建设要紧紧围绕人民,而且要求我们的实践事事为了人民、时时想着人民,把人民的需要作为党工作的出发点,将人民喜欢不喜欢、高兴不高兴、接受不接受作为检验工作的标准,全体党员干部要努力做到权为民所用、情为民所系、利为民所谋。

符合社会发展趋势的共同愿景是学习型社会中学习型政党的理想目标。学习型政党的共同理想和奋斗目标是调动全体党员和人民群众积极性、主动性共同致力于社会主义现代化建设的聚合剂,是激发每个党员努力奋斗的催化剂。彼得·圣吉认为组织的愿景是结合组织内每个个体的愿景而建立起来的共同理想和奋斗目标。"对于一个学习型政党而言,就是要有一个建立在个人的理想和奋斗目标上的、符合大多数的人利益的、符合社会发展趋势的理想目标。"④"确保到2020年实现全面建成小康社会宏伟目标"是十八大报告提出的全面建成小康社会和全面深化改革开放的总体目标。如果说全面建成小康社会宏伟目标是党和人民近十年来的具体奋斗目标的话,那么习近平总书记所提出的实现"中华民族伟大复兴的'中国梦'"的重大战略,则是党和人民需要矢志不渝长期努力和

---

① 《邓小平文选》第1卷,人民出版社1993年版,第257页。
② 《江泽民文选》第3卷,人民出版社2006年版,第280页。
③ 中共中央文献研究室编:《十七大以来重要文献选编》(下),中央文献出版社2013年版,第441页。
④ 焦锦淼:《论共产党的现代化》,中国社会出版社2004年版,第258页。

奋斗的方向。目标的确定是在充分考察国际、国内环境的基础上，结合党的建设经验而提出的，目标来自于中国社会主义现代化建设实践，并将进一步指导中国现代化建设的进程，这也是对中国建设规律的科学总结。无论是长期目标还是短期目标，都体现了党和人民的共同理想，即实现国家的富强，生活的富足和幸福。共同目标把党和人民紧紧联结在一起，鼓舞着党和人民的意志，使其能够全身心地投入到社会主义现代化中。实现共同目标的过程也是党员和领导干部道德发展和党性修养完善的过程。学习型社会建设进程中党员个体的道德建设目标必须要同学习型政党建设目标相一致，并将党的理想目标融合到自身道德建设目标中，"共产主义者既不拿利己主义来反对自我牺牲……也不是从那夸张的思想形式去领会这个对立，而是在于揭示这个对立的物质根源，随着物质根源的消失，这种对立自然而然也就消灭。"[①]

开展党内集中教育活动，是我们党加强自身建设的一个重要方式和途径，并形成了自身的特色。改革开放以后，党内开展的大规模的教育活动就有六次。1983年至1984年整党活动的目的是要正确地运用批评和自我批评的武器，执行党的纪律，揭露和解决党内存在的思想、作风、组织严重不纯的问题，实现党风根本好转，提高全党的思想水平和工作水平，更加密切与人民群众的联系，努力把党建设成领导社会主义现代化事业的坚强核心。"三讲"（讲学习、讲政治、讲正气）教育活动的主要任务是解决领导干部思想政治素质不适应形势任务要求的问题，推动领导干部更好地担负起把建设中国特色社会主义伟大事业全面推向新世纪的历史重任。"三个代表"重要思想学习教育活动，"目的是加强和改进党对农村工作的领导，切实解决当前农村存在的突出问题；实现党的十五大和十五届五中全会确定的发展目标"[②]。党员先进性教育活动以学习实践"三个代表"重要思想为主线，目标是提高党员素质，加强基

[①]《马克思恩格斯全集》第3卷，人民出版社1960年版，第275页。
[②] 高秀荣：《中国共产党襄城县历史大事记1937—2006年》，中共党史出版社2007年版，第313页。

◇ 第七章 我国学习型社会建设中的终身德育实践探索 ◇

层组织建设,服务人民群众,促进各项工作目标的落实。深入学习践行科学发展观的目的是在于增强党员、干部贯彻落实科学发展观的自觉性,突出解决领导干部在党风党纪方面的问题,达到实现"党员干部受教育、科学发展上水平、人民群众得实惠"的目的。党的群众路线实践教育活动,紧紧围绕保持党的先进性和纯洁性,以"为民务实清廉"为主要内容,意在着力解决人民群众反映强烈的突出问题,提高做好新形势下群众工作的能力。

纵观党的集中教育活动都是在某一阶段内,针对党内存在的突出问题,集中精力进行的有组织、有计划、有步骤、有目标、有成效的集中教育活动。党的每一次集中教育活动都是对全党思想的进一步统一,增进了党内团结。使广大党员干部从理论上进一步加深对党的理论理解,增强了为党的事业而奋斗的自觉性;从实践上,提高了执政为民的能力,解决了一批亟待解决的现实问题;从组织上,加强了领导班子和干部队伍建设,提升了基层党组织的战斗力;从作风上,解决了领导干部和党员队伍中存在的一些突出问题,增强了深入基层、服务群众的自觉性。这些成绩的取得,为推进党的自身建设和党所领导的伟大事业,积累了宝贵经验。[①]

学习型政党学习的制度化。在长期的政党建设过程中,中国共产党形成了科学、全面的学习制度。首先是党员干部学习模式制度化。中国共产党党内形成了中央政治局集中学习、地方中心组学习和党员三会一课学习模式。中央政治局集体学习开始于 2002 年 12 月,第十六届中央政治局集体学习达到 44 次,第十七届中央政治局集体学习 33 次,十八大召开后的一年时间内,第十八届中央政治局集体学习已经达到 12 次。胡锦涛在十六届二中全会上通报学习工作时指出,中央政治局集体学习制度已经建立,按照每月集体学习的进度,制定了全年的学习计划。中央政治局集体学习一般由两名专家参与,学习内容涉及法律、党的自身建设、国家经济社会

[①] 中共浙江省委党史研究室:《浙江省纪念中国共产党成立 90 周年党史学术研讨会论文集》,中共党史出版社 2011 年版,第 14 页。

发展战略、国防建设和军队问题等。党的十七届四中全会通过的《中共中央关于加强和改进新形势下党的建设若干重大问题的决定》，提出完善和落实党委（党组）中心组学习制度的决定。地方中心组对学习内容、时间和方式都有严格的制度要求，保障学习的制度化和规范化。中心组学习按照制度要求，有计划、有安排、有学习资料、有考勤记录、有中心发言、有学习总结，是各级领导班子和领导干部在职学习的重要组织形式，是加强地方领导班子思想政治建设的重要举措，也是提高党的执政能力、建设学习型党组织的重要途径。

其次是中国共产党学习方式制度化。中国共产党在学习型政党建设的过程中形成了较为丰富的学习模式。集中学习、专题学习、自主学习、团队学习和培训教育为主的传统教育方式在学习型政党建设过程中发挥了重要作用，并形成了制度。对党的理论和主要路线、方针的学习一般采用自主学习同专题讲座相结合的方式，对行业或某一领域内的业务学习主要采取团队学习和培训相结合的方式等。新的时代条件下对干部培训的模式也提出了新的要求，领导干部由听课主体变为参与主体，教学方式不再以听为主，而转变为以参与、调研、理论研讨、实地参观等为主，这都是对传统教学模式的创新和发展。

第三节　学习型政府与终身德育实践

学习型政府是学习型社会建设的重要组成部分，离开了学习型政府的构建，学习型社会建设也难以实现。学习型政府建设是学习型社会形成的基础和前提，是学习型社会建设的根本保障。学习型政府和终身德育实践之间存在着内部固有的粘连性。首先学习型政府是终身德育的主导者和实施者，政府的素质直接决定终身德育的质量和水平。同时，学习型政府是终身德育所塑造的良好风尚的引领者，学习型政府本身的道德建设状况直接影响社会公德建设。因此，对学习型社会的终身德育实践进行研究也就不能忽视学习型政

◈ 第七章 我国学习型社会建设中的终身德育实践探索 ◈

府的道德实践。

一 学习型政府道德建设的现实要求

学习型政府的道德实践是深化政府体制改革、创新政府管理体制的重要手段。建设学习型政府，需要对公共行政管理体制进行改革，增强政府对社会需求变化的敏感度，建立符合市场运行规律的政府行政管理体制，以适应经济、社会发展的需要。要实现政府管理体制的转变首先就要实现政府职能的转变。在政府的道德建设进程中，建设务实、高效、清廉、服务型政府就必须实现政府体制由官僚体制向服务体制的转变。官僚体制是政府领导国家事务的一种形式，由于结构僵化，管理模式落后难以很好地激发组织的活力和调动组织内每个个体的积极性与主动性。与官僚体制相依相存的繁文缛节是行政效率低下、行政事务冗杂时代的产物，当代社会知识经济和科技信息的发展加速了人的生活和工作方式的转变，效能政府是新型政府必须要具备的素质，开放型、服务型是政府职能转变的方向。

学习型政府的道德建设是落实科学发展观、建设现代政府的现实要求。科学发展观是建设中国特色社会主义现代化的根本指针，是推动中国全面建成小康社会的思想武器。加快政府职能转变，推进学习型政府建设对于牢固树立、认真践行和全面落实科学发展观具有重要的现实意义。科学发展观的第一要务是发展，学习型政府的道德建设就是把发展作为政府精神的核心。学习型政府的发展要求是满足政府社会服务职能的发挥，发展的标准是能否满足人们对政府的期望和诉求，发展的内容是政府效能的提升、政府精神的重塑。以人为本是科学发展观的核心，学习型政府的道德实践就要建立"以人为本"的政府服务观念。在学习型政府的道德实践中把实现好、维护好、发展好最广大人民群众的根本利益作为一切工作的出发点和落脚点，紧紧围绕人民群众最关心、最直接、最现实的利益问题，全面履行好政府服务职能，规范政府行为，提高政府效能，树立人民政府的良好形象。科学发展观的基本要求是全面协调可持续，这就要求在学习型政府道德实践中，树立解放思想、与时俱进的思想观念，进一步转变政府思维方式，建立起适应社会主义市场经济体制发展的政府新观念。政府要提高公共服务的能力和水平，为社会和广大人民群众提供更多、更好的公共产品，促进经济社会和人的全面协调可持续发展。

学习型政府的道德实践是政府职能转变，建立科学"政绩"观的需要。GDP一直是干部考核评价的"第一指标"，这就造成了一些地方领导干部单纯追求GDP，把"以经济建设为中心"异变成"以GDP为中心"、把"发展是硬道理"异变成"GDP是硬道理"，一切工作围绕GDP打转，一切指标唯GDP是瞻。"官出数字、数字出官"造成了政府职能的错乱，一切以利益和GDP为追逐目标，这不仅造成了对现有资源的错乱配置，而且也丢失了"以人为本"的政府建设指向。学习型政府的道德建设首先要解决的就是政府的政绩观问题。学习型政府的道德建设就是要始终紧紧抓住科学的政绩观这一核心不放松。在科学发展观的指导下，建立起以人民幸福指数、社会和谐程度和可持续发展参数为观测点的政绩观，消除竭泽而渔、杀鸡取卵的错误政绩观，实现"从数字GDP的片面追求到福祉GDP的转变"[1]。

学习型政府的道德实践是提高公务员队伍素质、提升公务员能力的重要途径。公务员是依法行政的主体，公务员素质的高低直接关系着政府工作的水平，政治觉悟高、思想素质好、业务能力强是对公务员综合素质的要求。政府所处的环境、面临的形势和所承担的任务都在发生变化，对公务员的要求也在不断提高，尤其是对公务员的道德素质和政治素养提出了更多的要求。当前，要通过终身德育加强行政人员的道德伦理教育、思想政治教育、职业道德教育尤其是行政伦理教育，以增强行政人员的自律意识，树立国家利益和社会公共利益至上的观念，增强荣誉感和使命感。加强公务员的

---

[1] 程恩富、张兴茂：《中国共产党建党九十周年与马克思主义中国化的理论与实践》，中国社会科学出版社2012年版，第183页。

◇ 第七章　我国学习型社会建设中的终身德育实践探索 ◇

道德教育还要强化公务员的服务观念和服务意识,行政人员不能满足于按章办事,而应主动热情地提供服务,以诚信的言行树立自身形象。

学习型政府的道德实践是调节社会结构性矛盾、提升政府公信力的重要路径。中国经济急速转型,经济分化剧烈,社会分化明显,出现了"利益直接受损群体"[1]。我国处于并将长期处于社会主义初期阶段,人民群众日益增长的物质文化需要和落后的社会生产力之间的矛盾,仍将会是一段时间内的主要矛盾。初期阶段的特征和社会发展的不平衡,导致了社会弱势群体的产生,他们对物价上涨特别敏感,对贫富差距特别愤怒,对官员的傲慢以及不作为、乱作为特别反感,群体性事件的发生也正是这些人发表愤慨的方式。政府作为社会事务的管理主体,其公务人员的道德素质直接决定了处理此类事务的立场、水平和能力。因此,公务员系统要坚持长期开展道德教育活动,树立公务人员无私为民、高效惠民、诚信尊民、友善爱民的新形象,满足民众对当代中国政府的政治期待。[2] 在政府的道德建设过程中,建立"透明政府",实行政务公开,满足民众知情权,接受民众监督、媒体监督和司法监督,重大决策依循公众参与、专家论证、集体讨论决定的路径,坚决杜绝专权独断;建立"责任政府",努力做到"权为民所赋,权为民所用",让权力来自于人民,服务人民;建立"诚信政府",政府也要做到言而有信,有诺必践;建立"清廉政府"澄清吏治,厉行清廉政治,以此拢聚人气,凝聚人心,重建政府公信力。

二　学习型政府的本质和道德建设实践

学习型政府顾名思义就是学习的政府,"学习型政府,是指政府通过不断学习,不断改善政府收集、管理和运用知识的能力,在政府内部形成浓郁的学习氛围,完善终身教育体系和机制,形成全

---

[1]　单光鼐:《关键是政府公信力》,《南方周末》2011年2月25日。
[2]　李艳霞:《坚持以人为本提升政府公信力》,《中国社会科学报》2012年1月18日。

员学习、团队学习、组织学习的局面,从而提高整个政府的能力,改善政府效能和创新政府管理,并能够顺利实现政府机构的知识的创造、传递和转化"[1]。就学习型政府内部结构而言,"即整个政府机构成为一个自由、开放、便于信息交流和知识传播的共享学习系统,它能有效地将每一个成员的学习行为转化为组织的创造性活动,从而大大提高政府部门的工作效率和政府工作的社会满意度。并在此基础上,不断地对政府的组织机构和业务流程进行重组、再造以适应持续变化的外部世界"[2]。学习型政府是一个不断变化和重组的运动系统,这个系统的良好运行对于提高政府效能、提升政府创造性、提高政府的社会认可度都有着重要的推动作用。

有学者将学习型政府的内涵概括为:政府机构在专业分工的基础上建立专业化制衡机制,在政府机构内部,每个公务员都是授权有限,但是其在执行公务过程中,其行使权力是充分的,其权力的行使也受到其他机构的制衡;在政府机构外部,它同社会上的信息是交互开放、互相学习的。政府机构形成了一个自由、开放、便于信息交流和知识传播的共享成果系统,能有效地将学习转化为创造性行为从而大大提高政府的工作效率和政府工作的社会满意度。在此基础上,对政府的业务流程进行重组、再造。可以说,学习型政府,它永远不是一个终结的概念,而是一个变化着的概念。[3] 学习型政府概念强调了三点,其一,政府的权力和责任都是有限的,权力的运行也是有限的,需要其他机构的制衡和制约。其二,学习型政府是开放的政府,政府应该向外界学习,从外界获取有助于自我发展的信息和资源,提升政府的效能和人民满意度。其三,学习型政府是一个发展的概念,是政府运行的理念。

"学习型政府并不是'最后形式的政府',而是一个体系、一

---

[1] 科学发展观丛书编委会:《建设学习型社会》,党建读物出版社2012年版,第124页。
[2] 谢仁寿、赵祥:《学习与创新能力的培养》,广东人民出版社2008年版,第62页。
[3] 许正中、张永全:《学习型政府》,中国环境科学出版社2002年版,第68页。

◇ 第七章 我国学习型社会建设中的终身德育实践探索 ◇

个过程、一种价值选择和'治道'原则……"①，学习型政府是处于永远发展中的、没有终结的政府管理和治理观念。

中国的学习型政府建设实践已经超越了行政管理的视野，吸收和借鉴了行政生态和行政伦理的理论，取得了学习型社会建设的新进展。所谓行政生态学是运用生态学的理论和方法研究公共行政的结果，它借用生态学研究生命主体与其环境的相互关系和作用的基本理论和方法，来研究行政系统与其社会环境的相互关系，即通过生态系统的模拟来研究行政生态系统。② 简言之也就是用生态学方法研究行政行为、行政现象与行政环境之间相互关系的行政科学分支。生态学研究视角的学习型政府是政府对自身的内部环境和外在运行环境的变化做出的反应和变化，并通过自身的调试以达到政府自身环境的内部平衡和政府与外部环境的有机融合，简而言之就是政府适应环境变化、应对环境变化的管理模式。生态学视角的学习政府建设注重政府自身和政府与外部关系的研究，政府通过学习不断提升自身的素质和能力，以适应政府内部环境的变化和发展，使政府自身的发展能够适应政府执政的需要。另外，学习型政府建设要调试好政府和外部环境的关系，即处理好政府与民众的关系，处理好政府与企业等被管理者的关系，这需要政府的执政理念的人本化和民主化。

"所谓行政伦理，一般是指行政人员在行政管理活动中的行为规范的总和，它是维持行政管理活动相关各方之间合理和正当关系的原则和规范。"③ 库珀认为，伦理意味着要就义务、后果和最终目的进行实质性的推论。从行政伦理的视角分析学习型社会的道德建设就是在义务和责任的指导下，通过公务人员规范性活动来实现政府合理的行政行为，保障政府和各方关系的正当。具体来讲，行政伦理指导下的学习型政府建设就是要建设"责任政府"、"民主

---

① 科学发展观丛书编委会：《建设学习型社会》，党建读物出版社2012年版，第129页。
② 唐兴霖：《里格斯的行政生态理论述评》，《上海行政学院学报》2000年第3期。
③ 丁煌：《西方行政学理论概要》，中国人民大学出版社2011年版，第256页。

政府"和"公正政府"。

行政伦理的核心是"责任",学习型政府的核心就是要建立责任政府。库珀认为,"作为一个负责任的行政人员,一方面要在客观上为自己的行为负责任,另一方面在主观上使自己的行为与职业价值观念相一致"[①],这里面包括三个层次的关系,即行政人员对其领导负责、行政人员对其下属负责、行政人员对公民负责。对上级负责、对下级负责是公务人员的职业责任和职业道德的要求,因此责任政府中公职人员的职业道德教育不可或缺;对公民的责任,是政府道德建设的核心,政府要对公民负责,就要洞察、理解和权衡公民的诉求、喜好和利益,并及时就公民的诉求给出回应,使自己的行为符合社会的要求和民众的意志。

改革开放以来,中国的责任政府建设大致经历了三个阶段。中国责任政府建设的历程同中国学习型政府的建设经历是重合的,学习型政府促进了中国责任政府的建设。中国责任政府建设经验遵循了依法行政、人民责任、责任追究、权利制约的基本路径,这也正是学习型政府精神的核心。依法行政要求政府必须在法定职权内、依照法律程序行使自己的职责,限制了"无限政府"的产生,防止政府职能的越位、缺位和错位。依法行政要求公职人员遵守自己的职业规范、明确自身角色定位、认清权力所赋予自己的责任和义务,在工作中做到有法必依、执法必严,从自身杜绝权力寻租现象的出现。人民责任是学习型政府建设的核心,也是民主政治的本质要求。中国的国体和政体都决定了中国政府的权力来自人民,因此政府行政必须对人民负责,做到权力来自人民,权力服务人民、权力回归人民。在现代政府运行、管理的模式中个别人仍然坚守错误的官本位思想不放,把自己放入特权阶层,以自己的意愿和喜好来代替法律的客观评判,破坏法律准则、无视法治尊严,甚至有人铤而走险,利用职权谋私利。中国政府在学习型社会建设的过程中建

---

① [美]特里·L.库珀:《行政伦理学——实现行政责任的途径》,中国人民大学出版社2010年版,第6页。

◇ 第七章 我国学习型社会建设中的终身德育实践探索 ◇

立起了明确的责任追究制度。政府问责制度能够实现对政府的责任约束，限制和规范政府权力和官员行为，最终达到权为民所用的目的。加强对权力运行的制约和监督，保证把人民赋予的权力用来为人民谋利益，是中国责任政府建设的一条重要经验。中国在学习型社会的建设过程中，建立起了比较完善的民主监督体制，让人民对权力运行进行全方位、全过程的监督，防止权力失控、决策失误和行为失范，遏制和减少腐败现象的发生。

"以民为本"的政府理念、"依法行政"的执政标准、"违法必究、有错必改"的政府责任、"制约平衡"的政府运行模式是学习型政府精神的精髓，也是责任政府建设的内涵，学习型政府建设对责任政府建设起到了巨大的推动作用。

中国的学习型政府建设坚持了民主政府、高效政府和务实政府的道德实践。行政伦理的基础是"公民权"，"公民权是指对一个社区中个体成员因其身份和角色而拥有的权利和义务。这种身份和角色可以是根据宪法、宪章和法律规定的资格、权利和义务正式条文中整理出来的，也可以从实践中的价值观、传统和惯例中非正式地抽象出来"[①]。我国宪法规定，人民享有广泛的政治权利和自由，国家并能供给必需的物质上的便利以保障其实现。学习型社会建设就是要通过政府为人民创造出更多的物质财富，以满足人民日益增长的物质和文化的需要。学习型政府的民主还体现在政府管理的扁平化。传统的政府组织是以官僚体制为基础的，具有严格的层级划分。学习型社会建设就必须精简"金字塔"，构建扁平化的学习型政府。扁平化政府是一种遵循弹性化、动态化、柔性化、统一性原则的，以基层为主、网状的、扁平的、富有弹性的政府模式。扁平化政府有利于不同管理层间的沟通和对话；能够有力地避免信息不畅带来的决策失灵；有利于激发基层人员的积极性和主动性；有利于基层声音的传递。扁平化的平台有助于决策层的角色理念和决策意图传递到基层，基层公务员能够更直接地表达自己的意志，能使

---

① 张铭、陆道平：《西方行政管理思想史》，南开大学出版社2008年版，第255页。

全员及时沟通、及时互动，发扬基层民主，提升组织创造力。

行政伦理的价值是社会公正，学习型政府的价值追求是建立公正政府。"行政行为的根本目标立于公共利益，体制架构、机构设置和职能配置立于公共服务，行政决策立于公开透明，行政执法立于公平公正，行政运行立于公民和社会组织共同参与，行政成本立于公共财力。"[①] 这一论断，凸现了公正政府的目标在于实现公共利益的公平，运行的模式是公开透明，保障是公共参与，这正是学习型政府建设的内容。公平、公正实质上意味着平等、均衡和全面，学习型政府建设就是要把公平作为社会建设准则、把公正作为指导政府行为的价值标准，构筑人人平等的政治权利、平等的法律地位，保障人人享有平等的社会身份和尊严，实现人人拥有平等机会的诉求。"顾客导向"是学习型政府的服务模式，体现了政府的"民本性"，即学习型政府的建设要以人民的诉求为导向，以公众的诉求和期望为标准来设置政府建设目标、规划政府建设蓝图，以公众的满意度为标准衡量自身的建设水平和建设成效，以公众的评价来决定政策变迁的方向。政府服务"顾客导向"的实现必须要有民主的参与，要通过民众的参与建设更加开放和规范的政府运行模式，让政府权力在阳光下运行，尊重人民的自由性、民主性和创新性，保障以民为本的理念贯穿到社会治理全过程。

生态伦理的核心是社会关系的发展，学习型政府的实践是要建立和谐政府。和谐政府是我国政府转型的未来趋势。从社会关系角度分析学习型政府的和谐包括两个部分，一是政府内部各要素关系的和谐；二是政府系统与外部环境系统的和谐。政府内部各要素关系的和谐指的是公务员之间关系的和谐和公务员与政府系统的和谐两个部分。具体来讲，政府工作人员的单个个体共同组成政府系统，个体和政府关系决定了个体的工作态度和工作效果，因此单个公务人员和政府的和谐决定着政府的效能。另外，公务员自身的社

---

① 复旦大学马克思主义研究中心、复旦大学社会科学基础部：《马克思主义评论》（第1辑），复旦大学出版社2005年版，第56页。

◇ 第七章 我国学习型社会建设中的终身德育实践探索 ◇

会身份和公职身份的同一性是学习型政府内部系统和谐的关键。"国家职务要求个人放弃独自地、随意地满足主观目的,并且正是这样,它才让个人有权利在克尽职守的时候而且仅仅在这个时候满足主观目的。于是,从这方面也就建立了普遍利益和特殊利益的联系,这种联系构成国家的概念和国家的内部稳固性。"① 公务员在社会中生活是社会人,作为公务人员他应该遵守社会公德和遵纪守法,做良好的社会人,体现公务员的示范性。当公务员担任工作时就是职业人,他必须要对公共利益负责,公务员社会身份和职业身份不能相互混淆。公务人员之间的和谐,是政府和谐的基础,团结和谐的政府内部环境是政府能够高效运行的前提。

政府系统与外部环境系统的和谐,要处理好政府与生态、政府与社会组织、政府与公民的关系。政府是社会生态文明建设的领导者和执行者,政府政策的制定和政府行为的取向对生态保护和生态文明具有至关重要的作用,在学习型社会的建设中,要建设生态政府,把生态文明作为政府的政治任务建设来完成。政府在处理包括政府与企业、与社区、与民间组织等的关系时,要保持公平、平等原则,维护各组织的合法权益,保护各组织的积极性和创造性,但是也要充分发挥政府的宏观调控的作用,协调好组织间的关系。政府与公民关系的和谐,实质是政府公权力与公民私权利的互动和谐,这种和谐状态有助于使政府的各项政策和措施符合公民的需求,更有助于公民在了解、信任政府的基础上认同政府所推行的政策,进而形成和谐社会协调发展的向心力量。② 和谐政府的构建意味着政府要革新原有不合理的政治制度,调整失衡的社会利益结构,促进社会成员群体、阶层的和谐、协调关系的建立。良好的社会关系的建立有赖于政府良好沟通机制的建立和公务员沟通能力的提升,因此政府要多渠道加强同民众的沟通和协调,让民众了解政府、知晓政府意图,建立良性的政府与民众互动机制,促进和谐政府的建成。

---

① 《马克思恩格斯全集》第 3 卷,人民出版社 2002 年版,第 56 页。
② 胡穗、闵素芬:《和谐政府的标向》,《求索》2006 年第 11 期。

三 学习型政府道德建设的主要途径

学习型政府建设的实质是通过学习来实现政府思想的解放、职能的转变和政府精神的重塑。第一，学习型政府建设不应该仅仅是政府学习方式的调整，而应该是政府管理模式的转变，这种转变是由政府的学习力来引领和决定的。一直以来中国传统社会所遗留下来的官本位思想和君权管理方式造就了中国人强烈的"国家"理念，而"公民社会"理念却没有存在的空间。政府职能的转变首要的就是政府思维的调整，先进的思维、服务的理念、民主的作风哪里来，"学习"是最好的方式，也是最便捷的途径。学习型政府建设中的终身德育首要解决的是政府的职能理念问题，终身德育通过对政府人员的道德教育打破原有的"官本位"思想，消除官僚体制中的等级思想和行政理念，倡导以人为本的思想，把为民服务作为政府执政的第一要务。

第二，学习型政府建设不仅仅是政府外在行政行为的建设，而且应该是政府思想的解放、作风的转变和机制的完善。学习型政府的要旨是在学习中拓宽视野、增长才干，学习的目的是冲破传统思想的桎梏，头脑更加聪明、工作更加透明。学习型政府的解放思想要以创新的思维为引领，突破旧思想、旧制度、旧理论的束缚，政府的解放思想就是要为企业的创新创造良好的环境。转变政府作风就是要转变政府与人们的诉求不相适应的部分，"一般民众大多赞成喜好政府具有回应、弹性、一致、稳定、廉洁、慎思、守法、负责等特性"[1]，转变政府作风就要看民众的期待、看民众的诉求，把人民的需要当作政府建设的目标，建设责任政府、廉洁政府、效能政府。善于沟通和乐于沟通是现代政府必须具备的政治素质和工作能力。科学技术的迅猛发展，为民众获取信息、传递信息创造了便利。与此同时，也为政府的沟通、协调能力提出了要求，建立灵活迅速的突发事件应急处理机制，提高政府的敏感度和应急力，让

---

[1] 王德清、张振改：《公共事业管理》，重庆大学出版社2005年版，第261页。

第七章 我国学习型社会建设中的终身德育实践探索

民众的声音有人听,让民众的诉求有人关注,通过政府信息平台及时回应民众诉求,加强同民众的信息、情感沟通,尊重民众的需求,使民众诉求得到最大限度的满足。

第三,学习型政府建设除了行政行为、行政思维的调整,更重要的是政府精神的重塑。政府精神存在于学习型组织形成的共同愿景之中。所谓政府共同愿景是指政府组织未来发展的目标、任务、使命,就是将公务员分散的个人奋斗愿望整合为政府的共同愿望,将公务员的个体价值目标与政府的整体价值目标整合为组织共同的愿景,将全体公务员凝聚在一起,激发个体的积极性、主动性、创造性和追求目标的本性,从而形成政府整体强大的政府精神和政府文化的一种愿望。① 政府精神的重塑不是对原有思想体系的删删减减,也不是对原有政府精神内容的简单再组合,而是在破除原有不适应社会发展因素基础上的重新确立,是政府管理理念本质上的变化,它触及的是政府的精神枢纽,贯穿于每个政府人员的思想行为之中。政府精神的重塑,目的是带来政府精神和政府面貌的更新,建立起更加民主、清廉和开放的政府文化,塑造务实、团结、负责任的政府形象,让政府精神成为政府人员团结的凝聚力,政府创造力的驱动器,学习型社会建设的精神源泉。

---

① 科学发展观丛书编委会:《建设学习型社会》,党建读物出版社2012年版,第133页。

结　　语

　　终身德育既是道德教育一个新的研究视域，同时也是道德教育一个新的实现方式。社会的发展、人类历史的变迁需要一种新的能够适应人类发展规律和社会发展轨迹的道德教育方式来解决人类现存的道德困境和难题。终身德育在把握人的发展规律和社会发展阶段的基础上，对人开展分阶段的道德教育，不仅能够提升道德教育的针对性和时效性，而且能够增强道德教育对人和社会的关注。

　　本书关于终身德育的研究，聚焦于构成"人"和道德的核心即人与周边的关系。人是终身德育的主体，解决人的自然存在、社会存在和精神存在中所面临的道德问题是保持人不断发展和完善的前提。人与自然、与社会、与他人、与自身的关系又构成了道德问题的核心，终身德育对这些关系的疏导和重构正是对现实道德问题的有效解决。围绕着终身德育的构成核心"人"和终身德育的核心问题人与周边的关系，国内外学者已有相关的研究，西方社会心理学理论指导下的终身德育理论和各国的终身德育实践对学习型社会中终身德育结论的构建有一定的指导意义。本书以人的生理发展和精神结构为依据对终身德育的阶段进行了划分，对各阶段内容进行了初步设定，并就学习型社会建设中的学习型政党和学习型政府的终身德育实践进行了探索。研究具有一定的意义和价值。但是，本书的研究仅仅是终身德育这座巨大冰山的一角，而且由于本人理论功底的薄弱和系统把握资料能力的欠缺，所以研究的深度还不够。

　　终身德育是道德教育与时俱进的产物，因此终身德育的研究既要体现社会发展的现实需要，又要凸显道德教育发展的前瞻性。展

◇ 结　语 ◇

望终身德育的未来发展，要体现三个"向度"，即：终身德育的人学"向度"、终身德育的生态"向度"和终身德育的生活回归"向度"。

终身德育的人学向度是以人为核心，辐射所有道德问题的研究趋势。人是道德的主体也是道德的客体，更是道德传播的介体，所有的道德问题都可以在人身上找到答案，所有的道德教育理论都是为人的生存、生活和发展而服务的。终身德育的人学向度由人学的自然取向、人学的社会取向和人学的精神取向组成。人学的自然向度是在人与自然对立统一关系的基础上，实现人与自然的和谐；人学的社会取向所要处理的是人在实践、交往中与他人和社会的互动关系，目的是实现自我价值和社会价值的统一，实现社会价值框架下的自我价值认同；而人学的精神取向强调人的精神的自我丰富和人格的自我发展，目的在于培养人高度的自觉意识和道德观念，提升和丰富人的精神世界，帮助人形成正确的道德观念和崇高的道德自省。

马克思主义哲学超越"思辨哲学"，直指"现实生活"，并以改造"现实生活"为其价值的旨归。同样，生活也是培植终身德育思想的沃土，生活实践中的道德困境是终身德育要解决的核心问题，而终身德育的发展和以终身德育为手段的道德问题的解决，目的是实现人的现实生活的幸福。终身德育把已经生成的、变化着的、相互关联着的关系世界植根于生活，通过生活的手段、生活的路径解决生活问题，达到生活对道德的引导；通过考察生活主体、生活结构和生活实践，揭示人的情感、意识和观念范畴内出现的问题，运用道德教育的手段来实现对这些问题的疏导和解决，完成对人的本质、人的整体性和人的目的性的塑造，使人回归生活本身，回归自我人性的本真。

道德教育既要重视人的道德的自为发展，也要重视道德的自然生成，即重视自然环境对人的道德养成的影响。终身德育超越"唯人论"，构建以"人类为中心"和以"非人类为中心"的道德教育的终身体系，这既能发挥人的道德的核心作用，又能避免产生个人主义和利己主义的价值观。个人主义和利己主义的价值观是"生态缺陷"的价值观，它把人类的幸福和生活的富足建立在过度损耗自然的基础之上，把个人的意志和观念凌驾在自然的发展之上，破坏了自然的自由、可持续发展。终身德育通过生态观念、生态责任、生态价值教育帮助受教育者养成生态智慧、生态意识，提升受教育者的生态保护能力，规范和调节人与自然生态之间的关系，目的是培养自我价值和自然价值相统一的全面发展的人。

参考文献

一　中文专著

[1]《马克思恩格斯选集》第1卷,人民出版社1995年版。

[2]《马克思恩格斯选集》第3卷,人民出版社1995年版。

[3]《马克思恩格斯选集》第4卷,人民出版社1995年版。

[4]《马克思恩格斯全集》第1卷,人民出版社2009年版。

[5]《马克思恩格斯全集》第2卷,人民出版社2009年版。

[6]《马克思恩格斯全集》第6卷,人民出版社2009年版。

[7]《马克思恩格斯全集》第20卷,人民出版社1971年版。

[8]《毛泽东选集》第3卷,人民出版社1991年版。

[9]《邓小平文选》第2卷,人民出版社1994年版。

[10]《江泽民文选》第3卷,人民出版社2006年版。

[11] 胡锦涛:《高举中国特色社会主义伟大旗帜,为夺取全面建设小康社会新胜利而奋斗》,人民出版社2007年版。

[12] 陈理宣:《教育价值论》,四川大学出版社1995年版。

[13] 陈友松:《当代西方教育哲学》,教育科学出版社1982年版。

[14] 单中惠:《西方教育思想史》,山西人民出版社1996年版。

[15] 杜威:《哲学的改造》,许崇清译,商务印书馆1989年版。

[16] 冯建军:《当代主体教育论》,江苏教育出版社2001年版。

[17] 高志敏:《成人教育心理学》,上海科技教育出版社1997年版。

[18] 高志敏:《终身教育、终身学习与学习化社会》,华东师范大学出版社2003年版。

[19] 顾明远、孟繁华:《国际教育新理念》,海南出版社2001年版。

[20] 关世雄:《成人教育词典》,湖北教育出版社1993年版。

[21] 关世雄、张念宏:《世界各国成人教育现状》,北京出版社1986年版。

[22] 郭连成、周轶赢:《经济全球化与转轨国家政府职能转换研究》,商务印书馆2011年版。

[23] 郝克明:《终身教育经典文献》,高等教育出版社2006年版。

[24] 何红玲:《新中国成人高等教育发展研究》,中国社会科学出版社2004年版。

[25] 赫梅尔:《今日的教育为了明日的世界》,王静、赵穗生译,中国对外翻译出版公司1983年版。

[26] 黄富顺:《成人教育导论》,五南图书出版有限公司2000年版。

[27] 黄志成:《西方教育思想的轨迹——国际教育思潮纵览》,华东师范大学出版社2008年版。

[28] 瞿葆奎:《教育学文集·法国教育改革》,人民教育出版社1994年版。

[29] 瞿葆奎:《教育学文集·国际教育展望》,人民教育出版社1993年版。

[30] 瞿葆奎:《教育学文集·日本教育改革》,人民教育出版社1991年版。

[31] 李德、甘亚平:《入世后中国前沿问题分析》,中国商业出版社2001年版。

[32] 联合国教科文组织总部中文科译:《教育——财富蕴藏其中》,教育科学出版社1996年版。

[33] 刘祖云:《社会转型解读》,武汉大学出版社2005年版。

[34] 陆学艺、景天魁:《转型中的中国社会》,黑龙江人民出版社1994年版。

[35] 陆有铨:《躁动的百年——20世纪的教育历程》,山东教育出

版社 1997 年版。

[36] 庞桂美：《闲暇教育论》，江苏教育出版社 2004 年版。

[37] 皮亚杰：《发生认识论原理》，王宪钿等译．商务印书馆 1981 年版。

[38] 任钟印：《世界教育名通览》，湖北教育出版社 1994 年版。

[39] 石中英：《教育学的文化性格》，山西教育出版社 1999 年版。

[40] 石中英：《知识转型与教育改革》，教育科学出版社 2001 年版。

[41] 藤大春：《美国教育史》，人民教育出版社 1994 年版。

[42] 王东莉：《德育人文关怀论》，中国社会科学出版社 2005 年版。

[43] 吴式颖：《外国现代教育史》，人民教育出版社 1997 年版。

[44] 吴遵民：《现代国际终身教育论》，中国人民大学出版社 2007 年版。

[45] 吴遵民：《现代终身学习论》，上海教育出版社 1999 年版。

[46] 肖川：《教育的理想与理念》，岳麓书社 2002 年版。

[47] 肖前：《辩证唯物主义原理》，人民出版社 1981 年版。

[48] 杨德广：《教育新世界新理念》，上海教育出版社 2007 年版。

[49] 姚纪纲：《交往的世界——当代交往理论探索》，人民出版社 2002 年版。

[50] 张斌贤、褚洪启：《西方教育思想史》，四川教育出版社 1994 年版。

[51] 张汝伦：《现代西方哲学十五讲》，北京大学出版社 2003 年版。

[52] 张维主：《世界成人教育论》，北京出版社 1990 年版。

[53] 张新平：《教育组织范式论》，江苏教育出版社 2001 年版。

[54] 赵祥麟：《外国教育家评传》，上海教育出版社 2002 年版。

[55] 赵祥麟、王承绪：《杜威教育名篇》，教育科学出版社 2006 年版。

[56] 赵中建：《全球教育发展的研究热点：90 年代来自联合国教科文组织的报告》，教育科学出版社 2003 年版。

[57] 钟启泉、高文、赵中建:《多维视角下的教育理论与思潮》,教育科学出版社2004年版。

[58] [奥地利] 康拉德·洛伦茨:《文明人类的八大罪孽》,安徽文艺出版社2000年版。

[59] [德] O. F. 博尔诺夫:《教育人类学》,华东师范大学出版社1999年版。

[60] [德] 雅斯贝尔斯:《什么是教育》,邹进译,生活·读书·新知三联书店1991年版。

[61] [法] 爱弥尔·涂尔干:《道德教育》,陈光金译,上海人民出版社2001年版。

[62] [法] 保罗·朗格让:《终身教育导论》,滕星等译,华夏出版社1988年版。

[63] [古希腊] 柏拉图:《理想国》,郭斌和、张竹明译,商务印书馆1986年版。

[64] [古希腊] 亚里士多德:《尼各马可伦理学》,邓安庆译,人民出版社2010年版。

[65] [捷克] 夸美纽斯:《大教学论》,人民教育出版社1984年版。

[66] [美] L. 布鲁姆:《社会学》,张杰等译,四川人民出版社1991年版。

[67] [美] 达肯沃尔德、梅里安:《成人教育——实践的基础》,刘宪之译,教育科学出版社1986年版。

[68] [美] 杜威:《民主主义与教育》,五南图书出版公司1992年版。

[69] [美] 杜威:《新旧个人主义——杜威文选》,上海社会科学院出版社1997年版。

[70] [美] 菲力浦·孔布斯:《终身教育大全》,龚同、林瀛等译,中国妇女出版社1987年版。

[71] [美] 马尔科姆·诺尔斯蔺:《现代成人教育实践》,延梓译,人民教育出版社1989年版。

［72］［美］西里尔·O. 豪尔：《学习模式——终身教育的新展望》，江金惠译，教育科学出版社1992年版。

［73］［美］约翰·S. 布鲁贝克：《高等教育哲学》，王承绪等译，浙江教育出版社1987年版。

［74］［日］池天大作、B. 威尔逊：《社会与宗教》，四川人民出版社1991年版。

［75］［日］持田荣一、龚同等：《终身教育大全》，中国妇女出版社1987年版。

［76］［日］持田荣一、森隆夫、诸冈和房：《终身教育大全》，龚同、林瀛、邢齐一、梁达礼译，中国妇女出版社1987年版。

［77］［英］埃德蒙·金：《别国的学校和我们的学校——今日比较教育》，王承绪等译，人民教育出版社1989年版。

二 中文期刊

［1］蔡克勇：《加强创业教育——21世纪的一个重要课题》，《清华大学教育研究》2000年第1期。

［2］陈桂生：《德育在教育构成中的地位的演变》，《高等师范教育研究》1992年第3期。

［3］程景、陈超：《学习化社会与成人教育转型》，《成人教育》2003年第8—9期。

［4］程艳林，周勇炜：《大学生网络创业的困境与对策》，《中国青年研究》2007年第11期。

［5］邓云洲：《后现代伦理思潮的道德教育意蕴》，《比较教育研究》1999年第4期。

［6］段元秀：《柏拉图公民教育思想论析》，《教育评论》2012年第2期。

［7］韩丽丽、于连坤：《当代国外青少年的道德教育与启示》，《石油教育》2004年第4期。

［8］蒋华、何光全：《终身教育思潮及其在我国的传播与实践》，《四川师范大学学报》（社会科学版）2008年第1期。

［9］蒋义丹：《创业教育——高校面临的新任务》，《教育发展研究》2003年第2期。

［10］蒋臻萍：《论大学生创业环境》，《湖南社会科学》2003年第2期。

［11］李平：《浅谈高校创业教育课程建设》，《教育探索》2008年第11期。

［12］林剑：《马克思自由观的再解读》，《天津社会科学》2003年第6期。

［13］刘铁芳：《现代德育的困境与德育向生活的回归》，《上海教育科研》1997年第7期。

［14］楼一峰：《社会转型与成人高等教育发展》，《当代教育论坛》2002年第11期。

［15］鲁洁：《论教育之适应与超越》，《教育研究》1996年第2期。

［16］罗文东：《科学发展观与社会主义人道主义》，《山东社会科学》2006年第2期。

［17］任平：《交往实践观：21世纪中哲、西哲与马克思主义哲学的交汇点》，《社会科学战线》1998年第2期。

［18］任平：《走向交往实践的唯物主义》，《中国社会科学》1999年第1期。

［19］尚实：《共产主义者不向人们提出道德上的要求》，《马克思主义与现实》2003年第5期。

［20］王弢：《从客体引导到主体参与——大学生创业教育与培训方法研究》，《北京农业职业学院学报》2009年第6期。

［21］王一兵：《社会转型中的现代教育和终身学习——国际比较的视角》，《北京广播电视大学学报》2003年第4期。

［22］吴家桂、王翠：《论终身教育背景下的终身德育》，《南京航空航天大学学报》（社会科学版）2007年第12期。

［23］肖川：《教学、活动与交往》，《教育导刊》2001年第2期。

［24］杨大光：《终身教育是实现人的可持续发展的动力》，《吉林

工程技术师范学院学报》（社会科学版）2006年第2期。
[25] 袁桂林：《六十年代以来西方道德教育理论的主要特征》，《比较教育研究》1995年第5期。
[26] 袁锐锷：《西方名德育思想家的德育模式探讨》，《学术研究》2000年第5期。
[27] 张崇脉、涂尔干：《道德三要素及其现代启示》，《全球教育展望》2002年第4期。
[28] 张华：《西方多元道德教育理论述评》，《外国教育研究》1997年第6期。
[29] 郑召利：《90年代以来我国交往理论研究概述》，《哲学动态》1999年第4期。
[30] 钟君：《论"以人为本"的科学内涵和价值目标》，《中国社会科学院研究生院学报》2005年第3期。
[31] 钟启泉：《重建"学习"的概念》，《福建论坛》（社科教育版）2005年第2期。
[32] 朱平：《从改革到转型——中国现代化的历史逻辑》，《安徽师范大学学报》（人文社会科学版）2001年第4期。
[33] 《走向21世纪的交往实践观研究——访任平教授》，《哲学动态》2000年第5期。

三 英文专著

[1] Bayer Thora Ilin, *Moral Philosophy and Moral Education*, Eugene：Cascade Books, 2017.

[2] Bower William Clayton, *Moral and Spiritual Values in Education：A Challenge to Every American*, Lexington：The University Press of Kentucky, 2015.

[3] Brezinka Wolfgang, *Education in a Society Uncertain of Its Values：Contributions to Practical Pedagogy*, Newcastle upon Tyne：Cambridge Scholars Publishing, 2016.

[4] Campbell James, *Humaniversity, Remembering the Moral Soul of Ed-

ucation, Negeri Sembilan: Universiti Sains Islam Malaysia, 2015.

[5] Carr David, Steutel J. W. , *Virtue Ethics and Moral Education*, London: Routledge, 1999.

[6] Chappell Clive, *Reconstructing the Lifelong Learner: Pedagogy and Identity in Individual, Organisational and Social Change*, London: Routledge, 2003.

[7] C. M. Beck, B. S. Crittenden, E. V. Sullivan, *Moral Education: Interdisciplinary Approaches*, University of Toronto Press, 1971.

[8] Field John, Leicester Mal, *Lifelong Learning: Education Across the Lifespan*, London: Routledge, 2000.

[9] Gajewski Agnes, *Ethics, Equity, and Inclusive Education*, Bingley: Emerald Publishing Limited, 2017.

[10] Gunnlaugson Olen, *Contemplative Learning and Inquiry Across Disciplines*, Albany: State University of New York Press, 2014.

[11] Kemeny Paul Charles, *Faith, Freedom, and Higher Education: Historical Analysis and Contemporary Reflections*, Eugene Oregon: Pickwick Publications, 2013.

[12] Knapper Christopher, Cropley A. J. , *Lifelong Learning in Higher Education*, 3rd ed. London: Taylor & Francis Routledge, 2000.

[13] Nind Melanie, Simmons Katy, Sheehy Kieron, Rix Jonathan, *Ethics and Research in Inclusive Education: Values Into Practice*, Hoboken: Routledge, 2014.

[14] Noddings Nel, *Caring: A Relational Approach to Ethics and Moral Education*, 2nd ed. , updated. Berkeley: University of California Press, 2013.

[15] Nucci Larry P. , *Education in the Moral Domain*, Cambridge: Cambridge University Press, 2001.

[16] Stock-Morton Phyllis, *Moral Education for a Secular Society: The Development of Morale Laïque in Nineteenth Century France*, Albany, N. Y. : State University of New York Press, 1988.

［17］Tummons Jonathan, Ingleby Ewan, *A - Z of Lifelong Learning*, Maidenhead: McGraw - Hill Education, 2014.

［18］Watson David, Taylor R. K. S. , *Lifelong Learning and the University: A Post - Dearing Agenda*, London: Routledge, 2003.

［19］Weinstein Jack Russell. *Adam Smith's Pluralism: Rationality, Education, and the Moral Sentiments*, New Haven: Yale University Press, 2013.

［20］Zuber - Skerritt Ortrun; Teare, Richard, *Lifelong Action Learning for Community Development: Learning and Development for a Better World*, Rotterdam: Brill | Sense, 2013.

四　英文期刊

［1］Armon Cheryl, "Adult Moral Development, Experience and Education", *Journal of Moral Education*, Vol. 27, No. 3, Sep. 1998.

［2］Bagnall Richard G. , "Citizenship and Belonging as a Moral Imperative for Lifelong Learning", *International Journal of Lifelong Education*, Vol. 29, No. 4, Jul. 2010.

［3］Bagnall Richard G. , "Moral Education in a Postmodern World: Continuing Professional Education", *Journal of Moral Education*, Vol. 27, N. 3, Sep. 1998.

［4］Berkowitz Marvin W. , Grych John H. , "Fostering Goodness: Teaching Parents to Facilitate Children's Moral Development", *Journal of Moral Education*, Vol. 27, No. 3, Sep. 1998.

［5］Brookfield Stephen. "Understanding and Facilitating Moral Learning in Adults", *Journal of Moral Education*, Vol. 27, No. 3, Sep. 1998.

［6］Carr Alexis, Balasubramanian K. , Atieno Rosemary, Onyango James, "Lifelong Learning to Empowerment: Beyond Formal Education", *Distance Education*, Vol. 39, No. 1, 2018.

［7］Charungkaittikul Suwithida, "Guidelines for Lifelong Education Management to Mobilize Learning Community", *International Journal* of Adult Vocational Education and Technology, Vol. 9, No. 1, 2018.

[8] Daniels L. B., "Moral Education in the Context of Lifelong Education", Journal of Educational Thought, Vol. 15, No. 1, Apr. 1981.

[9] Djebbari Zakia, Djebbari Houda, "Promoting Innovation and Change in English Education: Towards a Philosophy of Lifelong Learning", Online Submission, International Journal of Linguistics, Literature and Translation, Vol. 1, No. 4, Nov. 2018.

[10] Eldred Jan, "Lifelong Literacy: An Economic, Social and Moral Imperative", Adults Learning, Vol. 23, No. 1, Aut. 2011.

[11] Fox Thomas C., "Catholic Book Editor Recounts Lifelong Moral Journey", National Catholic Reporter, Vol. 44, No. 12, 2/8/2008.

[12] Higgins-D'Alessandro Ann, "Dancing Up a Spiral Staircase: Learning How Best Practices and Policies Intertwine Lifelong Moral Development with Education", Journal of Moral Education, Vol. 40, No. 3, Sep. 2011.

[13] Hilton Michael E, "Abstention in the General Population of the U.S.A.", British Journal of Addiction, Vol. 81, No. 1, Feb. 1986.

[14] Jie Lu, Desheng Gao, "New Directions in the Moral Education Curriculum in Chinese Primary Schools", Journal of Moral Education, Vol. 33, No. 4, Dec. 2004.

[15] Karacabey Mehmet Fatih, Bozkus Kivanc, "The Effect of Psychological Factors on Syrian Refugees' Participation in Lifelong Education", International Journal of Evaluation and Research in Education, Vol. 8, No. 1, Mar. 2019.

[16] Kekkonon Helena, "Peace Education Is Integral to Adult Education", Convergence: An International Journal of Adult Education, Vol. 14, No. 4, 1981.

[17] Kitwood Tom, "Professional and Moral Development for Care Work: Some Observations on the Process", Journal of Moral Education, Vol, 27. No. 3, Sep. 1998.

[18] Ko Hsin Chi, "Applying Syundz's Philosophical Concepts to Teaching Leadership in Higher Education and Lifelong Learning", *Universal Journal of Educational Research*, Vol. 4, No. 12, Apr. 2016.

[19] Leicester Mal, Pearce Richard, "Cognitive Development, Self Knowledge and Moral Education", *Journal of Moral Education*, Vol. 26, No. 4, Dec. 1997.

[20] Mandal Sayantan, "The Rise of Lifelong Learning and Fall of Adult Education in India", *London Review of Education*, Vol. 17, No. 3, 2019.

[21] Soares Diana, Dias Diana, "Perspectives of Lifelong Education in Portuguese Higher Education: A Critical Analysis of Learning Outcomes", *International Journal of Lifelong Education*, Vol. 38, No. 2, 2019.

[22] Soares Diana, Dias Diana, "Perspectives of Lifelong Education in Portuguese Higher Education: A Critical Analysis of Learning Outcomes", *International Journal of Lifelong Education*, Vol. 38, No. 2, 2019.

[23] Sungsri Sumalee, "Building the Capability of Non-Formal Education Teachers to Develop a Learning Society for Promoting Lifelong Education in Thailand", *International Journal of Educational Administration and Policy Studies*, Vol. 10, No. 2, Feb. 2018.

[24] Tezer Murat, Aynas Naciye, "The Effect of University Education on Lifelong Learning Tendency", *Cypriot Journal of Educational Sciences*, Vol. 13, No. 1, 2018.

[25] Yamashita Takashi, Bardo AnthonyR, Liu Darren, Yoo Ji Won. "Education, Lifelong Learning and Self-Rated Health in Later Life in the USA", *Health Education Journal*, Vol. 78, No. 3, Apr. 2019.

[26] Zhao Kang, "The Moral Dimension of Lifelong Learning: Giddens, Taylor, and the 'Reflexive Project of the Self'", *Adult Education Quarterly*, Vol. 62 No. 4, Nov. 2012.